Das Verordnungsrecht des Deutschen Reichs

auf der Grundlage

des Preußischen

und unter Berücksichtigung

des fremdländischen Verordnungsrechts

systematisch dargestellt

von

Dr. Adolf Arndt,
Oberbergamts-Justitiar und Universitäts-Dozent.

Berlin und Leipzig.
Verlag von J. Guttentag.
(D. Collin.)
1884.

— wo die Trennung zwischen Theorie und Praxis eine absolute wird, da entsteht unvermeidlich die Gefahr, daß die Theorie zu einem leeren Spiel, die Praxis zu einem bloßen Handwerk herabsinkt.

Carl Friedrich von Savigny.

G. Pätz'sche Buchdruckerei (Otto Hauthal) in Naumburg a/S

Vorwort.

Der breite Grenzstreifen zwischen „Verordnung“ und „Gesetz“ — zwischen dem Reiche, wo allein der Wille des Monarchen herrscht und dem, wo die Bethätigung dieses Willens an die Zustimmung des Landtages gebunden ist — war seit den Tagen Karl I. und Jakob II. bis auf die Gegenwart das Schlachtfeld, auf welchem die Verfassungskämpfe des konstitutionellen Staatslebens ausgestritten worden sind. Aus diesen Kämpfen, in denen nicht die Schärfe juristischer Logik, noch der Zufall der Schlachten, sondern noch stets die Wucht der sich gegenüberstehenden Interessengruppen den Ausgang bestimmt haben, ist in Deutschland ein vernünftiger Frieden erwachsen. Der Friede wird aber nur dann ein dauerhafter sein und bleiben können, wenn die Machtsphären der vollziehenden Gewalt und der gesetzgebenden Gewalt in ein stabiles Gleichgewicht gesetzt sind, wenn weder die vollziehende Gewalt die gesetzgebende, noch die gesetzgebende Gewalt die vollziehende absorbirt. Denn ist die gesetzgebende Gewalt nicht unabhängig von der vollziehenden und kann diese eigenmächtig in das Gebiet jener durch Suspendirungen oder Dispensationen eingreifen, so ist jeder Konstitutionalismus nur ein Scheinkonstitutionalismus. Ist umgekehrt die vollziehende Gewalt nur die unfreie Dienerin der gesetzgebenden Gewalt, so kann sie weder stark noch verantwortlich sein,[1]) so kann sie zwar nicht schaden, aber auch nicht nützen.

Die moderne Staatsentwickelung hat ihren Weg über die absolute Monarchie zum Konstitutionalismus genommen. Die Verfassungsurkunden, welche den letzteren verbürgen, kehren des-

[1]) Laboulaye, Questions constitutionelles, Paris 1872 p. 72 suiv.

halb ihre Spitze wider den Absolutismus, gegen dessen Wiederherstellung sie errichtet wurden. Kein Wunder, daß sie weniger dasjenige zum Ausdruck bringen, was der Monarch ohne Mitwirkung der verfassungsmäßigen Landesvertretung thun darf, als dasjenige, was er ohne solche Mitwirkung nicht thun darf. Noch mehr als diejenigen, welche an dem Entstehen der Verfassungen mitgewirkt haben, zeigten sich diejenigen, welche an den Kämpfen um die Durchführung der bestehenden Verfassungen betheiligt waren, von Furcht erfüllt vor etwaigen Uebergriffen der Monarchen. Als der König von Preußen während des Krieges mit Dänemark ein Prisenreglement im Verordnungswege erließ — einem Wege, welcher nach der Preußischen Verfassungsurkunde durchaus gerechtfertigt erscheint [1]) — wurde dieser Anlaß zu einem allgemeinen Sturmangriff auf das Königliche Verordnungsrecht benutzt. Wenn man sich den Eindruck der damals in dem Landtage gehaltenen Reden, in Zeitschriften und der Tagespresse niedergelegten Ansichten vergegenwärtigt, so scheint überall die Besorgniß vorgewaltet zu haben, der König könne demnächst durch eine Verordnung die Verfassung suspendiren und alle Abgeordneten der Opposition lebenslänglich einkerkern lassen. Die Zeiten solcher Besorgnisse sind vorüber; Niemand zweifelt, daß die Verfassung in Preußen und im Reich in unangefochtener Geltung steht und daß kein König und kein Kaiser daran denkt, sie umzustoßen.

Das Königthum außerhalb und aus diesem Grunde über den Interessen stehend, welche die staatsbürgerliche Gesellschaft in feindliche Klassen zerlegen und den Haß Aller gegen Alle je länger um so brennender anfachen, soll diejenige Stelle sein, von welcher Versöhnung und Frieden ausgehen in dem allgemeinen Kampfe um das Dasein, welcher die Gegenwart bewegt und die Zukunft erfüllen wird. Ich würde glauben, mir Glück wünschen zu dürfen, wenn meine Untersuchungen über das Verordnungsrecht den Erfolg haben werden, zur Stärkung der vollziehenden

[1]) Weil nämlich der König von Preußen über alle durch die Verfassung nicht ausdrücklich der Mitwirkung der Landesvertretung unterstellten Gegenstände — also auch über Kriegsmaßregeln — nach wie vor aus eigenem Rechte selbstständige Anordnungen treffen darf.

Gewalt beizutragen. Mag indeß dieser Erfolg eintreten oder ausbleiben — meinen Untersuchungen liegt keine politische Absicht, keine Tendenz, nur das Streben nach Wahrheit zu Grunde. Ich suche dem Deutschen Reiche keine weiter greifende Verordnungsgewalt zu vindiziren, als sie der Präsident der Französischen Republik ausübt und wie sie jede nicht der vollständigen Ohnmacht überlieferte Exekutive zum Heile der Gesammtheit ausüben muß.

Ich wende mich gegen die besten Namen unter den Deutschen Staatsrechtslehrern; aber ich glaube, Männern der Wissenschaft gerade dadurch den schuldigen Dank abgestattet zu haben, daß mir ihre Werke die Anregung zu einer Weiterbildung ihrer Ideen geliefert haben. Muth aber gewährte mir, daß meine Untersuchungen nicht zu willkürlichen Ergebnissen, sondern zu der logisch geordneten Zusammenfassung desjenigen führten, was die Behörden in Reich und Staat seit jeher im Einzelnen bewußt oder unbewußt zur Anwendung gebracht haben.

Indem ich dieses Buch, die Frucht mehrjähriger, neben einer mannigfachen praktischen und theoretischen Thätigkeit mühsam gepflückten Muße, nunmehr der Oeffentlichkeit übergebe, durchdringt mich das Bewußtsein, daß Vieles darin hätte besser angeordnet, sorgfältiger dargestellt, daß Manches hätte richtiger aufgefaßt werden können. Gleichwohl habe ich gewagt — nicht in dem Glauben, etwas über allen Zweifel und allen Wechsel der Zeiten Feststehendes zu Tage gefördert zu haben, wohl aber in der Hoffnung und dem Wunsche, einige Bausteine für die Behandlung des Deutschen Staatsrechts in Praxis und Theorie geliefert zu haben, welche noch feststehen und dauern mögen, wenn über diesem Buche das Meer der Vergessenheit dahingerauscht sein wird.

Halle, im Februar 1884.

Inhalt.

Irrthümer.

S. 63 Zeile 17 lies: „peut exercer" statt „peut être exercer".
S. 130 5. letzte Zeile zu ergänzen „Bundes"-Militärgesetze.
S. 229 Zeile 24 lies: „vor" statt „nach".
S. 231 Anm. 2: Gegen das Dispensationsrecht auch Ernst Meier an der angezogenen Stelle.

§. 1.

Einleitung.

Der Mensch auf sich allein gestellt und nicht in der Gemeinschaft mit anderen stehend, wäre unfähig, sein Leben und sein Gut zu schützen, und ganz außer Stande, auch nur den geringsten Theil der ihn umgebenden Kulturwelt sich zu eigen zu machen.

Alles, was die einzelnen Menschen sind und was sie haben, verdanken sie der dauernd geschlossenen Vereinigung mit Anderen. Der Mensch ist dasjenige Wesen, welches nach seiner Natur und Bestimmung auf das geordnete Zusammenleben und Zusammenwirken mit seines Gleichen angewiesen ist; (*ζῶον πολιτικόν* des Aristoteles). [1])

Die Vereinigung der Menschen zu einem organischen Gemeinwesen unter einer höchsten Gewalt und einer bestimmten Verfassung zur Verwirklichung aller Gemeinzwecke ist der Staat. [2])

Der Staat, „die Verwirklichung der sittlichen Idee" (Hegel), „das ewige Vestafeuer aller Kultur" (Lassalle), ist die nirgends und niemals zu entbehrende Grundlage für alle Wohlfahrt des Menschengeschlechts.

Die Gewalt des Staates seinen Bürgern gegenüber, die ihm unterthan sind, ist daher dem Rechte nach unbegrenzt und unbegrenzbar. [3])

Da aber der Staat nur seiner Bürger wegen da ist, so soll diese Gewalt stets so gehandhabt werden, daß sie dem Einzelnen nicht mehr Beschränkungen seiner Freiheit auferlegt, als im Inter=

---

1) Plato, *πολιτεια ἤ περὶ δικαίου* II. c. XI.

2) Schulze, Preußisches Staatsrecht I. S. 132.

3) Vergl. G. Meyer, Lehrbuch des Deutschen Staatsrechts S. 400.

esse der Gesammtheit erforderlich ist, so soll diese Gewalt nicht nach Laune und Willkür ihrer jeweiligen Inhaber, sondern soweit thunlich, nach allgemeinen, Jedem gegenüber gleichen Regeln d. i. nach Rechtssätzen ausgeübt werden. Dies ist aber ein Postulat nur der Regierungskunst,[1]) kein positiver Satz des geltenden Staatsrechts.

Durch die Sanktionirung von Rechtssätzen übernimmt der Staat freiwillig die Pflicht, so lange dieselben bestehen, nur unter Beobachtung derselben die ihm zustehende Gewalt auszuüben.

Alle Rechtssätze leiten mithin ihre verbindliche Kraft lediglich aus der Staatsgewalt ab; sie können sich deshalb niemals über dieselbe erheben; sie sind in Wahrheit nur eine Selbstbeschränkung der Staatsgewalt und können von dieser wieder aufgehoben werden.[2])

Die Staatsgewalt ist eine eine und untheilbare.[3]) Die Einheit und Untheilbarkeit bedingen aber nicht, daß der Träger der Staatsgewalt nothwendig ein Einzelner, noch daß der Wille dieses Einzelnen stets und überall der allein bestimmende ist.

Nur in der absoluten Monarchie ist der Wille des Monarchen der allein bestimmende. In diesem Willen finden alle Funktionen der Staatsgewalt, mögen sie sich in der Gesetzgebung, der Verwaltung oder der Rechtssprechung äußern, ihren letzten Grund und ihre letzte Schranke.

In der constitutionellen Monarchie ist der Monarch zwar gleichfalls der alleinige Träger der Staatsgewalt, aber er ist in der Ausübung dieser eingeschränkt durch die Mitwirkung der verfassungsmäßigen Landesvertretung.

Die Anordnungen der Staatsgewalt, welche der Monarch nach

---

[1]) Ihering, Zweck im Rechte S. 322: „das Recht ist die Politik der Gewalt."

[2]) Vergl. hierzu: Lassalle, System der erworbenen Rechte §. 7 S. 193 ff. Auch daß ein Gesetz nicht rückwirkende Kraft haben soll, ist nur ein Satz des positiven Rechts, nur eine Selbstbeschränkung der Staatsgewalt. Dieser Satz kommt daher außer Anwendung, soweit die Staatsgewalt ihn außer Anwendung setzt. Sehr treffend sagt Lassalle S. 197: „Es läßt sich vom Individuum kein Pflock in den Rechtsboden schlagen und sich mittels desselben für selbstherrlich für alle Zeiten und gegen alle künftigen zwingenden oder prohibitiven Gesetze erklären."

[3]) Schulze, Preußisches Staatsrecht I. S. 133.

erfolgter Zustimmung der Landesvertretung trifft, heißen in der Sprache des constitutionellen Staates **Gesetze**[1]) **(lois)**, diejenigen Anordnungen der Staatsgewalt, welche ohne diese Zustimmung ergehen, heißen im Gegensatze zu den Gesetzen **Verordnungen**,[2]) auch **Verwaltungsvorschriften**[3]) (règlements).

Gesetze sind also diejenigen Aeußerungen der Staatsgewalt, zu deren Erklärung der Wille des Monarchen durch das Zustimmungsrecht der Landesvertretung eingeschränkt ist; Verordnungen sind im Gegensatze hierzu diejenigen Aeußerungen der Staatsgewalt, zu deren Erklärung es der vorherigen Zustimmung der Landesvertretung nicht bedarf.

Die Frage, in welchen Fällen der Monarch nach constitutionellem Staatsrecht der Zustimmung der Landesvertretung bedarf, um seinen Willen als den geltenden Staatswillen erklären zu können, und in welchen Fällen er dieser Zustimmung entrathen mag; die Frage also, wann ein Gesetz nothwendig, und wann eine Verordnung genügend ist, sollte — so wenigstens möchte es auf die erste Betrachtung erscheinen — nicht nach abstrakten, nicht nach logischen oder allgemeinen juristischen Argumenten zu beantworten sein, sondern nach den konkreten und gegebenen Machtverhältnissen, wie solche im Laufe der geschichtlichen Entwickelung sich gestaltet haben und in der Landesverfassung zum Ausdrucke gelangt sind.

---

[1]) Gneist, Verwaltung, Justiz, Rechtsweg, Staatsverwaltung, Selbstverwaltung u. s. w. Berlin 1869, S. 73: „Gesetz ist die mit Zustimmung der verfassungsmäßigen Landesvertretung erlassene Verordnung —", derselbe in v. Holtzendorff's Staatslexikon S. 1063, Zorn, das Reichs-Staatsrecht I. S. 106 ff.; auch G. Meyer, Lehrbuch des Deutschen Staatsrechts S. 401 ff., 407, Thudichum, Verfassungsrecht des Deutschen Bundes, Tübingen 1871 S. 89, Laband, Reichsstaatsrecht I. S. 1 ff., S. 59 ff., E. Meier in v. Holtzendorff's Encyklopädie I. S. 882.

[2]) S. Gneist, Verwaltung, Justiz, Rechtsweg S. 73: „Gesetz ist die mit Zustimmung der verfassungsmäßigen Landesvertretung erlassene Verordnung, Verordnung der Ausdruck des Staatswillens ohne diese Zustimmung" und die übrigen Citate in Anmerk. 1, dazu Hänel, die organisatorische Entwickelung der Deutschen Reichsverfassung, Leipzig 1880 S. 62.

[3]) Verwaltungsvorschriften drücken namentlich in der Sprache der Zoll- und Steuergesetze den formellen Gegensatz zu den Gesetzesvorschriften aus, s. Arndt, in der Zeitschr. f. Bergr. XXIV. S. 39 a. a. O.; u. w. u. Die Theorie verbindet dagegen mit der Bezeichnung „Verwaltungsvorschriften" einen ganz anderen und zwar materiellen Sinn, s. w. u.

Die Antwort sollte für Länder, in denen die Souveränität des Volkes der leitende Grundsatz des Staatsrechts ist, in denen die Gesetzgebung als der alleinige und wahre Ausdruck des Volkswillens gilt, alle übrigen Gewalten als aus dieser nur hergeleitet gedacht werden; für Länder, in denen das Königthum lediglich mit der Vollziehung des Volkswillens beauftragt, einzig die Befugnisse hat, welche ihm vom wahren Könige, dem roi-peuple, delegirt worden sind, eine wesentlich verschiedene sein, wie für Länder, in welchen die Verfassung nicht die Wahlkapitulation der viel älteren Monarchie ist, in welchen die Souveränität bei dem Monarchen verblieben und dieser in seiner Machtfülle nicht mehr und nicht weiter eingeschränkt ist, als durch die Verfassung ausdrücklich vorgeschrieben wurde.

Die richtige Antwort auf die aufgestellte Frage sollte sich daher nur auf inductivem, nicht auf deductivem Wege, nicht für alle Staaten in gleicher Weise, sondern für jeden in besonderer Weise herleiten lassen.

Die herrschende Theorie hat indeß die Prüfung und Würdigung der einzelnen Verfassungsgeschichten und Verfassungsgesetze verschmäht und einen höheren Flug nehmend durch die Hilfe scharfsinniger Abstraktionen eine allgemein gültige Antwort zu finden geglaubt.

Indem sie sich einen eigenen und, wie mir scheinen will, von dem hergebrachten vielfach abweichenden und irreführenden Sprachgebrauch gebildet hat, geht sie im Wesentlichen von folgenden Gesichtspunkten aus:

Recht im objektiven Sinn ist der Inbegriff der vom Staate erzwingbaren Regeln (Normen) für das Zusammenleben der Menschen im Staate.[1])

Diese Normen sind entweder solche, welche ausdrücklich vor-

---

[1]) Ihering, der Zweck im Recht I. S. 490. „Recht ist der Inbegriff der durch äußeren Zwang d. h. durch die Staatsgewalt gesicherten Lebensbedingungen der Gesellschaft im weiteren Sinne.“ Siehe auch ebendort I. S. 318, 319; Zitelmann, Irrthum und Rechtsgeschäft S. 205; Rosin, das Polizeiverordnungsrecht in Preußen S. 1; vergl. auch Thon in Grünhut's Zeitschrift VII. S. 231.

geschrieben, „gesetzt“ [1]) oder solche, welche durch Gewohnheitsrecht entstanden sind. [2])

Erstere werden von der Theorie als Gesetze im materiellen Sinne [3]) oder auch als Gesetze im weiteren Sinne [4]) bezeichnet.

Die „Setzung“ der Norm kann in verschiedener Art erfolgen. Sie kann von der höchsten Autorität im Staate oder von einer dieser untergeordneten Stelle geschehen. [5]) Im constitutionellen Staate kann die Norm entweder nach erfolgter Zustimmung der verfassungsmäßigen Landesvertretung oder ohne dieselbe angeordnet werden. Die im constitutionellen Staate vom Landesherrn mit Zustimmung der Landesvertretung erlassenen Normen heißen (in einem engeren Sinne) Gesetze. [6]) Diejenigen dieser Gesetze, welche vermeintlich keine Rechtsregeln, sondern nur Verwaltungsbefehle enthalten, [7]) werden nach dem in der Theorie üblichen Sprachgebrauche als Gesetze im formellen Sinne bezeichnet. [8])

---

[1]) Sei es von dem obersten Träger der Staatsgewalt oder einer dieser untergeordneten Stelle, sei es von der Staatsgewalt oder von einer anderen Autorität (Korporation). Die nicht von der Staatsgewalt unmittelbar gesetzten Normen gelten nur dann als Recht (sind nur dann staatlich erzwingbar), wenn die Befugniß Normen aufzustellen (Autonomie) vom Staate ausdrücklich verliehen oder doch wenigstens stillschweigend geduldet ist. Ihering, Zweck im Recht I. S. 319.

[2]) Auch für die auf dem Gewohnheitsrecht beruhenden Normen gilt, wie für die auf Autonomie beruhenden Normen, daß sie nur dann als Rechtssätze d. h. als staatlich erzwingbare Regeln gelten können, wenn sie vom Staate ausdrücklich oder stillschweigend anerkannt werden.

[3]) Laband, Deutsches Staatsrecht II. S. 1 ff., a. a. O. G. Meyer, Lehrbuch des Verwaltungsrechts S. 1, Rosin S. 1.

[4]) Zorn, Reichsstaatsrecht I. S. 106.

[5]) z. B. einem Minister, Oberpräsidenten, Regierungspräsidenten, Amtsvorsteher.

[6]) S. Anmerkung 1 auf S. 3.

[7]) z. B. die Anschaffung von Panzerschiffen, Erbauung von Festungen u. s. w.

[8]) E. Meier in von Holzendorff's Encyklopädie I. S. 882, Laband, das Staatsrecht des Deutschen Reichs II. S. 1 ff., 59 ff., Laband, das Budgetrecht nach den Bestimmungen der Preußischen Verfassungsurkunde u. s. w., Berlin 1871 S. 1—11, Schulze, das Preußische Staatsrecht II. S. 205, Schulze, Lehrbuch des Deutschen Staatsrechts §. 184 S. 515 ff., G. Meyer, Lehrbuch des Deutschen Staatsrechts S. 409 ff., v. Gerber, Grundzüge eines Systems des Deutschen Staatsrechts, 3 Aufl. §. 48, E. A. Chr. (von Stockmar), Studien

Zum „Gesetz" bildet den Gegensatz die „Verordnung." Je nach der Bedeutung, welche die Theorie dem Worte „Gesetz" beilegt, verbindet sie mit der Bezeichnung „Verordnung" einen verschiedenen Sinn.

Im Gegensatz zum Gesetze schlechthin, d. i. der mit Zustimmung der verfassungsmäßigen Landesvertretung zu Stande gekommenen Willenserklärung des Staates, bedeutet die Verordnung die ohne diese Zustimmung erfolgte Willenserklärung. [1])

Die Verordnungen dieser Art werden in der Theorie auch Verordnungen im formellen Sinne genannt. [2])

Im Gegensatz zum Gesetze im materiellen Sinne d. i. zu der Anordnung eines Rechtssatzes bezeichnet man in der Theorie unter Verordnung eine solche Willenserklärung der Staatsgewalt, welche keinen Rechtssatz enthält.

Solche Verordnungen werden in der Theorie als Verordnungen im materiellen Sinne und noch häufiger als Verwaltungsverordnungen bezeichnet. [3])

Die Theorie gelangt hiernach zu einer Unterscheidung zwischen den sogenannten Rechtsverordnungen und den sogenannten Verwaltungsverordnungen:

Erstere sind inhaltlich Gesetze und verpflichten, wie diese, Behörden und Unterthanen zum Gehorsam, sie stellen staatlich erzwingbare, unter Umständen auch die Gerichte bindende Normen auf. [4])

Letztere binden weder die Behörde, welche sie erlassen hat und welche sie jederzeit zurücknehmen, auch von ihrer Befolgung ab-

über das preußische Staatsrecht in Aegidi's Zeitschrift für Deutsches Staatsrecht I. S. 201 a. a. O.

[1]) S. Anmerkung 2 auf S. 3.

[2]) Laband II. S. 68, 69.

[3]) Rosin, S. 18 a. a. O., Laband II. S. 68, 69. Diese Bezeichnungen sind durchaus irreführend, da „Verwaltung" in Wirklichkeit alles Andere als den Gegensatz zum „Rechtssatz" ausdrückt, s. w. u. §. 6.

[4]) M. Faustin et Hélie, théorie du code pénal 5 édition, tome VII., 2802: „un arrêté de police est lorsqu'il est légalement pris dans le cercle du pouvoir réglementaire, une véritable loi locale, il a les effets et l'autorité de la loi, puisqu'il oblige tous les citoyens" und 2806. „En effet les réglements de police sont de véritables lois dans le cercle des matières qui en sont l'objet."

S. auch Rosin, S. 18.

sehen kann, noch binden sie die Unterthanen, da diese dadurch zu einer Handlung oder Unterlassung nicht gezwungen werden können, zu welcher sie nicht schon das Gesetz zwingt.

Sie verpflichten vielmehr nur die Beamten, welche der anordnenden Behörde dienstlich unterstellt sind.[1])

Die in der Theorie herrschende Ansicht geht nun dahin, daß sogenannte Rechtsverordnungen nach Deutschem wie nach Preußischem Staatsrecht nur auf Grund besonderer und ausdrücklicher Ermächtigung des Gesetzgebers rechtswirksam erlassen werden können; daß dagegen sogenannte Verwaltungsverordnungen ohne jede Ermächtigung statthaft sind, falls sie nur nicht gegen ein Gesetz verstoßen.

Demgegenüber soll im Nachstehenden der Nachweis versucht werden, daß nach Deutschem Reichs-, nach Preußischem, wie nach Englischem und nach dem Französisch-Belgischen Staatsrecht alle Anordnungen der Staatsgewalt, welchen Inhalt sie auch haben mögen, und gleichviel ob sie Rechtssätze aufstellen oder nicht, auch auf Grund allgemeiner und nicht ausdrücklich ertheilter Ermächtigung von Seiten des Gesetzgebers rechtswirksam erlassen werden dürfen; daß dagegen ohne eine derartige Ermächtigung keine Anordnung der Staatsgewalt, auch nicht eine sogenannte Verwaltungsverordnung statthaft ist.

Von letzterem Satze bestehen indeß Ausnahmen im Preußischen und Englischen Staatsrechte. Insbesondere sind nach Preußischem Staatsrecht auch ohne gesetzliche Ermächtigung ergehende Anordnungen der Staatsgewalt zulässig, wenn sie nicht gegen die Landesverfassung oder gegen die Landesgesetze verstoßen.

§. 2.

Verhältniß zwischen Gesetz und Verordnung. Selbstständige und unselbstständige Verordnungen.

„Lorsque dans la même personne ou dans le même corps de magistrature, la puissance législative est réunie à la puis-

[1]) Giron, le droit administratif de la Belgique, Bruxelles 1881, nr. 86: „Les circulaires des ministres obligent les agents d'exécution, mais ne lient pas les citoyens ni les tribunaux.“

sance exécutrice, il n'y a point de liberté; parce qu'on peut craindre que le même monarque, ou le même sénat ne fasse des lois tiranniques pour les exécuter tiranniquement. Il n'y a point encore de liberté, si la puissance de juger n'est pas séparée de la puissance législative et de l'exécutrice. Si elle était jointe à la puissance législative, le pouvoir sur la vie et la liberté des citoyens serait arbitraire, car le juge serait législateur. Si elle était jointe à la puissance exécutrice, le juge pourrait avoir la force d'un oppresseur. Tout serait perdu, si le même homme. ou le même corps exécutait ces trois pouvoirs, celui de faire les lois, celui d'exécuter les résolutions publiques, et celui de juger les crimes ou les différends des particuliers."

Als Montesquieu[1]) diese Theorie von der Theilung der Gewalten aufstellte, war es weniger ihr allgemeiner theoretischer Werth als die für die damaligen Verhältnisse aus ihr zu ziehenden besonderen praktischen Folgerungen, welche derselben in raschem Siegesfluge die öffentliche Meinung eroberten.

Es wurde nicht geprüft, ob eine solche Theilung der Staatsgewalt überhaupt möglich, sondern das allein wurde beachtet, wie man auf Grund jener Theorie zu einer Beschränkung der unumschränkten Machtfülle gelangen konnte, welche die Souveräne des Europäischen Continents im vorigen Jahrhundert umgab.

„S'il était possible" — sagt Jean Jacques Rousseau[2]) — „que le souverain, comme tel, eût la puissance exécutive et la puissance législative, le fait et le droit seraient tellement confondus, qu'on ne saurait plus ce qui est loi et ce qui ne l'est pas; et le corps politique ainsi dénaturé, serait bientôt en proie à la violence contre laquelle il fut institué."

Es kam darauf an, den absoluten Monarchen in seiner Gesetzgebungsbefugniß durch die Mitwirkung des Volkes zu beschränken, ihm ferner die Möglichkeit einer Einwirkung auf die Rechtsprechung gänzlich zu entziehen und ihm nur noch die vollziehende Gewalt zur selbstständigen Verfügung zu belassen.

Daß die Gesetzgebung, wenn sie unter entscheidender Mit-

[1]) Esprit des lois I., XI. ch. 6.
[2]) Contrat social chap. XVI.

wirkung des Volkes ausgeübt wurde, ausschließlich auf die Setzung von abstrakten Regeln beschränkt werden sollte, lag um so weniger im Wesen und in der Entwickelung jener Theorie, als dieselbe mit wachsender Bestimmtheit dahin gelangte, die den Willen des souveränen Volkes zum Ausdruck bringende Gesetzgebung als die höchste, ja als die alleinige Gewalt hinzustellen, welcher die übrigen Gewalten untergeordnet, aus welcher sie lediglich abgeleitet erscheinen sollten.

Niemand hat aus dieser Theorie für die Praxis die Folgerung hergeleitet, daß die Gesetzgebung sich jeder Einwirkung auf die Vollziehung und die Rechtssprechung enthalten müßte. Und es besteht zwischen Anhängern und Gegnern der Theorie von der Theilung der Gewalten keine Meinungsverschiedenheit darüber, daß

> jede, worauf nur immer gerichtete Willenserklärung des Staates in der Form des Gesetzes geäußert werden kann, und daß es für die Gesetzgebung als die höchste Funktion des Staates, formell keine Schranken giebt.[1])

Was immer the king in Parliament, was immer der Monarch nach erfolgter Zustimmung der verfassungsmäßigen Landesvertretung anordnet, ist geltender Staatswille.

Hierüber kann kein Zweifel obwalten. Das aber ist die Frage, eine Frage von oft schwerst wiegender Bedeutung, wann und unter welchen Bedingungen ist dasjenige als geltender Staatswille anzusehen, was nicht als Gesetz angeordnet worden ist.

Die Willenserklärungen der Staatsgewalt, welche nicht in der Form als Gesetze ergehen, also die Verordnungen, lassen sich eintheilen in die unselbstständigen und die selbstständigen.

Die ersteren entnehmen ihre verbindliche Kraft aus einem Gesetze, die letzteren aus sich selbst.[2])

Erstere sind Verordnungen, die auf Grund einer vom Gesetzgeber allgemein oder besonders übertragenen Ermächtigung erlassen werden, letztere diejenigen, welche sich lediglich auf das eigene Recht des Anordnenden stützen.

---

[1]) S. auch G. Meyer, Lehrbuch S. 400.

[2]) Beispiele selbstständiger Verordnungen sind die preußischen Verordnungen von 1850 bis 1867 über Telegraphen- und Marinewesen (z. B. Telegraphenreglement vom 10. Dezember 1858) u. s. w.; s. auch unten §. 7.

Die ersteren dürfen sich nur innerhalb des vom Gesetz zugewiesenen Spielraums bewegen. Sie heißen im Allgemeinen Vollzugs- oder Ausführungsverordnungen.

Man nennt sie vorbehaltene Verordnungen,[1]) wenn der Gesetzgeber die Ausfüllung des nicht vollständig ausgeschriebenen Gesetzestextes einem Dritten besonders vorbehalten, übertragen hat.

Die selbstständigen Verordnungen treffen über Gegenstände Anordnungen, welche durch Gesetz nicht geregelt sind oder heben in einem Gesetze getroffene Anordnungen auf, ohne daß hierzu allgemeine oder besondere Ermächtigung vom Gesetzgeber ertheilt worden ist.

Während die unselbstständigen Verordnungen Anordnungen der Staatsgewalt intra legem[2]) sind, stellen die selbstständigen Verordnungen Anordnungen praeter oder contra legem dar.[3])

Die Nothverordnungen gehören zu den unselbstständigen Verordnungen, wenn sie auf Grund der allgemein oder besonders vom Gesetzgeber ertheilten Ermächtigung erlassen[4]) werden, und zu den selbstständigen, wenn sie ohne Ermächtigung ergehen.

Die nachfolgende Untersuchung hat sich hiernach vor Allem auf die beiden Fragen zu erstrecken, ob es nach Reichsrecht ein selbstständiges, oder doch wenigstens ein unselbstständiges Verordnungsrecht giebt.

Hierbei wird zugleich zu prüfen sein, ob das Verordnungsrecht besonders und ausdrücklich übertragen sein muß, ob dasselbe ohne besondere gesetzliche Ermächtigung einem Dritten subdelegirt werden darf, ob das Verordnungsrecht sich nur auf konkrete Maßregeln beschränkt oder auch auf abstrakte Normen erstreckt, wann die Verordnungen auch für die Unterthanen und selbst für die ordentlichen Gerichte verbindlich sind, und in welcher Form dieselben bekannt gemacht werden müssen.

---

[1]) Gneist im Rechtslexikon S. 1062, 1063.

[2]) Vgl. hierzu: Laband, Reichsstaatsrecht II. S. 71; v. Rönne, Reichsstaatsrechts 2. Aufl. II. S. 55 und Preußisches Staatsrecht 4. Aufl. I. S. 366; L. v. Stein, Handbuch der Verwaltungslehre S. 30.

[3]) L. v. Stein (S. 30) nennt die Verordnungen praeter legem Verwaltungsverordnungen.

[4]) S. z. B. Preuß. Verfassungs-Urkunde Art. 63; v. Rönne, Preußisches Staatsrecht 4. Aufl. I. S. 368 71 u. flg.

Die Untersuchung soll zunächst eine allgemeine sein; die aus dieser gewonnenen Ergebnisse werden sodann in den einzelnen Verwaltungsgebieten wieder aufgesucht und festgestellt werden.

---

§. 3.

Giebt es ein selbstständiges Reichsverordnungsrecht?

Gesetzgeber eines Staates kann nur der Souverän sein.[1]) Die Souveränität im Deutschen Reiche ruht „bei der Gesammtheit der verbündeten Regierungen.“[2]) Organ dieser letzteren ist der Bundesrath, innerhalb desselben die Souveränität einer jeden Regierung ihren unbestreitbaren Ausdruck findet.[3])

Der Bundesrath ist hiernach das Gesetzgebungsorgan des Deutschen Reiches.[4]) Der Bundesrath darf jedoch nur dasjenige als Gesetz des Deutschen Reiches erklären, wozu der Reichstag seine Zustimmung ertheilt hat.[5])

Die Reichsgesetze erhalten ihre verbindliche Kraft durch ihre Verkündigung von Reichswegen, welche vermittelst des Reichsgesetzblattes geschieht.[6]) Die Ausfertigung und Verkündigung der Reichsgesetze steht dem Kaiser zu.[7])

Reichsgesetze sind hiernach diejenigen Anordnungen der Reichsgewalt, welche der Bundesrath nach erfolgter Zustimmung des Reichstages erlassen hat, und welche sodann vom Kaiser im Reichsgesetzblatt verkündet worden sind.

Jede in anderer Art zu Stande gekommene Anordnung der Reichsgewalt ist kein Reichsgesetz, sondern eine Reichsverordnung.

---

[1]) Laband, Reichsstaatsrecht II. §. 57, I. §. 29 a. a. O.; Zorn, Reichsstaatsrecht I. S. 3 a. a. O.

[2]) Fürst Bismarck, Stenogr. Bericht des Reichstages 1871, I. Sitzungsperiode S. 299.

[3]) Derselbe, Stenogr. Bericht des verfassungsberathenden Reichstages S. 388.

[4]) Vgl. Laband II. S. 30 a. a. O.; Zorn I. S. 112; G. Meyer S. 413.

[5]) Reichsverfassung Art. 5.

[6]) Reichsverfassung Art. 2.

[7]) Reichsverfassung Art. 17.

Reichsverordnungen sind hiernach die vom Bundesrathe (ohne Zustimmung des Reichstages), die vom Kaiser oder einem anderen Organe des Reichs getroffenen Anordnungen der Reichsgewalt.

Unselbstständige Reichsverordnungen sind diejenigen, welche ihre verbindliche Kraft unmittelbar oder mittelbar einem Reichsgesetze entnehmen, selbstständige diejenigen, welche sich lediglich auf das eigene Recht des Anordnenden stützen.

Die Theorie verneint nach den Artikeln 17 und 5 der Reichsverfassung das Vorhandensein selbstständiger Reichsverordnungen.[1])

Ein selbstständiges Verordnungsrecht, ein Verordnungsrecht überhaupt, ergiebt sich zunächst nicht aus Artikel 17 der Reichsverfassung, welcher bestimmt, daß dem Kaiser die Ausfertigung und Verkündung der Reichsgesetze und die Ueberwachung der Ausführung derselben zusteht, und daß die Anordnungen und Verfügungen des Kaisers im Namen des Reichs erlassen werden und zu ihrer Giltigkeit der Gegenzeichnung des Reichskanzlers bedürfen. Denn, soweit dieser Artikel von den Verordnungen des Kaisers handelt, bestimmt er lediglich die Form derselben.

Dies ist heute unstreitig und bedarf keiner näheren Begründung.[2])

Wenn die herrschende Theorie die Unstatthaftigkeit eines selbstständigen Reichsverordnungsrechts dagegen aus Artikel 5 der Reichsverfassung herleiten will, so möchte dies als verfehlt zu erachten sein.

Artikel 5 bestimmt:

„Die Reichsgesetzgebung wird ausgeübt durch den Bundesrath und den Reichstag."

---

[1]) Laband, Reichsstaatsrecht II. S. 77 a. a. O.; Hänel, die organisatorische Entwickelung S. 64 a. a. O.; Schulze, Lehrbuch des Deutschen Staatsrechts S. 530; G. Meyer, Lehrbuch S. 245; Seydel in Hirth's Annalen 1874 S. 1145 ff.; Seydel, Kommentar zur Deutschen Verfassungsurkunde S. 102, 103. Vgl. indeß auch Riedel, die Verfassungsurkunde vom 16. April 1871 (Nördlingen 1871) S. 40 ff.; Thudichum, Verfassungsrecht des Norddeutschen Bundes, Leipzig 1868, S. 62 u. f.; Zorn, Reichsstaatsrecht I. S. 128 u. f., welche der Ansicht sind, daß Reichsverordnungen auch ohne besondere Ermächtigung Rechtsvorschriften sanktioniren können, dagegen nicht aussprechen, ob auch selbstständige Reichsverordnungen statthaft sind.

[2]) Seydel in Hirth's Annalen 1876 S. 11 u. f.; Laband, II. S. 71 ff.; Zorn (der früher anderer Ansicht war), in der Tübinger Zeitschrift für die gesammten Staatswissenschaften XXXVI. S. 28 a. a. O.

Die herrschende Theorie [1]) erachtet die Bezeichnung „Gesetzgebung" als gleichbedeutend mit der Befugniß: „Rechtsvorschriften zu erlassen" und folgert daraus, daß Rechtsvorschriften überhaupt nur im Wege der Gesetzgebung oder nur auf Grund gesetzlicher Ermächtigung erlassen werden dürfen.

Diese Folgerung ist aber nicht schlüssig, weil die Bezeichnung „Gesetzgebung" keinen materiellen, sondern einen formellen Begriff enthält und der Artikel 5 einzig und allein bestimmen will, in welcher Art Reichsgesetze zu erlassen sind. [2])

In Wirklichkeit ergiebt sich die Unstatthaftigkeit eines selbstständigen Reichsverordnungsrechts aus Natur und Inhalt der Reichsverfassung.

Während alle übrigen Staaten älter sind als ihre Gesetze und Verfassungen, sind der Norddeutsche Bund und das Deutsche Reich erst durch Gesetz geschaffen worden.

Ueber die Kraft und Bedeutung der Norddeutschen Bundes- und der Deutschen Reichsverfassung herrscht Streit.

Die Einen [3]) sehen in dieser Verfassung einen Vertrag, ein Gesetz nur, als übereinstimmendes (Landes-) Gesetz jedes einzelnen Staates; sie legen die Souveränität ausschließlich den Einzelstaaten bei und gestehen dem Reiche Hoheitsrechte nicht aus eigenem Rechte zu, sondern nur in der Weise rechtlicher Ableitung von den Einzelstaaten.

Nach dieser Ansicht kann das Reich keine Zuständigkeit ausüben, wenn sie ihm nicht durch die einzelnen Staaten übertragen worden ist. Also auch ein Verordnungsrecht kann irgend ein Organ des Deutschen Reichs nur ausüben, wenn ihm dasselbe durch die Einzelstaaten delegirt worden ist.

Ein delegirtes, übertragenes Verordnungsrecht ist aber begrifflich ein unselbstständiges, da es seinem letzteren Grunde nach nicht auf dem eigenen Rechte des Ausübenden, sondern auf dem Rechte des Uebertragenden beruht.

---

[1]) Laband, Reichsstaatsrecht II. S. 2 a. a. O., vgl. auch Laband, Preuß. Budgetrecht S. 11 u. f.; Schulze, Preuß. Staatsrecht II. §. 171 S. 216 u. f.

[2]) S. w. u. §. 19

[3]) S. insbes. Seydel, in der Tübinger Zeitschrift für die gesammten Staatswissenschaften XXVIII. S. 212 u. f. a. a. O.; Seydel, Kommentar S. 5 u. f.

Ein dem Reiche zustehendes Verordnungsrecht muß nach dieser Theorie um so mehr als ein unselbstständiges erscheinen weil jede Kompetenzübertragung von Seiten der Einzelstaaten an das Reich nur im Wege der Landes-Gesetzgebung erfolgen kann, also auch ein solches dem Reiche übertragenes Verordnungsrecht im letzten Grunde nur auf landesgesetzliche Ermächtigung zurückgeführt werden könnte.

Andere [1]) erblicken in der Reichsverfassung keinen Vertrag, noch ein bloß übereinstimmendes Landesgesetz, sie legen dem Reiche vielmehr eigene Rechte und Souveränität bei.

Auch nach dieser Theorie ist ein selbstständiges Verordnungsrecht nicht anzunehmen.

Mag nämlich immerhin die Reichsverfassung nicht bloß ein übereinstimmendes Landesgesetz darstellen, mag immerhin das Reich eigene Rechte und die Souveränität besitzen, jedenfalls beruhen alle Befugnisse des Reichs auf Gesetzen, gleichviel ob auf Reichs- oder auf übereinstimmenden Landesgesetzen.

Es beruhen nämlich alle Befugnisse auf der Reichsverfassung; diese aber ist unzweifelhaft Gesetz, gleichviel ob sie Reichs- oder nur übereinstimmendes Landesgesetz ist.

Nun hat zwar, nach der zuletzt erwähnten Theorie, bis zu einem gewissen Grade das Reich ein selbstständiges Gesetzgebungsrecht, weil es nicht bloß über die ihm in der Verfassung ausdrücklich zugewiesenen, sondern auch über andere Gegenstände Gesetze erlassen darf. [2])

Allein es hat eben nur ein selbstständiges Gesetzgebungsrecht; es kann seine Zuständigkeit und damit seine Verfassung nach der ausdrücklichen Vorschrift des Artikels 78 nicht durch Verordnung, sondern nur im Wege der Reichsgesetzgebung ändern.

Aus dem Vorstehenden folgt mit Nothwendigkeit, daß ein Organ des Reichs Anordnungen irgend welcher Art nur treffen kann, wenn ihm die Befugniß hierzu in der Verfassung oder in einem Reichsgesetze übertragen worden ist.

---

[1]) Hänel, die vertragsmäßigen Elemente ꝛc. Leipzig 1873 S. 56 u. f. a. a. O.; Laband, Reichsstaatsrecht I. §§. 8—10 a. a. O.; Zorn, Reichsstaatsrecht §. 4, u. A. m.

[2]) Vergl. v. Rönne, Reichsstaatsrecht II. S. 18 ff.; Zorn, Reichsstaatsrecht I. S. 57 ff. a. a. O.; Laband, I. S. 64 ff. a. a. O.; Hänel, S. 145—209.

Auf Grund der Zuständigkeit des Reichs kann eine Behörde, ohne gesetzliche Ermächtigung,[1] nicht einmal eine Exekutivstrafe zur Durchführung ihrer gesetzmäßigen Anordnungen verhängen, obwohl dies nach den in den Deutschen Einzelstaaten geltenden Rechtssätzen die Behörden regelmäßig auch ohne besondere Ermächtigung thun dürfen.[2]

Ganz gewiß also kann keiner Reichsbehörde aus eigenem Rechte und ohne gesetzliche Ermächtigung die Befugniß zustehen, Gegenstände durch allgemeine Normen zu regeln oder in einem Gesetz getroffene Anordnungen aufzuheben.

Wenn sich für ein selbstständiges Verordnungsrecht des Königs von Preußen der Grund anführen läßt, daß der König alle ihm nicht durch die Verfassung ausdrücklich eingeschränkten Rechte besitzen muß, weil das Königthum vor der Verfassung bestanden hat, so kann man diesen Grund für ein selbstständiges Verordnungsrecht des Kaisers, des Reichskanzlers u. s. w. nicht geltend machen; denn diese sind als solche überhaupt erst durch die Verfassung geschaffen worden.

Die Streitfrage des Preußischen Staatsrechts, ob die Krone über noch nicht geregelte Gegenstände aus eigenem Rechte, also selbstständige, Verordnungen erlassen darf, kann hiernach für das Staatsrecht des Deutschen Reiches nicht aufgeworfen werden.

Ebensowenig läßt sich das Vorhandensein eines Nothverordnungsrechts im Sinne des Artikels 63 der Preußischen Verfassungs-Urkunde für das Deutsche Reich behaupten.[3]

---

[1]) z. B. Gesetz betr. die Besteuerung des Tabacks vom 16. Juli 1879 (R.-G.-Bl. S. 245) §. 40 Abth. 2.

[2]) Th. F. Oppenhoff, die Preuß. Gesetze über die Ressort-Verhältnisse S. 130—131; Förstemann, Prinzipien des Preuß. Polizeirechts, Berlin 1869, S. 206 a. a. O.; Gneist in v. Holtzendorff's Rechtslexikon S. 1106 ff.; Preuß. Gesetz über die Polizeiverwaltung vom 11. März 1850 (Gesetzs. S. 265) §. 20; Preuß. sog. Organisationsgesetz vom 26. Juli 1880 (Gesetzs. S. 291) §. 68; Preuß. Verordnung wegen verbesserter Einrichtung der Provinzial-Polizei- und Finanz-Behörden vom 26. Dezember 1808 (Novum corpus constitutionum Pruss. Brand. XII. 1806—10 S. 679) §. 48.

[3]) S. auch Laband, Reichsstaatsrecht II. S. 73; v. Rönne, Reichsstaatsrecht II. S. 56; Stenogr. Ber. des preuß. Abgeordn.-H. 1867 I. S. 103, des Reichstages 1883 (Session 3) S. 1 ff.

§. 4.

Dürfen Verordnungen nach Reichsrecht erlassen werden auf Grund besonderer Ermächtigung von Seiten der Gesetzgebung?

In Vorstehendem ist gezeigt worden, daß selbstständige Verordnungen, also Verordnungen ohne allgemein oder besonders ertheilte gesetzliche Ermächtigung nach Deutschem Reichsstaatsrecht nicht erlassen werden dürfen.

Nunmehr ist zu prüfen, ob unselbstständige Verordnungen und zwar zunächst Verordnungen auf Grund besonderer Ermächtigung von Seiten des Gesetzgebers nach Reichsstaatsrecht statthaft erscheinen.

L. v. Rönne unterscheidet zwischen Gegenständen, „welche an sich und ihrer Natur nach dem Gebiete der Gesetzgebung angehören," und denjenigen, bei welchen dieses nicht der Fall ist.[1]) In Ansehung der ersteren bestreitet er das Recht, die gesetzgebende Gewalt einem Dritten zu übertragen.[2])

Hiergegen ist indeß Mehrerlei zu erinnern:

Es ist unmöglich[3]) zu bestimmen, welche Gegenstände an sich und ihrer Natur nach dem Gebiete der Gesetzgebung angehören. Vielmehr dürfte es häufig eine Macht- und Zweckmäßigkeitsfrage gewesen sein, ob die Regelung eines gewissen Gegenstandes der Gesetzgebung, d. i. der Mitwirkung der Landesvertretung oder dem Verordnungsrechte vorbehalten wurde.

So sind die Festsetzung des Staatshaushaltsetats,[4]) die Auf-

---

[1]) Reichsstaatsrecht II. §. 64 S. 13.

[2]) S. auch dessen Staatsrecht der preuß. Monarchie 3. Aufl. I. §. 46 S. 176 und 4. Aufl. I. §. 89 S. 356.

[3]) Vergl. auch Zorn, das deutsche Staatsrecht I. S. 107; Gneist in v. Holtzendorff's Rechtslexikon S. 1063; Block, Dictionn. de l'adm. française s. m. règlement administratif art. 3, und s. m. règlement d'administration publique art. 3, 4 a. a. O.; Gerber, Grundzüge 2c. 3. Aufl. §. 48; G. Meyer, Staatsrecht S. 408 Nr. 6.

[4]) z. B. Reichsverfassung vom 16. April 1871 Art. 69, 71; Preuß. Verf. vom 31. Januar 1850 Art. 99; Spanische Verf. vom 18. Juni 1837 Art. 72; Schwedische Verf. vom Jahre 1866 §. 73.

nahme von Anleihen,[1]) die Veränderungen der Landesgrenzen[2]) regelmäßig und zuweilen sogar die Veräußerung von Staatsvermögen[3]) (Domänen), längere Reisen des Souveräns ins Ausland u. dergl. m. nach den Verfassungen der Gesetzgebung vorbehalten, obwohl sie weder an sich noch ihrer Natur nach dem Gebiete der Gesetzgebung (im materiellen Sinne)[4]) angehören.

Umgekehrt sind nach vielen Verfassungen Verordnungen über Gegenstände, welche an sich wenigstens insoweit dem Gebiete der Gesetzgebung anzugehören scheinen, weil sie Rechtssätze aufstellen — auch abgesehen vom s. g. Nothverordnungsrechte[5]) — für zulässig erklärt worden.[6])

In sehr vielen und wichtigen Materien, z. B. dem Gebiete des Strafrechts, der Zoll- und Steuergesetzgebung, des Postwesens, erweist eine Vergleichung der darauf bezüglichen Gesetze und Verordnungen, daß eine begriffliche Verschiedenheit des Inhalts derselben gar nicht vorhanden ist.

Wie weit das Strafgesetzbuch den Thatbestand, der die Bestrafung nach sich zieht, selbst normirt, oder die Normirung dem Verordnungswege überläßt,[7]) wie weit das Gesetz die Höhe der Portogebühren und die Bedingungen für die Benutzung der Post-

---

[1]) z. B. Reichsverf. vom 16. April 1871 Art. 73; Preuß. Verfassung vom 31. Januar 1850 Art. 103; Badische Verfass. vom 22. August 1818 §. 57.

[2]) z. B. Preuß. Verfassung vom 31. Januar 1850 Art. 2, Spanische Verf. vom 18. Juni 1837 Art. 48, Badische Verfassung vom 22. August 1818 §. 57, Schwedische Verf. vom Jahre 1866 §. 77, Preuß. Verfassung vom 5. Dezember 1848 Art. 2, Belgische Verfassung vom 25. Februar 1831 Art. 3, Schwarzburg-Sondershausensche Verf. vom 8. Juli 1857 §. 53.

[3]) z. B. Landesgrundgesetz für Schwarzburg-Sondershausen vom 8. Juli 1857 §. 53, Bayrische Verfass. vom 26. Mai 1818 VII. §. 18, Badische Verfass. vom 22. August 1818 §. 58, Schwedische Verfassung vom Jahre 1866 §. 77, Großherzogl. Sachsen-Weimarsche Verf. vom 15. Oktober 1850 §. 39.

[4]) Siehe hierüber Laband, Staatsrecht II. S. 1 ff. a. a. O.

[5]) Preuß. Verfass. Art. 63, Dänische Verfass. vom 2. Oktober 1855 § 56, Königl. Sächsische Verfassung vom 4. September 1831 §. 88, Großherzogl. Hessische Verfassung vom 17. Dezember 1820 §. 73, Hannöversch. Gesetz vom 5. September 1848 §. 72 u. a. m.

[6]) S. Bayrische Verfassung vom 26. Mai 1818 Tit. VII §. 2, Sachsen-Weimarische Verf. vom 15. Oktober 1850 §. 4, Sachsen-Meiningensche Verfass. vom 23. August 1829 §. 85, Sachsen-Altenburgische Verf. vom 29. April 1831 §. 201 u. a. m. S. auch Zachariä, Staatsrecht 2. Aufl. II. S. 158 ff.

[7]) Siehe unten §. 16.

anstalten selbst bestimmt oder einer Verordnung [1]) überträgt, ist jedenfalls nicht durch juristische Gründe bedingt worden. Im Zoll- und Steuerwesen finden sich zahlreiche Verwaltungsverordnungen (im theoretischen Sinne) in den Gesetzen, während die zu denselben ergangenen Verordnungen zahlreiche Rechtsnormen enthalten. Was bei der einen Besteuerung im Gesetze selbst normirt ist, findet sich bei anderen dem Verordnungswege überlassen. [2])

Zweitens. Gegen die v. Rönne'sche Theorie spricht ihre praktische Undurchführbarkeit.

Es ist unmöglich, daß der Gesetzgeber z. B. alle von einem Konsul zu erlassenden polizeilichen Anordnungen, [3]) alle in den einzelnen Ortschaften, Kreisen von den Lokalverwaltungen zum Schutze der Personen oder des Eigenthums oder aus anderen Gründen zu erlassenden allgemeinen Vorschriften, [4]) z. B. die Fahrgeschwindigkeit der Fuhrwerke, die Taxen für Wagenfahrten, [5]) die Handhabung der Polizeistunde, [6]) vorausbestimmen kann.

Die Gesetzgebungsmaschine ist auch viel zu schwerfällig, als daß es wünschenswerth wäre, schnell eintretende und wechselnde, [7]) von Ort zu Ort, von Umständen zu Umständen verschiedene Verhältnisse stets nur im Wege der Gesetzgebung zu regeln, abzuändern oder aufzuheben. [8])

Drittens. Gegen v. Rönne ist zu erinnern, daß der Gesetzgeber innerhalb seiner verfassungs- und gesetzmäßigen Zu-

[1]) Vergl. hierüber unten §. 12.

[2]) Siehe unten §. 6 a. a. O.

[3]) Vergl. Reichsgesetz vom 10. Juli 1879 (R.-G.-Bl. S. 179) §. 4 Abs. 3 Auf Grund dieser Vorschrift getroffene Anordnungen sind ihrem Inhalte nach Gesetze.

[4]) Vergl. für Preußen Ges. über die Polizeiverwaltung vom 11. März 1850 (Gesetzs. S. 265).

[5]) Gewerbeordnung vom 21. Juni 1869 §. 76, vergleiche auch §. 148 Ziffer 8 daselbst.

[6]) Reichsstrafgesetzbuch §. 365.

[7]) z. B. Aus- und Einfuhrverbote im Falle von Krieg oder Krankheiten. Vergl. Vereinszollgesetz vom 1. Juli 1869 (Bundesgesetz-Bl. S. 317) §§. 2, 134. Siehe auch Denkschrift zum Zollvereinigungsvertrage vom 16. Mai 1865 (Stenograph. Bericht des Preuß. Abgeordnetenhauses 1865 Bd. VII. Aktenstück 143 S. 1538 ff.) u. weiter unten.

[8]) Vergl. auch Block, Dictionn. s. m. règlement administratif art. 3; Batbie, Précis du cours de droit public, Paris 1876 p. 42 a. a. O.; La Pegna, Codice politico p. 79, 105.

ständigkeit souverän ist [1]) und schon deshalb nicht beschränkt werden kann, alle ihm hierzu geeignet erscheinenden Gegenstände der Regelung im Verordnungswege zu überweisen.

Viertens. Es ist richtig, daß, wie v. Rönne sagt, die Reichsverfassung als „Gesetze“ nur die zwischen dem Reichstage und dem Bundesrathe vereinbarten kennt; indeß sind ja auch die zwischen dem Reichstage und dem Bundesrathe nicht vereinbarten Vorschriften nicht „Gesetze“, sondern „Verordnungen“.

Daß der Reichstag kein Recht habe, auf die Ausübung seines Mitwirkungsrechtes bei der Gesetzgebung zu verzichten und den Erlaß von Gesetzen dem Bundesrathe allein zu übertragen, ist eine Behauptung v. Rönne's, deren Richtigkeit dahin gestellt bleiben kann. Jedenfalls verzichtet der Reichstag, wie mir scheint, keineswegs auf sein Mitwirkungsrecht bei der Gesetzgebung, sondern übt dies gerade aus, wenn er zu einem Gesetze mitwirkt, welches den Erlaß von Vorschriften dem Bundesrathe, dem Kaiser oder einem Anderen aufträgt. Allerhöchstens hätten es der Reichstag oder der Bundesrath gegen sich selbst zu verantworten, ob sie bei der Festsetzung einer Norm unmittelbar mitwirken, oder dieselbe einem Anderen, häufig Geeigneterem, überlassen wollen.

Fünftens. Der Artikel 5 der Reichsverfassung, [2]) auf welchen sich die v. Rönne'sche Deduktion ferner stützt, betrifft lediglich die Form, in welcher die Gesetzgebung ausgeübt wird, [3]) bestimmt aber nicht, was der Inhalt eines Reichsgesetzes sein soll, und verbietet auch nicht dem Gesetzgeber, anstatt unmittelbar Rechtsregeln aufzustellen, Anordnungen darüber zu treffen, wie und von wem sie aufzustellen sind. [4]) Auch giebt es der Gesetzgebung vorbehaltene Gegenstände (wie z. B. in fast allen Verfassungen das Recht, Anleihen aufzunehmen, in einigen das Recht Domänen zu

---

[1]) G. Meyer, Lehrbuch S. 400.

[2]) Derselbe lautet (Absatz 1):

„Die Reichsgesetzgebung wird ausgeübt durch den Bundesrath und den Reichstag. Die Uebereinstimmung der Mehrheitsbeschlüsse beider Versammlungen ist zu einem Reichsgesetze erforderlich und ausreichend.“

[3]) S. weiter unter §. 5 a. a. O.

[4]) Laband II. S. 76. Vergl. auch Seydel in Hirth's Annalen 1874 S. 1145.

veräußern), welche schon ihrer Natur nach nicht gut anders wie durch Delegation ausgeübt werden können.[1])

Sechstens. Die Reichsverfassung selbst widerlegt die v. Rönne'sche Theorie dadurch, daß sie den Erlaß von Rechtsvorschriften, welcher sonst der Gesetzgebung zustehen würde, in gewissen Fällen dem Wege der Gesetzgebung entzieht und dem Verordnungswege überweist.[2])

Siebentes. Die v. Rönne'sche Theorie widerspricht allen sonst geltenden Verfassungsgesetzen und Verfassungsgebräuchen, welche das Recht des Gesetzgebers, alle ihm dazu geeignet erscheinenden Gegenstände dem Verordnungswege zu überlassen, anerkennen.

So ist es nach französisch-belgischem Staatsrecht unbedingt statthaft, daß der Gesetzgeber alle ihm dazu geeigneten Gegenstände dem Verordnungswege (règlement administratif oder règlement d'administration publique) überlassen darf.

Selbst der Erlaß von allgemeinen Strafnormen und die Auflegung von Steuern kann von der Gesetzgebung delegirt werden: „Aucune peine, aucun impot ne peuvent être établie, par décret. Il faut une délégation expresse du législateur.“ Dies ist ein bekannter Grundsatz des französisch-belgischen Rechts; woraus folgt, daß mit gesetzlicher Ermächtigung sogar Strafnormen und Steuern im Verordnungswege vorgeschrieben werden können.[3])

[1]) In vielen Reichsgesetzen wird der Reichskanzler vom Gesetzgeber ermächtigt, Anleihen unter gewissen Bedingungen aufzunehmen, Grundstücke zu veräußern u. s. w. Dies steht, scheint mir, in Ansehung der Frage nach der Delegationsbefugniß dem Falle gleich, wo etwa der Reichskanzler vom Gesetzgeber ermächtigt wird, irgend welche Rechtsnormen aufzustellen.

[2]) S. z. B. Art. 48 Abs. 2, 53 und weiter unten §§. 12, 13 a. a. O. In Ansehung der Bestimmung in Art. 48 Abs. 2 der Reichsverfassung citirt v. Rönne (Reichsstaatsrecht II. S. 290 Anmerk. 1) selbst eine vom Abgeordneten Lasker „mit vollem Rechte“ gethane Aeußerung, wonach jene Bestimmung feststelle, „daß gewisse Gegenstände, welche ihrer Natur nach zur Bundesgesetzgebung gehören..., auch ferner... der Verwaltung (d. h. soll heißen dem Verordnungswege) überlassen bleiben sollen.“

[3]) Vergl. A. Giron, le droit administratif de la Belgique no. 78, la Constitution Belge annotée par J. J. Thonissen 1876 no. 47, Batbie, Précis du cours de droit public (français), Paris 1876 p. 42, Block, Dictionnaire de l'administration française s. m. règlement administratif,

Das Nämliche gilt für das englische Staatsrecht, wo die empowering clauses immer häufiger werden.[1])

Fälle einer Delegation der gesetzgebenden Gewalt und zwar im weitesten Umfange finden sich schon im römischen Recht.

> Postea, so heißt es in einer Stelle von Pomponius — l. 2. §. 4 D. de origine juris I. 2. — placuit, publica auctoritate decem constitui viros, per quos peterentur leges a Graecis civitatibus, et civitas fundaretur legibus, quas in tabulas eboreas perscriptas pro rostris composuerunt, ut possint leges apertius percipi. Datumque est iis jus eo anno in civitate summum, uti leges et corrigerent, si opus esset, et interpretarentur; neque provocatio ab iis, sicut a reliquis magistratibus fieret.

Wie die Gesetzgebungsgewalt der zehn Männer, so beruhte auch diejenige der Imperatoren auf einer Delegation des eigentlichen Gesetzgebers. §. 6 Tit. II. Inst. Just. lib. I de jure naturali gentium et civili.

> „Sed et quod principi placuit, legis habet vigorem, quum lege regia, quae de imperio ejus lata est, populus ei et in eum omne suum imperium et potestatem concessit.“

Achtens. Der Gesetzgeber ertheilt in häufigen Fällen einem Dritten die Gewalt, Anordnungen singulärer oder allgemeiner Natur sogar contra legem zu treffen;[2]) er muß also auch

---

réglement d'aministration publique und décret. S. ferner Ducrocq, cours de droit administratif p. 38 suiv., La Pegna p. 105.

[1]) Gneist in v. Holtzendorff's Rechtslexikon S. 1064, ders. Verwaltung, Justiz, Rechtsweg S. 64—70 a. a. O., ders., Englisches Verwaltungsrecht S. 127.

[2]) Beispiele: Gesetz wegen Erhebung einer Abgabe von Salz vom 12. Oktober 1867 (B.-G.-Bl. S. 41) §. 20 Nr. 5, Seemannsordnung vom 27. Dezember 1872 (R.-G.-Bl. S. 409) §. 119, Gesetz, die Besteuerung des Tabaks betr., vom 26. Mai 1868 (B.-G.-Bl. S. 319) §. 8, Gesetz, betr. die Abänderung der Gewerbeordnung vom 17. Juli 1878 (R.-G.-Bl. S. 199) §. 139, Gesetz wegen Erhebung der Brausteuer vom 31. Mai 1872 (R.-G.-Bl. S. 153) §. 1 Abs. 2, Gesetz, betr. die Abänderung des §. 4 des Gesetzes über das Postwesen ꝛc., vom 20. Dezember 1875 (R.-G.-Bl. S. 318) Art. 9, Gesetz, betr. die Beseitigung von Ansteckungsstoffen bei Viehbeförderungen ꝛc. vom 25. Februar 1876 (R.-G.-Bl. S. 163) §. 3, Gesetz, betr. den Zolltarif ꝛc., vom 15. Juli 1879 (R.-G.-Bl. S. 207) §. 4 letzter Absatz, §§. 6, 7, Gesetz, betr. die Besteuerung des Tabacks vom 16. Juli 1879 (R.-G.-Bl. S. 245) §§. 25, 27, Gesetz, betr.

befugt erscheinen, einem Dritten die Ermächtigung zu ertheilen, Anordnungen singulärer oder allgemeiner Natur praeter legem zu erlassen.

Neuntens. Auch auf die Vorschrift im Artikel 7 (Ziffer 2) der Reichsverfassung kann sich v. Rönne nicht berufen; denn dieselbe besagt und bedeutet nicht, daß eine Verordnung überhaupt nur allgemeine Verwaltungsvorschriften zur Ausführung eines Gesetzes geben könne,[1]) und daß sonach Alles, was nicht unter den Begriff der administrativen Anordnung fällt, unbedingt gesetzlich geregelt werden müsse. Vielmehr ist der Sinn des fraglichen Satzes nur der, daß da, wo ein Gesetz der Vollzugsverordnung nicht ausdrücklich gedenkt, der Bundesrath die zur Ausführung desselben erforderlichen „allgemeinen Verwaltungsvorschriften“ [2]) erlassen darf.

Nach den vorstehenden Ausführungen darf der auch durch eine häufige Praxis bethätigte und anerkannte Satz aufgestellt werden,

> daß Alles, was nach geltendem Recht Gegenstand eines Gesetzes sein sollte, auch durch Verordnung festgesetzt werden kann, wenn der Gesetzgeber zum Erlaß einer solchen Verordnung seine Ermächtigung ertheilt, wenn also die gesetzgebende Gewalt einem Dritten delegirt worden ist.

Der so häufige Satz, daß ein gewisser Gegenstand durch Gesetz geregelt werden soll, bedeutet also zugleich, daß er durch Verordnung nur dann geregelt werden darf, wenn eine Delegation von Seiten des Gesetzgebers ertheilt werden wird.

Es ist indeß zu beachten, daß wenn die Verfassung ausdrücklich den Erlaß eines Gesetzes zur Regelung bestimmter Fälle fordert, ein späteres Gesetz, welches diese Regelung einer Verordnung überlassen will, als ein die Verfassung abänderndes Gesetz angesehen werden und dementsprechend die zu einem solchen erforderlichen Bedingungen erfüllen muß.

Hierauf beruht die Unterscheidung in den Verfassungen, ob ein Gegenstand „durch Gesetz“ (par loi) oder nur „in Gemäß-

---

die Steuerfreiheit des Branntweins ꝛc., vom 19. Juli 1879 (R.-G.-Bl. S. 259) §. 1, Gesetz, betr. die Konsulargerichtsbarkeit in Bosnien, vom 7. Juni 1880 (R.-G.-Bl. S. 146).

[1]) So führt Seydel zutreffend aus, siehe Hirth's Annalen 1874 S. 1145.

[2]) Uebrigens dürfen selbst diese sogenannten Verwaltungsvorschriften Rechtsvorschriften intra legem enthalten (s. u. §§. 6 ff.).

heit eines Gesetzes" (en vertu de la loi) geregelt werden soll. Im letzteren Falle enthält das Gesetz, welches den Gegenstand der Verordnung überweist, keine Verfassungsänderung.[1])

Aus der Souveränität, welche dem Gesetzgeber im Deutschen Reiche innerhalb der verfassungsmäßigen Grenzen zusteht, in Verbindung mit den vorstehenden Ausführungen folgt, daß es für jeden Fall vom eigenen Ermessen des Gesetzgebers abhängt, ob, an wen, in welchem Umfange und unter welchen Bedingungen er die Befugniß, rechtsverbindliche Vorschriften irgend welcher Art zu erlassen, übertragen (delegiren) will.

Wie der Gesetzgeber befugt ist, bei Beschließung einer Anleihe die Höhe derselben, den Zinssatz, die Kündigungs- und Rückzahlungsbedingungen selbst festzusetzen oder ihre Bestimmung dem Reichskanzler zu überlassen, so steht es ihm frei, die Gegenstände, in Ansehung derer er das Verordnungsrecht delegirt, im Wesentlichen selbst zu bestimmen oder sie mehr oder weniger dem Ermessen des Bevollmächtigten zu überlassen.

So giebt es Fälle, wo der Inhalt einer Strafnorm fast ganz dem Ermessen des Bevollmächtigten überlassen ist; z. B. Gesetz über die Konsulargerichtsbarkeit vom 10. Juli 1879 (R.-G.-Bl. S. 197) §. 4 Abs. 3.

> „Der Konsul ist befugt, für seinen Gerichtsbezirk oder einen Theil desselben polizeiliche Vorschriften mit verbindlicher Kraft für die seiner Gerichtsbarkeit unterworfenen Personen zu erlassen und die Nichtbefolgung derselben mit Geldstrafen bis zum Betrage von einhundertfünfzig Mark zu bedrohen ...,"

wo also das Ermessen des Konsuls in Ansehung des Gegenstandes

[1]) S. La Constitution Belge annotée par J. J. Thonissen 1876 no. 47. „Il importe de remarquer que la constitution n'exige pas que la peine soit prononcée par la loi elle-même, il suffit, qu'elle soit établie en vertu de la loi. Ainsi la loi du 6 mars 1848 autorise le roi à sanctionner — les règlements généraux de police."

Die Preuß. Verf. vom 31. Jan. 1850 bestimmt in Art. 8. Strafen können nur „in Gemäßheit des Gesetzes" angedroht oder verhängt werden. Das Polizeiverwaltungsgesetz vom 11. März 1850 (Gesetzs. S. 260), welches das Recht, Strafen anzudrohen, an Behörden delegirte (§§. 6, 11), enthält daher keine Verfassungsänderung. S. auch unten.

der Verordnung nur dahin, daß sie polizeiliche sein sollen, beschränkt ist. [1])

Im Einklange mit den bisherigen Ausführungen steht, daß der Gesetzgeber im Reiche seine Delegationsbefugniß in der denkbar mannigfachsten Weise ausübt, daß er bald dem Bundesrathe, bald dem Kaiser, bald dem Reichskanzler, bald einer anderen Reichsbehörde, bald den Einzelstaaten, bald ihren Central-, Provinzial- oder Lokalbehörden, bald sogar Privatpersonen [2]) die Befugniß zum Erlaß verbindlicher Anordnungen, auch allgemeiner Rechtsvorschriften überträgt, daß er den Beauftragten bald die Festsetzung solcher Vorschriften allein überläßt, bald ihnen aufgiebt, sich zuvor die Zustimmung oder das Einvernehmen eines Dritten (z. B. des Bundesraths, der Gemeindebehörde [3]) zu verschaffen, daß er die Giltigkeit solcher Vorschriften an die spätere Genehmigung des Reichstages knüpft, daß er in demselben Gesetze das Recht zum Erlasse von Vorschriften den verschiedensten Behörden delegirt und Inhalt wie Umfang der ertheilten Ermächtigung auf die verschiedenste Weise bemißt. [4])

Nicht zu verwechseln mit den Fällen, in welchen das Reich Landesbehörden das Verordnungsrecht überträgt, sind diejenigen, in welchen es ihnen das Verordnungsrecht nur vorbehält. Die auf Grund des übertragenen Verordnungsrechts erlassenen Normen sind Reichsnormen (im materiellen Sinne Reichsgesetze); die auf Grund des vorbehaltenen Verordnungsrechts erlassenen Landesnormen (im materiellen Sinne Landesgesetze. [5])

---

[1]) Vergl. hierzu Preuß. Gesetz über die Polizeiverwaltung vom 11. März 1850 (Gesetzs. S. 265) §. 6 und in Ansehung des französischen Rechts Batbie, Précis p. 42 suiv., ferner code pénal art. 471 no. 15, 475 no. 10, unten §. 16.

[2]) Den Thierärzten, s. Viehseuchengesetz vom 23. Juni 1880 (R.-G.-Bl. S. 153) §§. 12 Abs. 2, 17 Abs. 2.

[3]) z. B. Gewerbeordnung §. 76.

[4]) Das beste Beispiel hierfür dürfte die Gewerbeordnung sein, wo dem Bundesrath, dem Kaiser, dem Reichskanzler, den Central-, den Provinzial- und Lokalbehörden der Einzelstaaten die Befugniß, gesetzvertretende Verordnungen zu erlassen, delegirt ist, und zwar bald allein, bald in Uebereinstimmung mit einem Dritten (z. B. §. 76), bald endgiltig, bald vorbehaltlich späterer Genehmigung (z. B. §. 138a).

[5]) Vgl. hierüber Rosin S. 46 ff.

§. 5.

Dürfen Verordnungen, insbesondere auch die sogenannten Rechtsverordnungen (Gesetze im materiellen Sinne) nach Reichsrecht nur auf Grund spezieller Ermächtigung von Seiten des Gesetzgebers erlassen werden?

Im Vorstehenden ist bewiesen worden, daß alle Anordnungen, welcher Art sie auch sein mögen, auf Grund gesetzlicher Ermächtigung auch im Verordnungswege erfolgen dürfen.

Es fragt sich, ob die gesetzliche Ermächtigung eine besondere und ausdrückliche sein muß, oder ob eine generelle und stillschweigende genügen kann.

Die in der Theorie[1]) herrschende Ansicht nimmt für das Deutsche Reichsstaatsrecht an, daß jede Verordnung, welche Rechtsvorschriften enthält, nur auf Grund einer besonderen und ausdrücklichen reichsgesetzlichen Delegation erlassen werden darf.

Sie folgert die Richtigkeit dieser Ansicht aus Geist und Wortlaut des Artikels 5[2]) der Reichsverfassung.

---

[1]) Laband, Deutsches Staatsrecht II. S. 77 a. a. O.; Hänel, Die organisatorische Entwickelung S. 64 a. a. O. Schulze, Lehrbuch des Deutschen Staatsrechts, Leipzig 1881 S. 530. (Vergl. indeß Schulze, Preuß. Staatsrecht II. S. 226, 227) G. Meyer, Lehrbuch des Deutschen Staatsrechts S. 425 a. a. O.; Seydel in Hirth's Annalen 1874 S. 1145, 1146; Derselbe, Kommentar zur Verfassungsurkunde des Deutschen Reichs S. 102, 103; ferner v. Rönne, Preuß. Staatsrecht 4. Aufl. §. 90 S. 366 für Preußen vertreten die Ansicht, daß Rechtsvorschriften wenigstens auf Grund der in der Verfassung allgemein ertheilten Delegation nicht erlassen werden dürfen.

Die gegentheilige Ansicht, daß auch Rechtsvorschriften allerdings im Sinne von bloßen Ausführungs- und Ergänzungsbestimmungen (Verordnungen intra legem) außer im Falle besonderer Delegation bezw. auf Grund der in der Verfassung allgemein ertheilten Delegation im Verordnungswege erlassen werden können, dürfte sich dagegen finden bei:

Riedel, die Verfassungsurkunde vom 16. April 1871 (Nördlingen 1871) S. 40 ff.; Thudichum, Verfassungsrecht des Norddeutschen Bundes 2c. S. 89; v. Martitz, Betrachtungen über die Verfassung des Norddeutschen Bundes, Leipzig 1868 S. 62, 63, und Zorn in der Tübinger Zeitschrift für die gesammten Staatswissenschaften XXXVI. S. 28, Reichsstaatsrecht I. S. 129.

[2]) Vgl. Laband, Preuß. Budgetrecht S. 10; Laband, Deutsches Staatsrecht II. S. 73; Schulze, Preuß. Staatsrecht §. 171 u. Reichsstaatsrecht S. 530.

Artikel 5 lautet:

„Die Reichsgesetzgebung wird ausgeübt durch den Bundesrath und den Reichstag. Die Uebereinstimmung der Mehrheitsbeschlüsse beider Versammlungen ist zu einem Reichsgesetze erforderlich und ausreichend."

Diese Vorschrift entspricht dem Artikel 62 der Preußischen Verfassung vom 31. Januar 1850:

„Die gesetzgebende Gewalt wird gemeinschaftlich durch den König und durch zwei Kammern ausgeübt. Die Uebereinstimmung des Königs und beider Kammern ist zu jedem Gesetze erforderlich."

Aus diesen beiden Verfassungsbestimmungen läßt sich aber m. E. mit der herrschenden Theorie der Satz **nicht** herleiten, daß alle Rechtssätze nur im Wege der Gesetzgebung nach Reichs- und Preußischem Verfassungsrecht erlassen werden dürfen.

Eine solche Folgerung würde nur dann berechtigt sein, wenn man den Begriff „gesetzgebende Gewalt" oder „Gesetzgebung" als gleichbedeutend mit „der Befugniß, Rechtsvorschriften, d. h. materielle Gesetze zu geben" annehmen müßte.

Dies ist aber m. E. nicht der Fall.

Die herrschende Theorie stützt sich für ihre gegentheilige Auffassung einmal auf die geschichtliche Entwickelung [1]) und sodann auf die Behauptung, daß bei anderer als der angegebenen Wortauslegung die Artikel 5 und 62 Tautologien enthalten würden. [2])

Was nun zunächst die **geschichtliche** Entwickelung anlangt, so soll nach **Laband** das Wort **Gesetz** vor Einführung der Verfassungen als Kennzeichen ein **materielles**, [3]) nämlich die Anordnung eines **Rechtssatzes**, getragen haben und in diesem Sinne, als Anordnung eines Rechtssatzes, in die Preußische und in die Reichsverfassung übergegangen sein.

Das Wort Gesetz, so führt **Laband** aus, [4]) sei sehr viel älter als die konstitutionelle Staatsform und namentlich in Deutschland allgemein gebraucht und verstanden worden, ehe man an eine Beschränkung des Landesherrn durch eine parlamentarische

---

[1]) **Laband**, Preuß. Budgetrecht S. 2 ff.

[2]) **Laband**, Preuß. Budgetrecht S. 10; **Schulze**, Preuß. Staatsrecht II. §. 171 S. 216.

[3]) **Laband**, Preuß. Budgetrecht S. 3 ff.; derselbe, Staatsrecht II. S. 10, 11.

[4]) Siehe Budgetrecht S. 3 ff.

Körperschaft dachte. Es habe in dieser Zeit daher selbstverständlich auch gar keine Beziehung zu den Rechten der Volksvertretung gehabt, sondern den Ausspruch eines Rechtssatzes bedeutet: die gewollte und bewußte Festsetzung einer Norm, mag die Festsetzung vom Staatsoberhaupte oder von einer anderen Stelle ausgehen,[1]) mag die Norm eine allgemeine oder eine besondere sein. Der Gegensatz des Gesetzes sei das Gewohnheitsrecht, das sei der Inbegriff der im Volksbewußtsein lebenden Rechtsnormen, die von der Staatsgewalt nicht fixirt und ausgesprochen worden seien: der höhere sowohl Gesetz als Gewohnheitsrecht umfassende Begriff sei derjenige der Rechtsquelle.

Von diesen Sätzen ist jedenfalls der richtig, daß das Wort Gesetz älter ist als die konstitutionelle Staatsform und im absoluten Staate Preußen keine Beziehung zu den Rechten der nicht bestehenden Volksvertretung gehabt hat. Unrichtig dagegen ist, daß das Wort Gesetz im absoluten Staate Preußen alles nicht gewohnheitsmäßige[2]) und jede von irgend wem gesetzte Rechtsnorm bedeutet hat. Zunächst nämlich wurde es nur gebraucht von einer durch den Landesherrn, das Staatsoberhaupt, gesetzten Norm. Dies folgt aus Theil II. Tit. 13 des allgemeinen Preußischen Landrechts.

§. 6: „Das Recht, Gesetze und allgemeine Polizeiverordnungen zu geben, dieselben wieder aufzuheben, und Erklärungen darüber mit gesetzlicher Kraft zu ertheilen, ist ein Majestätsrecht."

§. 7: „Privilegia als Ausnahmen von dergleichen Gesetzen zu bewilligen... gebührt nur dem Oberhaupte des Staats." [3])

---

[1]) Vergl. auch v. Mohl, Encyklopädie 2. Aufl. S. 144: „Ein Gesetz ist eine befehlende Norm, welche von einer zuständigen Autorität im Staate zur Nachachtung von Seiten der Betheiligten bekannt gemacht wird", Zorn in der Tübinger Zeitschrift für die gesammten Staatswissenschaften XXXVI. S. 28 a. a. O.

[2]) Umgekehrt: das „Gesetzesrecht" der germanischen Völkerschaften war gerade das Gewohnheitsrecht und das Verordnungsrecht war das Nichtgewohnheits-, war das gesetzte Recht, R. Sohm, Fränkische Reichs- und Rechtsgeschichte I. S. 102.

[3]) §. 5 Th. I. 3. 1 des Entwurfs zum Allgemeinen (Preußischen) bürgerlichen Gesetzbuche lautete:

„Das Recht, Gesetze zu geben, allgemeine Verordnungen vorzuschreiben, Münzen, Maaß und Gewicht zu bestimmen, und überhaupt Anordnungen zu

Also nur die Majestät des Königs, nur das Oberhaupt des Staates, kann Gesetze geben und Ausnahmen von ihnen zulassen.[1])

Dem entsprechend bestimmt §. 2 der Einleitung zum Allgemeinen Landrecht:

„Besondere Provinzialverordnungen und Statuten einzelner Gemeinheiten und Gesellschaften erhalten nur durch die Landesherrliche Bestätigung die Kraft der Gesetze."

Provinzialverordnungen und Statuten sind im Sinne des Allgemeinen Landrechts daher nicht Gesetze und heißen, obwohl sie Rechtsnormen aufstellen, nicht Gesetze; tritt zu ihnen die Landesherrliche Bestätigung, so erlangen sie auch nur die Kraft und nicht den Namen der Gesetze.

Sind hiernach einerseits nur die vom Staatsoberhaupte angeordneten Normen als Gesetze bezeichnet worden,[2]) so sind andererseits nicht einmal alle vom Staatsoberhaupte angeordneten Normen als Gesetze bezeichnet worden.

Es mag hier dahingestellt bleiben, ob zum Begriffe eines Gesetzes im Sinne des Preußischen Landrechts die Allgemeinheit der angeordneten Norm erforderlich ist,[3]) oder ob es genügt, wenn dasselbe auch nur eine besondere[4]) Norm enthält. Jedenfalls gehört zum Begriff des Gesetzes: die Verkündigung, und zwar die Verkündigung in ganz bestimmter und genau vorgeschriebener Weise.[5])

treffen, welche das Recht und die Sicherheit der Bürger zum Gegenstande haben, kann nur von dem Oberhaupte im Staate ausgeübt werden."

[1]) S. auch Verordnung vom 27. Oktober 1810 (Gesetzs. 1810 11 S. 8) Ziff. I.

[2]) So auch Schulze, das Preuß. Staatsrecht Bd. II. S. 205 6; Dernburg, Lehrbuch des Preuß. Privatrechts 3. Aufl. I. S. 30.

[3]) S. hierzu §. 5 der Einleitung zum Allgemeinen Landrecht: „Die von dem Landesherrn in einzelnen Fällen, oder in Ansehung einzelner Gegenstände, getroffenen Verordnungen können in andern Fällen, oder bei andern Gegenständen, als Gesetze nicht angesehen werden."

Vergl. auch Schulze, Preuß. Staatsrecht II. S. 207; v. Rönne, Preuß. Staatsrecht I. S. 342; vergl. ferner G. Meyer, Lehrbuch des Reichsstaatsrechts S. 398; E. A. Chr. in Aegidi's Zeitschrift für Staatsrecht I. S. 204: „jede allgemeine selbstständige Rechtsnorm ist Gesetz."

[4]) So Laband, Preuß. Budgetrecht S. 3, Reichsstaatsrecht II. S. 1 ff.

[5]) Daß eine Norm vom Könige sanktionirt und in der für Gesetze vorgeschriebenen Art verkündet ist, genügt, um dieselbe als Gesetz anzuerkennen. Sonstige Formen sind nicht wesentlich; vergl. auch v. Rönne, Preußisches Staatsrecht 4. Aufl. I. §. 16 S. 74 f.

Es bestanden von jeher besondere Vorschriften über die Verkündigung der Gesetze; durch die Art dieser Verkündigung gab das Staatsoberhaupt zu verstehen und erkannten die Unterthanen, daß die Anordnung ein Gesetz sein sollte; und es sind und heißen nur diejenigen vom Staatsoberhaupt erlassenen Anordnungen Gesetze, welche in der vorgeschriebenen Weise verkündet worden sind.

Einleitung zum Allgemeinen Landrecht §. 11:

„Es müssen daher alle gesetzlichen Verordnungen, ihrem völligen Inhalte nach, an den gewöhnlichen Orten öffentlich angeschlagen, und im Auszuge in den Intelligenzblättern der Provinz, für welche sie gegeben sind, bekannt gemacht werden."

Diese Vorschrift ist später durch die Königliche Verordnung vom 27. Oktober 1810 über das Erscheinen und den Verkauf der neuen Gesetzsammlung (Gesetzs. 18¹⁰/₁₁ S. 1) ersetzt worden. Dieselbe bestimmt:

§. 1. „Es soll für die gesammte Monarchie eine Gesetz-Sammlung erscheinen, und es werden in dieselbe alle die vom heutigen Tage an erlassenen Gesetze und Verordnungen aufgenommen, welche mehr als ein einzelnes Regierungsdepartement betreffen." [1])

§. 2. „Es soll für jedes Regierungsdepartement ein Departementsblatt erscheinen, in welches alle Vorschriften und Publicationen aufzunehmen sind, welche das Departement allein betreffen." [2])

Es gelten hiernach also als Gesetze nur die in der Gesetzsammlung oder [3]) im Amtsblatte verkündeten Anordnungen des Staatsoberhauptes. Was weder in jener, noch in diesem verkündet ist, gilt nicht als Gesetz. [4])

---

[1]) Für die ältere Zeit s. v. Rönne, Preußisches Staatsrecht 4. Aufl. I. §. 25 S. 107 ff.

[2]) Vergl. Königliche Verordnung vom 28. März 1811 über die Einrichtung der Amtsblätter in den Regierungs-Departements, sowie über die Publikation der Gesetze und Verfügungen durch dieselben und durch die allgemeine Gesetzsammlung (Gesetzs. S. 165).

[3]) Vergl. Allerhöchste Kabinetsordre vom 24. Juli 1826, betr. die öffentliche Giltigkeit der ausschließlich durch die Amtsblätter bekannt gemachten Gesetze (Gesetzs. S. 73).

[4]) S. auch Deklaration vom 14. Januar 1813, über den Anfang der rechtlichen Wirkung der durch die Gesetzsammlung und die Amtsblätter bekannt gemachten Gesetze und Verfügungen (Gesetzs. S. 2), und Königl. Verordnung vom 9. Juni 1819, betr. die näheren Bestimmungen wegen Anwendung der

Dieser Rechtszustand blieb bis zum Gesetze vom 3. April 1846, betreffend die Publikation der Gesetze (Gesetzs. S. 151), wonach fortan nur noch in die Gesetzsammlung und nicht mehr in die Amtsblätter Gesetze mit Rechtswirksamkeit aufgenommen werden können.

§. 1. „Landesherrliche Erlasse, welche Gesetzeskraft erhalten sollen, erlangen dieselbe nur durch die Aufnahme in die Gesetzsammlung, ohne Unterschied, ob sie für die ganze Monarchie, oder für einen Theil derselben bestimmt sind."

Zu den Kriterien des Gesetzes im absoluten Staate Preußen gehört also auch die Form [1]) der Verkündung.

Ein zweites Kriterium des Gesetzes im absoluten Staate Preußen ist, daß es vom Staatsoberhaupt erlassen, oder wenigstens sanktionirt ist. Kein Kriterium ist die Bezeichnung, ob Gesetz oder Patent, oder Edikt, oder Verordnung u. s. w. [2])

Dagegen ist es im absoluten Staate Preußen für den Begriff des Gesetzes nicht genügend, daß es einen Rechtssatz enthält; vielmehr giebt es Anordnungen, die Rechtssätze enthalten, ohne Gesetze zu sein.

Auch in anderer Weise wie in der Gesetzsammlung oder im Amtsblatte verkündete und von einem Anderen wie vom Landesherrn erlassene Anordnungen konnten im absoluten Staate Preußen Rechtssätze enthalten, so z. B. die Provinzialverordnungen und Statuten einzelner Gemeinheiten und Gesellschaften, welche landesherrlich bestätigt worden sind, [3]) die von den Landesregierungen [4]) oder den Ministerien erlassenen Straf- [5]) und anderen Verordnungen.

Verordnungen vom 27. Oktober 1810 und 28. März 1811 über die Einführung der Gesetzsammlung und die Einrichtung der Amtsblätter in den Rheinischen Provinzen (Gesetzs. S. 148).

[1]) Vergl. auch Gneist, der Rechtsstaat 2. Aufl. S. 218.

[2]) Laband, Preuß. Budgetrecht S. 4; Dernburg, Lehrbuch 3. Aufl. I. S. 30 Anm. 2.

[3]) Einleitung zum Allgem. Landrecht §. 3.

[4]) Vergl. Verordnung vom 26. Dezember 1808 §§ 40, 45; Regierungsinstruktion vom 23. Oktober 1817 §. 11 Abs. 1; Rheinisches Ressortreglement vom 20. Juli 1818 §. 17.

[5]) Staatsministerialbeschluß vom 7. Januar 1845 (Förstemann, Grundsätze des Preuß. Polizeirechts S. 156); vergl. auch v. Rönne, Preuß. Staatsr. 4. Aufl. §. 93 und Rosin S. 25 ff.

Solche Statuten und Verordnungen hatten zwar die Kraft von Gesetzen, sie wurden aber in der offiziellen Sprache des absoluten Staates Preußen nicht als „Gesetze", sondern zu diesen als im Gegensatze stehend aufgefaßt,[1]) wie dies auch folgende Umstände ergeben:

1. Die §§. 150 und 210 Theil II. Titel 20 des Allgemeinen Landrechts unterscheiden zwischen der Abreißung von „Gesetzen" und „landesherrlichen Polizeiverordnungen" einer- und den „von der Obrigkeit angeschlagenen Statuten und Verordnungen" andererseits.

2. Nach der Verordnung wegen verbesserter Einrichtung der Provinzial-, Polizei- und Finanzbehörden vom 26. Dezember 1808 sollen die von den Regierungen in Polizei- und Landesangelegenheiten mit höherer Genehmigung erlassenen Publikanda — welche unzweifelhaft Gesetze im materiellen Sinne sind — keine härtere Strafe als in den „Gesetzen"[2]) festsetzen.

3. Die Regierungs-Instruktion vom 23. Oktober 1817 gestattet den Regierungen Strafbestimmungen zu erlassen, wenn „das Verbot an sich schon durch ein Gesetz feststeht, in letzterem aber die Strafe nicht ausdrücklich bestimmt ist."

4. Die zu den im absoluten Staate Preußen ergangenen Ausführungsverordnungen hießen damals, wie noch heute, Verwaltungs- oder Ausführungsvorschriften, nicht aber „Gesetze", obwohl sie häufig allgemeine Rechtsnormen aufstellen, ja sie werden als zu den „Gesetzen" im formellen Gegensatze stehend bezeichnet.[3])

Seit Preußen in die Reihe der konstitutionellen Staaten trat, ist zu den bisherigen Kriterien des Gesetzes noch dasjenige hinzugekommen, daß es mit Zustimmung beider Häuser des Landtages zu Stande gebracht sein muß; dergestalt, daß seit Einführung der Verfassung dasjenige als Gesetz gilt, was nach erfolgter Zustimmung beider Häuser des Landtages vom Staatsoberhaupte angeordnet und gehörig verkündet, d. i. in der Gesetzsammlung abgedruckt worden ist.

---

[1]) Sie heißen regelmäßig „Verordnungen", auch „Polizeigesetze" (Allgem. Landrecht II. 20. §. 239). Ueber den zunächst immer prägnanten Sinn des Wortes „Gesetz" s. noch weiter unten §. 19.

[2]) Also namentlich im Allgemeinen Landrecht II. 20. §§. 33, 35, 240.

[3]) S. w. u. §§. 6, 8.

Die Vorschrift in Art. 62 der Preußischen Verfassungsurkunde hat hiernach nicht den ihr von Laband[1]) und Schulze[2]) untergelegten Sinn, daß alle Rechtssätze fortan nur noch gemeinschaftlich durch den König und beide Häuser des Landtages angeordnet werden dürfen, und zwar schon deshalb nicht, weil es erstens nicht die Absicht der Verfassung war, die gewissen Behörden, Korporationen, Gemeinden u. s. w. zustehende Befugniß zum Erlasse von Rechtssätzen zu beseitigen,[3]) weil zweitens auch noch nach Erlaß der Verfassung die vollziehende Gewalt Rechtssätze in zahlreichen Fällen ganz allein und ohne eine besondere Ermächtigung anordnen kann[4]) und weil endlich, wenn Königliche Verordnungen — außer den Nothverordnungen — Rechtssätze nicht enthalten dürfen, Artikel 106 der Verfassung, wonach dem Richter die Prüfung aller Königlichen Verordnungen untersagt ist, unnöthig und sinnlos sein würde.[5])

Vielmehr hat der erwähnte Artikel den Sinn, „daß die Gewalt, Gesetze zu geben, sie zu ändern und authentisch zu interpretiren, da, wo nach Geist oder Wortlaut der Verfassung oder späterer Gesetze ein Gesetz gefordert wird, nicht mehr, wie nach §. 6 Theil II. Tit. 13 des Allgemeinen Landrechts, allein vom Könige, sondern vom Könige fortan nur noch in Gemeinschaft[6]) mit beiden Kammern ausgeübt werden darf.[7])

---

[1]) Budgetrecht S. 10, Reichsstaatsrecht II. S. 73.

[2]) Preuß. Staatsrecht II. S. 216, Reichsstaatsrecht S. 530.

[3]) Das Gegentheil folgt aus den bez. Verhandlungen der gesetzgebenden Körperschaften (Stenogr. Ber. über die Verhdl. d. II. Kammer 1849 S. 514 ff.). Dieses Recht ist auch thatsächlich nicht durch die Verfassung beseitigt worden; vgl. indeß auch v. Rönne, Preuß. Staatsr. I. S. 387 Anm. 3.

[4]) Dahin gehören zunächst die Ausführungsverordnungen gemäß Art. 45 der Preußischen Verfassung, welche auch neue intra legem liegende zur Ausführung des Gesetzes dienende Rechtssätze aufstellen dürfen, s. hierüber w. u.

[5]) Die diesbezüglichen Verhandlungen in beiden Kammern ergeben, daß bei Art. 106 nicht sowohl an Nothverordnungen wie an andere Königliche Verordnungen gedacht war, s. hierüber w. u. §. 8 a. a. O.

[6]) D. i. nachdem die Kammern zum Inhalte ihre Zustimmung ertheilt haben.

[7]) Es sei denn, daß der Gesetzgeber selbst den Verordnungsweg befiehlt oder zuläßt.

Die weitere Vorschrift im Art. 62:

„Die Uebereinstimmung des Königs und beider Kammern ist zu jedem Gesetze erforderlich,"

bedeutet, daß nicht etwa die Mehrheit (also zwei) der gesetzgebenden Faktoren, auch nicht etwa die mehrmalige Annahme desselben Gesetzes durch zwei Faktoren, sondern daß die Einmüthigkeit aller Faktoren zu jedem einzelnen Gesetze erforderlich ist. Dies ergeben mit absolutester Gewißheit die bezüglichen Verhandlungen, und insbesondere der beabsichtigte Gegensatz zu dem Kommissions-Entwurf der National-Versammlung, der sogenannten Charte Waldeck, wonach ein drei Mal von beiden Kammern angenommener Gesetzesvorschlag Gesetz werden mußte. [1]) Eine Tautologie ist also im Art. 62 nirgends zu entdecken.

Würde sich aus Art. 62 der Preußischen Verfassungsurkunde folgern lassen, daß alle Rechtssätze fortan nur in der Form der Gesetzgebung angeordnet werden können, so wären zahlreiche Bestimmungen dieser Verfassung, wonach zu gewissen Anordnungen Gesetze erforderlich sein sollen, überflüssig. Unverständlich dagegen wären bei Unterlegung des Laband'schen Sprachgebrauchs die Vorschriften der Verfassung, wonach gewisse Rechtsnormen „in Gemäßheit des Gesetzes", also nicht durch Gesetz angeordnet werden können (z. B. Art. 8).

Es läßt sich also so wenig aus der Geschichte, wie aus Geist oder Wortlaut des Art. 62 der Preußischen Verfassung herleiten, daß Alles, was einen Rechtssatz enthält, nur im Wege der Gesetzgebung angeordnet werden könne, und es ist die Identifizirung vom Gesetz und Anordnung eines Rechtssatzes sowohl

---

[1]) Die Verfassung wollte dem Könige das sog. absolute Veto beilegen. S. auch v. Rönne, Preuß. Staatsrecht, 4. Aufl. §. 89 S. 56. Der bez. Art. 35 der Charte Waldeck enthielt folgende Stelle:

„Wird jedoch ein Gesetzesvorschlag unverändert von beiden Kammern zum dritten Male angenommen, so erhält er durch die dritte Annahme Gesetzesmacht."

Vergl. hierzu: Verh. der National-Versamml. I. S. 3; Verfass.-Urk. vom 5. Dezember 1848 flg. S. 383 Art. 60; Verh. der II. Kammer 1841 S. 793 ff., 863 ff., der I. Kammer 1849 S. 1492 a. a. O.

S. auch Verfassung des Deutschen Reichs v. J. 1849

§. 196: — „Der Zustimmung des Reichsoberhauptes bedarf es nicht, wenn in drei sich unmittelbar folgenden Sitzungsperioden derselbe Reichstagsbeschluß unverändert gefaßt werden sollte."

für den absoluten Staat Preußen, als auch für den konstitutionellen Staat Preußen nicht als bewiesen zuzugestehen.

Noch weniger also kann das von Laband angerufene Beispiel des Preußischen Staatsrechts, oder der in Art. 5 der Reichsverfassung gebrauchte Ausdruck „Gesetzgebung", dafür beweisend sein, daß Rechtssätze nach Deutschem Reichsrecht nur durch Gesetz oder nur auf Grund besonderer und ausdrücklicher gesetzlicher Ermächtigung angeordnet werden können.

Vielmehr kann und soll der Satz in Art. 5:

„die Reichsgesetzgebung wird ausgeübt durch den Bundesrath und den Reichstag"

nur bedeuten, daß da, wo der Erlaß eines Gesetzes nach Reichsrecht vorgeschrieben, und nach der Zuständigkeit des Reiches statthaft ist, das Recht zum Erlasse desselben dem Bundesrathe und dem Reichstage gemeinschaftlich zustehen soll.

Dieser Satz enthält auch keine Tautologie; denn einmal mußte doch ausgesprochen werden, wem im Deutschen Reiche die gesetzgebende Gewalt zusteht, ob etwa dem Kaiser allein oder dem Kaiser, dem Bundesrath und dem Reichstage gemeinschaftlich, oder dem Bundesrathe in Gemeinschaft mit dem Reichstage u. s. w.

Ebensogut könnte man auch in Art. 11 der Reichsverfassung eine Tautologie finden: „das Präsidium des Bundes steht dem Könige von Preußen zu, welcher den Namen Deutscher Kaiser führt"; denn die Bezeichnungen Präsidium des Bundes, König von Preußen und Deutscher Kaiser sind im Sinne der Reichsverfassung heute vollkommen gleichbedeutend.

Die fernere Bestimmung in Art. 5:

„Die Uebereinstimmung der Mehrheitsbeschlüsse beider Versammlungen ist zu einem Reichsgesetze erforderlich und ausreichend"

ist gleichfalls nicht tautologisch mit dem Vordersatze; denn sie stellt klar, daß nicht etwa Einstimmigkeit oder Dreiviertelmehrheit in der einen oder anderen Versammlung erforderlich sind, daß nicht etwa der Kaiser oder die einzelnen Bundesstaaten noch erst ihre Zustimmung zu dem gemeinschaftlichen Beschlusse des Bundesrathes und des Reichstages zu geben haben, u. s. w.

Nach dem Vorstehenden erscheint die Beweisführung aus der Preußischen Verfassungsgeschichte und dem Wortlaute des Art. 5 der Reichsverfassung dafür, daß alle Rechtsnormen nach Reichsrecht nur auf Grund eines Gesetzes (also im Verordnungswege nur auf Grund spezieller Ermächtigung von Seiten des Gesetzgebers) erlassen werden dürfen, nicht genügend und nicht gelungen.

Das Gegentheil soll im Nachfolgenden bewiesen werden.

---

§. 6.

Ist in der Reichsverfassung die Befugniß zum Erlasse unselbstständiger (Ausführungs-) Rechtsnormen dem Bundesrathe allgemein ertheilt worden?

Die in Betracht kommende Vorschrift der Reichsverfassung (Art. 7 Nr. 2) lautet:

„Der Bundesrath beschließt: . . .
über die zur Ausführung der Reichsgesetze erforderlichen allgemeinen Verwaltungsvorschriften und Einrichtungen, sofern nicht durch Reichsgesetz etwas Anderes bestimmt ist.“ [1])

Dieselbe ist im Wesentlichen entnommen [2]) aus Art. 37 der Verfassung für den Norddeutschen Bund:

„Der Bundesrath beschließt: . . .
2) über die zur Ausführung der gemeinschaftlichen Gesetzgebung (Art. 35.) [3]) dienenden Verwaltungsvorschriften und Einrichtungen.“

---

[1]) Die Mehrzahl der Rechtslehrer erblickt hierin nur die Befugniß zum Erlasse sogenannter Verwaltungsverordnungen, nicht aber zum Erlasse von Rechtsnormen; so Seydel in Hirth's Annalen 1874 S. 1143; Laband, Reichsstaatsrecht I. S. 254, II. S. 70, 71, III b. S. 282; Hänel, die organisatorische Entwickelung S. 71 ff.; Hensel in Hirth's Annalen 1883 S. 26; Schulze, Reichsstaatsrecht S. 530; G. Meyer S. 245 u. A.

Anderer Ansicht sind Riedel S. 24; Thudichum in v. Holtzendorff's Jahrbuch I. S. 22; Zorn, Reichsstaatsrecht S. 106/7, 128.

[2]) Siehe hierüber die Rede des Abgeordneten Lasker am 7. Dezember 1870 in der außerordentlichen Session des Norddeutschen Reichstages, Stenogr. Ber. 1870 S. 122 u. w. u.

[3]) d. i. „die Gesetzgebung über die Zölle, die Zucker-, Branntwein-, Salz-, Bier- und Tabacksteuer, wie über die Maßregeln, welche in den Zollausschlüssen zur Sicherung der gemeinschaftlichen Zollgrenze erforderlich sind.“

und aus Art. 8 des Zollvereinigungsvertrages vom 8. Juli 1867 (B.=G.=Bl. S. 81).

§. 12. „Der Beschlußnahme des Bundesrathes (für den Zollverein) unterliegen . . .

2) die zur Ausführung der gemeinschaftlichen Gesetzgebung (Artikel 7.)[1]) dienenden Verwaltungs=Vorschriften und Einrichtungen."

Die Vorschrift bezog sich hiernach ursprünglich auf die gemeinschaftliche Zoll= und Steuergesetzgebung.

Sonach spitzt sich die Frage dahin zu, ob mit der Bezeichnung „Verwaltungsvorschriften" in der Sprache der Zoll= und Steuergesetze lediglich der Gegensatz zum formellen Gesetz oder der Gegensatz zum materiellen Gesetze ausgedrückt, oder mit anderen Worten, ob mit der Bezeichnung „Verwaltungsvorschriften" ein formeller oder materieller Sinn verbunden werden sollte.

I. Um diese Frage richtig zu beantworten, ist es erforderlich, die einzelnen Zoll= und Steuergesetze darauf hin, was sie unter „Verwaltungsvorschriften" verstehen, näher zu betrachten:

1. Das Vereinszollgesetz vom 1. Juli 1869 (B.=G.=Bl. S. 317), um mit dem wichtigsten Gesetze anzufangen, bestimmt in §. 152:

„die Uebertretung der Vorschriften dieses Gesetzes, sowie der in Folge derselben öffentlich bekannt gemachten Verwaltungsvorschriften wird, sofern keine besondere Strafe angedroht ist, mit einer Ordnungsstrafe[2]) bis zu funfzig Thalern geahndet."

Solche Verwaltungsvorschriften sind z. B.:

a. Niederlageregulativ zu §. 106 des Vereinszollgesetzes;[3])
b. Regulativ, die zollamtliche Behandlung des Güter= und Effektentransports auf den Eisenbahnen[4]) zu §. 73;
c. Regulativ für Privatlager[5]) zu §. 108;

---

[1]) d. s. Ein=, Aus= und Durchgangsabgaben, Salz= und Rübenzuckersteuer, Hinterziehungen dieser Abgaben und Steuern, Zollgesetz, Zollordnung, Zolltarif, Grundsätze das Zollstrafgesetz betreffend.

[2]) Das ist eine Kriminalstrafe. Zuständig sind daher, abgesehen von den vorläufigen Straffestsetzungen, die Gerichte. Vergl. Oppenhoff, Rechtsprechung des Preuß. Ober=Tribunals in Strafsachen, Band XVI. S. 511 a. a. O.

[3]) Centralblatt für die Preußische Abgaben=Gesetzgebung 1870 S. 67.

[4]) Daselbst 1871 S. 86.

[5]) „ 1871 S. 376.

d. Regulativ, betreffend Zollerleichterungen für den Handel mit fremden Weinen und Spirituosen [1]) zu §. 108 a. a. O.;
e. Regulativ für Theilungslager [2]) zu §. 108;
f. Regulativ für Privattransitlager [3]) von den in Nr. 9 des Zolltarifs aufgeführten Waaren (Getreide u. s. w.) zu §. 108 daselbst und zugleich zu § 7 des Zolltarifgesetzes vom 15. Juli 1879 (R.-G.-Bl. S. 207);
g. Regulativ für Privattransitlager von Bau- und Nutzholz [4]) zu §. 7 des in f genannten Gesetzes;
h. Regulativ, fortlaufende Konten betreffend [5]) zu §. 110 des Vereinszollgesetzes;
i. Begleitscheinregulativ [6]) zu §. 58 daselbst;
k. Bestimmungen, betreffend Zollbegünstigungen der Reisstärkefabrikation. [7])

Zu den „Verwaltungsvorschriften" im Sinne des Vereinszollgesetzes sind auch die so häufigen Aus- und Einfuhrverbote zu rechnen. [8])

Alle diese sogenannten Verwaltungsvorschriften stellen sich dar als Gesetze im materiellen Sinne, sie sind Ausführungsverordnungen im weitesten Sinne, sie enthalten nicht bloß die Behörden, sondern zugleich die Unterthanen verpflichtende Rechtssätze. Sie treffen allgemeine Anordnungen über Erlaß oder Erleichterungen der Zollsätze, setzen allgemeine Kontrolvorschriften fest, von deren Beobachtung Steuer-Erlasse oder Erleichterungen abhängen, und deren Nichtbeobachtung, wenn sie absichtlich erfolgt, regelmäßig die Defraudationsstrafe, wenn unabsichtlich, wenigstens die Ordnungs- (Kontraventions-) Strafe nach sich zieht.

2. Gesetz, betreffend die Erhebung einer Abgabe von Salz vom 12. Oktober 1867 (B.-G.-Bl. S. 41):

---

1) Centralblatt für die Preußische Abgaben-Gesetzgebung 1871 S. 434.
2) Daselbst 1872 S. 86.
3) „ 1880 S. 265, Centralblatt für das Deutsche Reich 1880 S. 285.
4) „ 1880 S. 407, Reichs-Centralblatt 1880 S. 309.
5) „ 1868 S. 269, 1870 S. 10.
6) „ 1870 S. 25.
7) Reichs-Central-Blatt 1880 S. 411.
8) Erkenntniß des Preuß. Ober-Tribunals vom 9. Januar 1879 in Oppenhoff's Rechtspr. des Ober-Tribunals in Strafsachen Band XX. S. 23, s. auch weiter unten §. 10.

§. 15: ... „die Uebertretung der Vorschriften der gegenwärtigen Verordnung,[1]) sowie der in Folge derselben erlassenen und öffentlich oder den Salzwerksbesitzern u. s. w. besonders bekannt gemachten Ausführungsvorschriften, für welche keine besondere Strafe angedroht ist, wird mit einer Ordnungsstrafe von Einem bis zu zehn Thalern 2c. geahndet."

Unter Ausführungsvorschriften sind hier unzweifelhaft die zur Ausführung erlassenen Verwaltungsvorschriften zu verstehen. Solche Vorschriften sind die im Preußischen Abgaben-Centralblatt, Jahrgang 1867 S. 390, 403, 434, 566, Jahrgang 1878 S. 159 abgedruckten Verordnungen,[2]) in Ansehung derer sich Alles wiederholen läßt, was bei den Ausführungsverordnungen des Zollvereinsgesetzes gesagt worden ist. Insbesondere fügen die Verordnungen zu den im Gesetze selbst enthaltenen Betriebsbeschränkungen und Kontrolemaßregeln neue von allgemeiner Natur hinzu; sie bestimmen u. A. auch ganz allgemein, ob, in welchem Umfange und unter Beobachtung welcher Kontrolemaßregeln die gänzliche oder theilweise Befreiung gewisser Stoffe, z. B. der sogenannten Abraum- (Kali-) Salze von der Salzabgabe stattfinden darf, wie ferner das Nettogewicht ermittelt wird u. s. w.

3. Gesetz, betreffend die Besteuerung des Branntweins in verschiedenen zum Norddeutschen Bunde gehörenden Staaten und Gebietstheilen, vom 8. Juli 1868 (B.-G.-Bl. S. 384)

§. 65: „Die Uebertretung anderer in diesem Gesetz enthaltenen Vorschriften und der in Gemäßheit derselben erlassenen und gehörig bekannt gemachten Verwaltungsvorschriften, auf welche keine besondere Strafe gesetzt worden, soll mit einer Geldbuße von 1 bis 10 Rthlr. (1 bis 15 Gulden) geahndet werden."

Zu den Verwaltungsvorschriften gehören u. A. auch

---

[1]) soll heißen: des gegenwärtigen Gesetzes, welches im Wesentlichen von der Preußischen Verordnung vom 9. August 1867 (Preuß. G.-Bl. S. 1320) abgeschrieben wurde, wobei das Wort „Verordnung" stehen geblieben ist.

[2]) S. dieselben auch in den Jahrbüchern für Zollgesetzgebung und Verwaltung 1867 S. 178, 464, 505, 536; Reichs-Central-Blatt 1878 S. 435. Siehe endlich auch den Bundesraths-Beschluß vom 5. Dezember 1881 im Reichs-Central-Blatt 1881 S. 452 und im Preuß. Abg.-Centr.-Bl. 1882 S. 42. Vergl. überhaupt den Aufsatz von Arndt in der Zeitschrift für Bergrecht 1883 S. 34 ff.

die Verordnungen, welche gemäß §. 4 des genannten Gesetzes für nichtmehlige Stoffe die Steuersätze allgemein bestimmen.[1]) Sie sind in materieller Hinsicht Gesetze. Es war lediglich Sache der praktischen Erwägung, die Steuersätze für gewisse Stoffe anstatt im Gesetze selbst, durch die oberste Verwaltungsbehörde normiren zu lassen.

4. Gesetz wegen Erhebung der Brausteuer vom 31. Mai 1872 (R.=G.=Bl. S. 153)

§. 35: „Die Uebertretung der Bestimmungen dieses Gesetzes, sowie der dazu erlassenen Verwaltungsvorschriften wird, sofern nicht die Defraudationsstrafe verwirkt ist, mit einer Ordnungsstrafe bis zu 50 Thalern geahndet."

Diese „Verwaltungsvorschriften" sind hauptsächlich enthalten im Bundesrathsbeschluß vom 18. November 1872[2]) und den Verfügungen des preußischen Finanzministers vom 19. Mai 1875,[3]) vom 23. November 1876[4]) und vom 21. Juni 1878.[5]) Dieselben enthalten Rechtsnormen der verschiedensten Art: allgemeine Bestimmungen, besonders Ermäßigungen von Steuersätzen,[6]) Kontrolemaßregeln u. s. w.

5. Gesetz, betreffend die Besteuerung des Tabacks vom 16. Juli 1879 (R.=G.=Bl. S. 245)

§. 40 im Wesentlichen gleichlautend mit §. 35 des Brausteuergesetzes.

Die hauptsächlichsten zu diesem Gesetze erlassenen Verwaltungsvorschriften sind die Bekanntmachung des Reichskanzlers vom 25. März 1880[7]) und „Dienstvorschriften" vom 29. Mai 1880.[8]) Dieselben enthalten, wenigstens abgesehen von den Dienstvorschriften, materielle, auch die Unterthanen bindende Rechtssätze.

---

[1]) Solche Verordnungen finden sich im Preuß. Abgaben=Centralblatt 1867 S. 432, 1869 S. 230 a. a. O.

[2]) Preuß. Abgaben=Central=Blatt 1872 S. 364; Jahrbuch für Zollges. und Verw. 1873 S. 66.

[3]) Preuß. Abg.=Centr.=Blatt 1875 S. 131.

[4]) Daselbst 1877 S. 4.

[5]) „ 1878 S. 163.

[6]) Desgleichen §. 1 des Gesetzes.

[7]) Die Bekanntmachung veröffentlicht einen Bundesrathsbeschluß. Sie ist abgedruckt im Centralblatt für das Deutsche Reich 1880 S. 153.

[8]) Daselbst S. 327. Siehe auch Jahrgang 1881 S. 231.

6. Gesetz, betreffend die Steuerfreiheit des Branntweins zu gewerblichen Zwecken, vom 19. Juli 1879 (R.-G.-Bl. S. 259)

§. 4: ...„in Betreff der Feststellung, Untersuchung und Entscheidung der Zuwiderhandlungen gegen die Bestimmungen dieses Gesetzes oder der dazu erlassenen Verwaltungsvorschriften u. s. w. finden die Vorschriften sinngemäße Anwendung, welche" u. s. w.

Diese Verwaltungsvorschriften, welche veröffentlicht sind durch Bekanntmachung des Reichskanzlers vom 23. Dezember 1879,[1]) enthalten materielles, die Behörden wie die Bürger zwingendes Recht.

7. Gesetz wegen Besteuerung des Braumalzes[2]) ꝛc. vom 4. Juli 1868 (B.-G.-Bl. S. 375)

§. 36: „Die Uebertretung ... der in Gemäßheit derselben (der in diesem Gesetze gegebenen Bestimmungen) erlassenen ... Verwaltungsvorschriften, auf welche keine besondere Strafe gesetzt worden, soll mit einer Geldbuße von 1 bis 10 Thalern geahndet werden."

8. Die, abgesehen von den Zollausschlüssen, im ganzen Deutschen Reiche geltende Verordnung, die Besteuerung des im Inlande erzeugten Rübenzuckers betreffend, vom 7. August 1846[3])

§. 26: „Die Uebertretung solcher, in dieser Verordnung enthaltenen Bestimmungen und der in Gemäßheit derselben erlassenen und gehörig bekannt gemachten Verwaltungsvorschriften, auf welche keine besondere Strafe gesetzt worden, soll mit einer Geldbuße von 1 bis 10 Rthlr. geahndet werden."

Das Nämliche wie „Verwaltungsvorschriften" bedeuten auch die Bezeichnungen „Vorschriften" oder „Ausführungsbestimmungen" in den nachfolgenden Gesetzen:

9. Gesetz, betreffend den Spielkartenstempel vom 3. Juli 1878 (R.-G.-Bl. S. 133)

---

[1]) Reichs-Central-Blatt 1879 S. 781.

[2]) aufgehoben durch das unter 3 oben erwähnte Gesetz vom 31. Mai 1872.

[3]) (Preuß. G.-S. S. 335.) Die Verordnung beruhte auf Uebereinkunft zwischen den Mitgliedern des Zollvereins. Vergl. auch Reichsverfassung Art. 35 und Gesetz wegen Abänderung der im Texte bezeichneten Verordnung vom 2. Mai 1870 (B.-G.-Bl. S. 311).

§. 16: ... „die zu dessen (des Gesetzes) Ausführung erlassenen **Vorschriften**, welche mit keiner besonderen Strafe in diesem Gesetze belegt sind, ziehen eine Ordnungsstrafe von drei bis dreißig Mark nach sich." [1])

10. Gesetz, betreffend die **Statistik des Waarenverkehrs** u. s. w. vom 20. Juli 1879 (R.-G.-Bl. S. 261)

§. 17: „Zuwiderhandlungen gegen die Vorschriften dieses Gesetzes sowie der in Folge derselben erlassenen und öffentlich bekannt gemachten **Ausführungsbestimmungen** [2]) — sind ... zu bestrafen."

11. Gesetz, betreffend die Erhebung von **Reichsstempelabgaben** vom 1. Juli 1881 (R.-G.-Bl. S. 185)

§. 23: „Zuwiderhandlungen gegen die Vorschriften dieses Gesetzes oder gegen die zu dessen Ausführung erlassenen **Vorschriften**, [3]) welche in demselben mit keiner besonderen Strafe belegt sind, ziehen eine Ordnungsstrafe von drei bis dreißig Mark nach sich..."

12. Gesetz, betreffend die **Wechselstempelsteuer** vom 10. Juni 1869 (B.-G.-Bl. S. 193)

§. 13: „Die Verpflichtung zur Entrichtung der Stempelabgabe wird erfüllt:

1) ...

oder

2) durch Verwendung der erforderlichen Bundesstempelmarke auf dem Wechsel, wenn hierbei die von dem Bundesrathe erlassenen und bekannt gemachten **Vorschriften** über die Art und Weise der Verwendung beobachtet worden sind."

Solche materielle Gesetze in sich schließende „Vorschriften"

---

[1]) S. hierzu namentlich die Bekanntmachungen des Reichskanzlers vom 6. Juli 1878 (Reichs-Centr.-Bl. S. 403, 406), 15. April und 13. Juli 1879 (das. 1879 S. 286, 516).

[2]) Siehe diese hauptsächlich in der Bekanntmachung des Reichskanzlers vom 20. November 1879 (Reichs-Central-Blatt S. 676); siehe ferner Dienstvorschriften daselbst 1879 S. 607, das statistische Waarenverzeichniß daselbst 1879 S. 855 u. s. w.

[3]) Allgemeine Ausführungsvorschriften in der Bekanntmachung des Reichskanzlers vom 7. Juli 1881 (Reichs-Centr.-Bl. S. 283, Preuß. Abg.-Centr.-Bl. S. 277) und in den Bestimmungen über die Erhebung 2c. der Stempelabgabe vom 7. Juli 1881 (Reichs-Centr.-Bl. S. 304, Preuß. Abg.-Centr.-Bl. S. 298).

sind enthalten hauptsächlich in den Bekanntmachungen vom 23. Dezember 1869 (B.=G.=Bl. S. 695), 23. Juni 1871 (R.=G.=Bl. S. 267), 11. Juni 1873 (R.=G.=Bl. S. 295), 13. Dezember 1874 (R.=G.=Bl. S. 148), 13. Juni 1879 (R.=G.=Bl. S. 153), 16. Juli 1881 (R.=G.=Bl. S. 245).

Auch die zu den unter 9 bis 11 bezeichneten Gesetzen ergangenen Ausführungsvorschriften enthalten Rechtssätze; sie normiren die Regeln, nach denen die Abstempelung vor sich gehen soll. Ihre Nichtbefolgung zieht häufig die Defraudationsstrafe,[1]) mindestens aber die Kontraventions= (Ordnungs=) Strafe nach sich. Diese Regeln hätten eigentlich im Gesetze selbst vorgeschrieben sein müssen; allein der Gesetzgeber hielt es für zweckmäßiger, ihre Festsetzung dem Ermessen des Bundesraths zu überlassen.

Es kommt an dieser Stelle nicht in Betracht, daß die Befugniß zum Erlasse der Ausführungsvorschriften zu den oben genannten Gesetzen sich häufig auf dort besonders ausgesprochene Delegationen zurückführen läßt.[2]) Denn es handelt sich hier und für jetzt nur um die Frage, was unter „Verwaltungsvorschriften" in der Sprache der Zoll= und Steuergesetze verstanden zu werden pflegt, und diese Frage ist zweifellos dahin zu beantworten, daß „Verwaltungsvorschriften" nicht bloß die Aufgabe haben, den im Gesetze selbst enthaltenen Rechtsstoff durch die Behörden zur Ausführung bringen zu lassen, sondern daß sie auch die Unterthanen und die Gerichte rechtlich verpflichtende Normen aufstellen können.[3])

---

[1]) S. z. B. Gesetz, betr. die Erhebung von Reichsstempelabgaben vom 1. Juli 1881 (R.=G.=Bl. S. 185)

§. 22: „Stempelmarken, welche nicht in der vorgeschriebenen Weise verwendet worden sind, werden als nicht verwendet angesehen."

[2]) Unrichtig ist, daß — wie Laband, Reichsstaatsrecht III b. S. 282 behauptet — „sämmtliche" Zoll= und Steuergesetze des Norddeutschen Bundes und Reichs zahlreiche Delegationen für den Bundesrath enthalten. Ebenso würde die Annahme unrichtig sein, daß alle zu den Zoll= und Steuergesetzen vom Bundesrathe erlassenen Verordnungen auf Grund der in diesen Gesetzen selbst ertheilten Befugnisse ergangen sind; s. w. u. §. 10.

[3]) Dies scheint jetzt auch ziemlich übereinstimmend angenommen zu werden. Hänel, organisatorische Entwickelung S. 72; Laband, Reichsstaatsrecht III b. S. 279. An letzterer Stelle heißt es: „Die Behauptung, daß die Rechtssätze über das Zoll= und Steuerwesen in den Zoll= und Steuergesetzen, die Ver=

II. Zu dem nämlichen Ergebnisse gelangt man durch eine kurze geschichtliche Betrachtung:

Die Zollvereinigungsverträge wie auch die Verträge über gleichmäßige Besteuerung gewisser Gegenstände zerfielen regelmäßig in drei Dokumente: offenen Vertrag, Separatartikel, Schlußprotokoll.[1]) Von diesen galt nur der offene Vertrag als „Gesetz" und er allein wurde in den Formen des „Gesetzes" — in den konstitutionellen Staaten also nach erfolgter Zustimmung der Landesvertretung — bekannt gemacht. Die Separatartikel und das Schlußprotokoll dagegen als „Verabredungen von vorübergehendem oder bloß reglementärem und administrativem Charakter" wurden, weil sie sich „in ein mit Gesetzeskraft zu verkündendes Aktenstück nicht eignen", nicht als „Gesetze" angesehen, behandelt und bekannt gemacht.[2])

Die Separatartikel und Schlußprotokolle enthalten aber, wie der flüchtigste Einblick ergiebt,[3]) mannigfache Rechtsvorschriften: nämlich, ohne daß eine feste Scheidung möglich ist, der Regel

---

waltungsregeln über dieselben Materien in den Zoll- und Steuer-Verordnungen enthalten seien, steht in offenkundigem Widerspruch mit dem wirklichen Inhalt dieser Gesetze und Verordnungen."

Wenn Zorn, Reichsstaatsrecht I. S. 129, meint, daß es sich bei Verwaltungsvorschriften immer um Rechtssätze handele, so ist dies wohl zu weit gegangen. Vielmehr enthalten die Verwaltungsvorschriften wie die Gesetze nicht überall Rechtssätze.

[1]) S. z. B. Uebereinkunft wegen Besteuerung des Salzes vom 8. Mai 1867 (B.-G.-Bl. S. 49).

[2]) S. Denkschrift zu dem Vertrage, die Fortdauer des Zoll- und Handelsvereins betreffend, vom 16. Mai 1865; Stenogr. Ber. des Preuß. Abgeordnetenhauses Band VII, Anlagen IV. Theil, Aktenstück Nr. 143 S. 1539; R. Delbrück Art. 40 S. 5.; Derselbe in den Stenogr. Ber. des Reichstags, außerordentliche Session 1870 S. 126. Es ist diese Gesammtheit von Verabredungen zum Theil administrativer, zum Theil legislativer Natur und zum Theil verfassungsmäßiger Natur. Hänel, Studien S. 126 ff.; Laband, Reichsstaatsrecht III b. S. 249 ff., S. 281 a. a. O.; v. Rönne, Reichsstaatsrecht II. S. 199; vgl. auch Zorn, Reichsstaatsr. II. S. 245.

[3]) z. B. bei den Separatartikeln und Schlußprotokollen zu der Uebereinkunft, betreffend die Besteuerung des Salzes.

Appelt, die Gesetzgebung über die Erhebung und Kontrolirung der im deutschen Zollverein bestehenden Salzabgabe. Berlin 1870 S. 1 a a. O. Siehe auch Arndt, die Salzsteuer, in der Zeitschrift für Bergrecht 1883 S. 34 ff.

nach alle auf den Geschäftsgang und den Verkehr der Behörden, die Abrechnung der Vereinsstaaten unter einander, die auf die Kontrole und die Betriebs- bezw. Gewerbe-Beschränkungen, endlich die auf Erlaß oder Ermäßigung der Zölle und Steuern bezüglichen Anordnungen.

Sie sind daher, sowie sie bindende Normen aufstellen, öffentlich (d. i. in den Verordnungs- bezw. Amtsblättern [1]) oder auch den Betheiligten individuell [2]) bekannt zu machen. Die Nichtbeobachtung der so gehörig bekannt gemachten Vorschriften zieht u. A. den Verlust der zugedachten Begünstigung, die Defraudations-, mindestens aber die Kontraventionsstrafe nach sich.

Daß viel Zufälliges in der solchergestalt beliebten Trennung des Stoffes in „Gesetzes-“ und „Verwaltungsvorschriften“ liegt, ist leicht begreiflich. Man vergleiche z. B. die detaillirten Vorschriften des Zollgesetzes vom 23. Januar 1838 und des Vereinszollgesetzes vom 1. Juli 1869 mit dem Salzsteuergesetze vom 12. Oktober 1867 (B.-G.-Bl. S. 41).

Was dauernd binden sollte, war regelmäßig als Gesetz fixirt, was, wie Kontrolemaßregeln, aber mehr vorübergehend sein sollte und in Ansehung dessen die Vereinsregierungen ihren Landesvertretungen gegenüber sich freie Hand zu Abänderungen oder Zusätzen vorbehalten wollten, [3]) wurde eben deshalb als administrative Vorschrift behandelt.

„Gesetz“ ist hierbei, nicht was Rechtsnormen aufstellt, sondern, was formell als „Gesetz“ zu Stande gekommen und publizirt, d. h. in der Gesetzsammlung abgedruckt oder dort mindestens allegirt [4]) war. „Verwaltungsvorschrift“ ist

---

[1]) Siehe weiter unten §§. 15 ff.

[2]) z. B. zuweilen bei der Salzsteuer, Gesetz vom 12. Oktober 1867 (B.-G.-Bl. S. 41) §. 15.

[3]) Im Wesentlichen wird es thatsächlich richtig sein, was Laband, Reichsstaatsrecht III b. S. 280 in Ansehung des im Texte beregten Gegenstandes sagt:

> „Ein durchgreifendes und prinzipielles Merkmal, welche Regeln in der einen, und welche in der andern Form zu erlassen sind, fehlt; nur im Allgemeinen ergiebt sich aus der Natur der Sache, daß Vorschriften von größerer Wichtigkeit, umfassenderer Geltung, dauernderer Bedeutung in den Gesetzen, geringfügigere, leichter wechselnde oder speziellere Anordnungen in den Verordnungen enthalten sind.“

[4]) Meines Erachtens ist, wenn aus dem Gesetzestexte, dem Inhalte des

hierbei, nicht, was keine Rechtsnormen aufstellt, sondern, was nicht als „Gesetz" zu Stande gekommen und publizirt war. [1])

III. Die Richtigkeit der hier dem Worte „Verwaltungsvorschriften" in der Sprache der Zoll- und Steuergesetze beigelegten Bedeutung erhellt auch aus dem Sprachgebrauche der Zoll- und Steuervereinigungsverträge:

A. Vertrag zwischen Preußen, Sachsen u. s. w. über die gleiche Besteuerung innerer Erzeugnisse vom 28. Juni 1864 (Preuß. G.-S. 1865 S. 529)

„Art. 9: „Die kontrahirenden Theile verpflichten sich zu einer fortdauernden völligen Uebereinstimmung der vereinbarten gesetzlichen, reglementären und Kontrole-Vorschriften hinsichtlich derjenigen Steuern und Abgaben" u. s. w.

B. Vertrag ꝛc. über den Verkehr mit Taback und Wein vom 28. Juni 1864 (Preuß. G.-S. 1865 S. 535)

Art. 5 wie oben Art. 9.

C. Vertrag zwischen Preußen, Bayern u. s. w. die Fortdauer des Zoll- und Handelsvereins betreffend vom 16. Mai 1865 (Preuß. G.-S. 1865 S. 641)

Art. 4. [2]) „In den Gebieten der kontrahirenden Staaten sollen übereinstimmende Gesetze über Eingangs- und Ausgangsabgaben, sowie über die Durchfuhr bestehen u. s. w.

Desgleichen soll auch die Verwaltung der Eingangs- und Ausgangsabgaben und die Organisation der dazu dienenden Behörden in allen Ländern des Gesammtvereins, unter Berücksichtigung der in denselben bestehenden eigenthümlichen Verhältnisse, auf gleichen Fuß gesetzt werden . . ."

---

offenen Vertrages, nichts Anderes ersichtlich ist, anzunehmen, daß die Allegirung noch nicht genügt, um formelle Gesetzeskraft herbeizuführen, daß dazu vielmehr der vollständige Abdruck im Gesetzblatte erforderlich ist, wie dies z. B. bei der Uebereinkunft vom 8. Mai 1867 geschehen ist, welche sowohl allegirt (B.-G.-Bl. S. 41) wie abgedruckt wurde (B.-G.-Bl. S. 49).

[1]) Siehe auch Laband, Reichsstaatsrecht IV. S. 249 ff. a. a. O.; v. Rönne Reichsstaatsrecht II. S. 99 a. a. O.; Hänel, Studien S. 126 ff.; Delbrück S. 5 ff.

[2]) Damit stimmt Artikel 5 des Zollvereinsvertrages vom 4. April 1853 (Preuß. G.-S. 1853 S. 406) überein.

Art. 5. „Veränderungen in der Zollgesetzgebung, mit Einschluß des Zolltarifs [1]) und der Zollordnung, [2]) sowie Zusätze und Ausnahmen können nur auf demselben Wege und mit gleicher Uebereinstimmung sämmtlicher Glieder des Gesammtvereins bewirkt werden, wie die Einführung der Gesetze erfolgt.

Dies gilt auch von allen Anordnungen, welche in Beziehung auf die Zollverwaltung allgemein abändernde Normen aufstellen."

„Verwaltung" und „Verwaltungsvorschriften" bilden hiernach den Gegensatz zum (formellen) „Gesetz". In ihr Gebiet gehören die Kontrol- und überhaupt die sog. reglementären Vorschriften, [3]) der Erlaß von Ein- und Ausfuhrverboten [4]) u. s. w.

IV. Zu dem nämlichen Ergebnisse gelangt man ferner, wenn man den allgemeinen Sprachgebrauch der Gesetze und des Staatsrechts ins Auge faßt:

Dieser versteht das Wort „Verwaltung" regelmäßig als „Exekutive", Vollziehung der Gesetze und zu diesem letzteren im formellen Gegensatze stehend. [5]) Noch heute versteht man im

---

[1]) gleich Art. 6 des Zollvereinigungsvertrages vom 4. April 1853.

[2]) Zolltarif und Zollordnung wurden als „Gesetze" angesehen und daher z. B. in Preußen stets in der Gesetzsammlung verkündet (s. z. B. Preuß. G.-S. v. J. 1838).

[3]) Reglementäre Vorschriften sind allgemeine Rechtsnormen; siehe auch Block, Dictionnaire de l'administration française s. m. règlement; Ducrocq, Cours de droit administratif I. p. 37 suiv. Vergl. auch Giron, le droit administratif de la Belgique nr. 87: „les deux sortes d'actes réglementaires ont pour trait distinctif de présenter les mêmes caractères que la loi, dont ils sont le complément." Siehe ferner Reichsverfassung Art. 48 Abs. 2; Preuß. Postgesetz vom 5. Juni 1852 (G.-S. S. 345); Reichspostgesetz vom 28. Oktober 1871 (R.-G.-Bl. S. 347) §. 50 u. s. w.; s. auch unten.

[4]) Art. 7 des Zollvereinigungsvertrages vom 16. Mai 1865 (Preuß. G.-S. S. 641). Solche Verbote sind zweifellos Gesetze im materiellen Sinne und werden sogar zuweilen als „Gesetze" bezeichnet, siehe Zollkartell zwischen Deutschland und Oestreich-Ungarn vom 23. Mai 1881 (R.-G.-Bl. S. 133) §. 25.

[5]) Vergl. Laband, Reichsstaatsrecht II. S. 189, 199; Giron, nr. 30, 34, 77 suiv. a. a. O.; Block, Dictionnaire s. m. administration; La Pegna, Codice politico p. 79 a. a. O.

Die heutige Theorie (vergl. Ernst Meier in v. Holtzendorff's Encyklopädie S. 1084; Laband II. S. 198, 199 a. a. O., II. S. 62 a. a. O.) stellt die Verwaltung grundsätzlich in den Gegensatz zur materiellen Gesetzgebung.

üblichen Sprachgebrauche der Behörden und Parlamente unter „Verwaltungsweg“ den Gegensatz zum „Gesetzgebungsweg“, ohne Rücksicht auf den Inhalt der zu erlassenden Anordnungen. [1])

Es hängt dieser Sprachgebrauch zusammen mit der alten und bekannten Doktrin der Dreitheilung [2]) der Staatsgewalten in die gesetzgebende, die ausführende (exekutive, administrative) und die richterliche. [3])

V. Zu den nämlichen Erkenntnissen gelangt man sodann, wenn man die Absicht zu begreifen sucht, aus welcher die beregte Vorschrift in Art. 8 §. 12 des Zollvereinigungsvertrages bezw. in Art. 37 Nr. 2 der Verfassung für den Norddeutschen Bund entstanden ist.

Diese Absicht war dahin gegangen, daß an die Stelle der früher zwischen den Zollvereinsmitgliedern nothwendigen Vereinbarung der gemeinschaftlichen, d. h. für den ganzen Zollverein gültigen Verwaltungsvorschriften die Beschlußfassung von Seiten des Bundesraths, daß an die Stelle

---

[1]) Siehe z. B. Rede des Abgeordneten Lasker am 8. Mai 1869 (Stenogr. Ber. des Reichstages 1869 Band II. S. 881), wonach die Bestimmung (in Art. 48 Abs. 2) die Bedeutung habe, daß sie feststelle, daß gewisse Gegenstände, welche ihrer Natur nach zur Bundesgesetzgebung gehören, aber nach Preußischem Herkommen der Verwaltung überlassen worden seien, auch ferner innerhalb des Bundes der Verwaltung überlassen bleiben sollen.

Delbrück (ebendaselbst Band II. S. 880) sprach sich seinerseits dahin aus, daß durch Art. 48 Abs. 2 der Reichsverfassung der Weg der Gesetzgebung über die Regelung der Telegraphengebühren ausgeschlossen sei, weil nach der Preußischen Verwaltungspraxis dieser Gegenstand der administrativen Anordnung unterlegen habe und deshalb auch gegenwärtig der Verwaltung überwiesen bleibe und der Gesetzgebung entzogen werde. Siehe auch weiter unten.

[2]) Vergl. hierüber u. A. Locke, Two treatises of government (Works II. edit) II. 1 §. 3, II. 6 §. 28 a. a. O.; Montesquieu, Esprit des lois XI. c. 6.

[3]) Das „Verwaltungsrecht“ bedeutet das Recht, nach welchem sich die Verwaltung regelt. Diese Regeln können auch in der Form der Gesetze bestimmt werden und umfassen alles Recht, welches nicht lediglich auf die Bildung der Gesetzgebung, d. i. das Verfassungsrecht, Bezug hat. Daher erklärt es sich, warum „Verwaltungsrecht“ „droit administratif“ das ganze nicht zum Verfassungsrechte gehörende Gebiet des öffentlichen Rechts umfaßt; vgl. Ducrocq, Cours de droit administratif 4 ed. 1874 I. p. 3; Rossi, Cours de droit constitutionel I. p. LVIII.

der früher nothwendigen Einmüthigkeit aller Vereinsmitglieder die Mehrheit des Bundesraths treten und daß vor Allem das früher bestandene liberum veto jedes einzelnen Vereinsmitglieds beseitigt werden sollte.

Dies erhellt insbesondere daraus, daß der Bundesrath an die Stelle der „General-Zollkonferenzen" getreten[1]) ist.[2])

Die Beschlüsse dieser Konferenzen, welche Aenderungen der Gesetze oder Verwaltungsvorschriften zum Gegenstande hatten, unterlagen der Ratifikation der einzelnen Regierungen. Ob diese ihrerseits zur Vornahme derselben der Zustimmung der Landesvertretung bedurften, hing von dem Rechte der einzelnen Staaten ab.

Man darf hiernach zunächst für die Zoll- und Steuergesetzgebung im Allgemeinen als die Absicht der Reichs-Verfassung hinstellen, daß, soweit die einzelnen Regierungen ehemals der Zustimmung ihrer Landesvertretungen bedurften, heute der Bundesrath der Zustimmung des Reichstages bedarf,[3]) und daß, soweit die einzelnen Regierungen dieser Zustimmung nicht bedurften, auch der Bundesrath der Zustimmung des Reichstages nicht bedarf.[4])

Daß es der Gedanke der Verfassung für den Norddeutschen Bund gewesen ist, das bisher durch die Generalzollkonferenzen (mit Hinzutritt der Ratifikation der einzelnen Regierungen) ausgeübte Verordnungsrecht auf den Bundesrath zu übertragen, scheint auch Laband in dem letzten Bande seines Reichsstaatsrechts nunmehr anzuerkennen.[5]) Indessen glaubt er, daß „die Fas-

---

[1]) S. Thudichum, Verfassungsrecht des Norddeutschen Bundes und des Deutschen Zollvereins, Tübingen 1870 S 588 ff.; Laband, Reichsstaatsrecht I. S 253, IIIb. S. 249 ff.; Delbrück S. 50, 51; Weber, der deutsche Zollverein a. a. O.

[2]) Delbrück S. 51: „Jetzt werden sie — nämlich die auf der General-Konferenz beschlossenen Verordnungen — nach Art. 7 Nr. 1 und 2 in Verbindung mit Art. 35 der Reichsverfassung im Bundesrathe durch die Mehrheit gefaßt und unterliegen keiner Ratifikation."

[3]) Hiernach beantwortet sich m. E. — im Resultate auch mit der herrschenden Theorie übereinstimmend — die Kontroverse, was als „Gesetz" von dem Inhalte der Zollvereinigungsverträge anzusehen ist. S. hierüber Delbrück S. 1 ff.; Laband IIIb. S. 244 ff., 280 ff.; Hänel, Studien S. 120 ff.; v. Rönne, Reichsstaatsrecht II. S. 199; Zorn II. S. 244 ff. u. w. u.

[4]) Vergl. indeß auch die Bemerkungen von Thudichum S. 588 ff.

[5]) Vergl. Reichsstaatsrecht IIIb. S. 281.

fung der Norddeutschen Bundesverfassung und ebenso diejenige der Reichsverfassung dem erwähnten Gedanken nicht den vollen Ausdruck gebe;" nämlich deshalb nicht, weil sie den Bundesrath zum Erlasse nur der Verwaltungsvorschriften, nicht aber der zur Ausführung der Reichsgesetze erforderlichen Rechtsvorschriften ermächtigt. Allein die Verfassung hat das Wort „Verwaltungsvorschriften" in dem hergebrachten formellen Sinne, in einem Sinne, der den Erlaß auch der zur Ausführung eines Gesetzes erforderlichen Rechtsvorschriften in sich schließt, und nicht im Sinne des Sprachgebrauchs einer damals noch kaum verbreiteten Theorie verstanden.

Wenn hiernach behauptet werden darf, daß wenigstens in Ansehung der gemeinschaftlichen Zoll- und Steuergesetzgebung dem Bundesrathe gemäß Art. 37 Nr. 2 der Verfassung für den Norddeutschen Bund die Befugniß zum Erlasse von Ausführungsverordnungen, mit Einschluß der Rechtsverordnungen, zugestanden hat, [1]) so folgt aus der Verallgemeinerung dieser Bestimmung durch die Aufnahme in Art. 7 der Reichsverfassung, daß ein ebenso umfangreiches Verordnungsrecht nunmehr dem Bundesrath auf allen der Zuständigkeit der Reichsgesetzgebung unterliegenden Gebieten zustehen muß.

VI. Das wird aber auch durch die Entstehungsgeschichte der Bestimmung bewiesen:

In der Sitzung des Reichstages am 7. Dezember 1870 hat der Abgeordnete Lasker seine Auffassung des Art. 7 Nr. 2 in folgenden Worten zum Ausdruck gebracht: [2])

> „In der neuen Bestimmung des Artikels 7 wird eine Aufgabe des Bundesraths gesetzlich definirt, welche ihrem Wesen nach, soviel wie ich übersehe, zum Theil entnommen ist aus dem Zollvereinigungsvertrag [3]) und zum Theil aus der Praxis, welche sich bereits beim Bundesrath gebildet hat. Diese neue Aufgabe besteht in der Befugniß des Bundesraths, allgemeine Instruktionen und Verfügungen zu erlassen in allen Fällen, in denen nicht

[1]) Beispiele, in denen die Begründung auf anderweitige Delegation ausgeschlossen ist, s. w. u. §. 10.

[2]) Stenogr. Bericht des Reichstages, 1870 außerordentliche Session S. 122.

[3]) Art. 8 §. 12.

durch Bundesgesetz ein Anderes bestimmt ist, wie wir dies ab und zu gethan, indem wir den Bundeskanzler oder auch das Bundespräsidium mit der Ausführung eines Gesetzes beauftragt haben. Die Bundesgesetzgebung wird nach wie vor dies thun können. Ferner hat das Verordnungsrecht nicht Spezialverordnungen im Sinne, sondern allgemeine Instruktionen, welche nach der Anweisung des Gesetzes zu erlassen sind." — — „Ich halte ein Kollegium, wie der Bundesrath, — — für besonders geeignet, allgemeine Instruktionen und Verordnungen zu erlassen, welche wir ihm stillschweigend übertragen." —[1])

Es erscheint hiernach unzweifelhaft, daß man in Art. 7 Nr. 2 der Reichsverfassung dem Bundesrath ein allgemeines Recht zum Erlasse von Ausführungsverordnungen hat einräumen wollen, in der Weise, wie ein solches in Preußen gemäß Art. 45 der Verfassungsurkunde der Krone zusteht.[1]) Dafür sprechen die Gegenüberstellung der „allgemeinen Instruktionen" und „Spezialverordnungen", die Bezugnahme auf den Zollvereinigungsvertrag, welcher, wie gezeigt ist, dem Bundesrathe des Zollvereins ein solches Verordnungsrecht eingeräumt hatte, und ganz besonders der Hinweis auf die an Präsidium wie Kanzler vorgenommenen und in Zukunft noch vorzunehmenden Delegationen des Verordnungsrechts, kraft deren diese auch Rechtsnormen erlassen durften und in zahlreichen Fällen erlassen hatten.[2])

Wenn nun, worauf Werth gelegt ist, nach der Erklärung des Ministers Delbrück durch die Normirung des Art. 7 Nr. 2 „eine materielle Aenderung des Bestehenden kaum herbeigeführt ist",[3]) so kann m. E. daraus nur gefolgert werden, daß dem Bundesrath bereits früher, nämlich schon auf Grund der Norddeutschen Verfassung — auch abgesehen von der Zoll- und Steuergesetzgebung — die Befugniß zum Erlasse von Ausführungsverordnungen nach der Ansicht Delbrück's zugestanden hat.[4]) Dies scheint zugleich bis zum gewissen Grade die

[1]) S. unten §. 8.

[2]) Siehe oben § 4.

[3]) Stenogr. Bericht des Reichstages, außerordentliche Session 1870 S. 69.

[4]) Wenigstens ist bei der in derselben Session widerspruchslos hingenommenen Lasker'schen Auffassung des Art. 7 Nr. 2 eine andere Interpretation m. E. nicht haltbar.

Ansicht Lasker's gewesen zu sein, da er meinte, die in Art. 7 Nr. 2 eingeräumte Verordnungsbefugniß sei aus der Praxis entnommen.

Auch das Reichs-Oberhandelsgericht hat in seiner Entscheidung am 2. Juni 1876 [1]) sich ganz bestimmt dahin ausgesprochen, daß schon nach dem Verfassungsrechte des Norddeutschen Bundes sich das Recht des Bundesraths zum Erlasse von Ausführungsverordnungen „als aus der Organisation des Bundes sich selbstverständlich ergebend zu betrachten sei."

Ich meinerseits glaube, daß nach dem Geiste der Norddeutschen Bundesverfassung zweifelhaft erscheinen muß, ob nicht — sofern nichts Anderes bestimmt ist — dem Bundespräsidium das Recht zum Erlasse der Ausführungsverordnungen zustand. [2]) Die Tendenz der Bestimmung in Art. 7 Nr. 2 war, diesen Zweifel im föderativen Sinne, d. i. zu Ungunsten des Präsidiums, zu Gunsten des Bundesraths zu lösen. [3])

Hiermit stimmt die in Betracht gezogene Delbrück'sche Erklärung, wenn man sie im Zusammenhange liest, vollständig überein.

„Ich gehe nun über," sagte Delbrück, „zu einigen mehr die inneren Verhältnisse betreffenden Abänderungen, die

---

[1]) Entscheidung des Reichs-Oberhandelsgerichts Band XXI. S. 62. Vergl. auch Seydel, Kommentar zu Art. 54 der Reichs-Verfassung.

[2]) In Militärsachen ist dies unbedingt die Absicht der Verfassung gewesen, wie dies u. A. die bald nach Erlaß der Verfassung ergangenen Präsidialverordnungen zur Einführung der Preußischen Militärgesetzgebung in das übrige Bundesgebiet gemäß Art. 61 und die als Präsidialverordnung zur Ausführung des Kriegsdienstgesetzes vom 9. November 1867 (B.-G.-Bl. S. 131) erlassene Militärersatz-Instruktion für den Norddeutschen Bund vom 26. März 1868 ergeben, welche sich auf dem Präsidium besonders ertheilte Delegationen nicht stützen (s. unten §. 13). Ein ferneres Beispiel liefert die Präsidialverordnung vom 25. Oktober 1867 betr. die Bundesflagge für Kauffahrteischiffe (s. unten §. 14).

Daß übrigens auch im verfassungberathenden Reichstage daran gedacht war, dem Präsidium im Allgemeinen die Rechte der vollziehenden Gewalt (und damit also die Befugniß zum Erlasse von Ausführungsverordnungen) zu übertragen, ergiebt sich u. A. auch aus einer Rede Twesten's (Stenogr. Ber. S. 103): „Wenn diese Regierung bald als Bundes-Präsidium auftritt, bald als Bundesfeldherr, bald der Preußischen Regierung als solcher wichtige und wesentliche Befugnisse zugestanden sind, so machen diese Befugnisse ungefähr dasjenige aus, was eine Centralregierung in einem Bundesstaate nothwendig finden muß."

[3]) S. auch die Bemerkungen Löwe's in den Sten. Ber. d. Reichst. 1870 außerordentl. Sess. S. 95 Sp. 2.

gleich den eben erwähnten die Bedeutung einer Verstärkung des föderativen Elements haben. Es kann dahin zunächst gerechnet werden die neue Redaktion des Art. 7 der Verfassung, in welche die Attributionen des Bundesraths zusammengefaßt sind. Ich sage, sie kann hierher gerechnet werden, denn diese Zusammenfassung von Bestimmungen, die wesentlich übereinstimmend sich an anderen Stellen der Bundesverfassung befinden, hat eine ins Gewicht fallende materielle Bedeutung nicht. Es wurde Werth gelegt auf diese Zusammenfassung, um an einem Orte klar zu stellen die eigentlichen Zuständigkeiten des Bundesraths, deren Ergründung aus der Bundesverfassung selbst nicht ohne ein gewisses Studium möglich war. Eine materielle Aenderung des Bestehenden ist damit kaum herbeigeführt."

Mag nun das Recht zum Erlasse von Ausführungsverordnungen nach der Verfassung für den Norddeutschen Bund dem Präsidium oder dem Bundesrathe zugestanden haben, einem von Beiden hat es zugestanden; denn es hat nicht in der Absicht der verbündeten Regierungen gelegen, das der Mitwirkung der Landesvertretung bisher entzogene und dem Verordnungsrechte (der Verwaltung) gehörende Gebiet zu Gunsten einer Machterweiterung des Parlaments zu verengern. Die Tendenz, welche der Errichtung des Norddeutschen Bundes und seiner Verfassung zu Grunde lag, war vielmehr zunächst nur auf die Uebertragung einzelstaatlicher Hoheitsrechte auf den Bund, war nur auf die Abgrenzung der Bundes- von der Landeszuständigkeit gerichtet.

„Es hat," so sagte am 9. März 1867 der nachmalige Bundeskanzler im konstituirenden Reichstage, [1]) „nicht unsere Absicht sein können, ein theoretisches Ideal einer Bundesverfassung herzustellen. Wir haben uns zur Aufgabe gemacht, ein Minimum derjenigen Konzessionen zu finden, welche die Sonderexistenzen im deutschen Gebiete der Allgemeinheit machen müssen, wenn diese Allgemeinheit lebensfähig werden soll."

---

[1]) Stenogr. Ber. S. 135.

Man darf mit Rücksicht auf die vorstehenden Ausführungen als Regel behaupten, daß, wo nach dem hergebrachten Staatsrechte in den Einzelstaaten, oder wo nach der Absicht der Reichs-(Bundes-) Verfassung oder der Reichsgesetze der Verordnungsweg eintreten mußte oder durfte, seit Geltung der Reichsverfassung und auf Grund der in dieser allgemein ertheilten Ermächtigung der Bundesrath[1]) befugt und verpflichtet erscheint, die für das Reich gemeinschaftlichen Ausführungsverordnungen zu erlassen, falls der Gegenstand derselben der Zuständigkeit der Reichsgesetzgebung unterworfen und diese Befugniß nicht etwa einem Andern übertragen ist.

VII. Da der Hauptvertheidigungspunkt der gegnerischen Stellung in dem Worte „Verwaltungsvorschriften" liegt, so mag es noch gestattet sein, aus der Verfassungs-Urkunde selbst festzustellen, ob dieselbe mit jenem Worte den Gegensatz zum materiellen oder zum formellen Gesetze gemeint habe.

Art. 48 Absatz 2 der Bundesverfassung bestimmt:

> „Die im Artikel 4. vorgesehene Gesetzgebung des Bundes in Post- und Telegraphen-Angelegenheiten erstreckt sich nicht auf diejenigen Gegenstände, deren Regelung nach den gegenwärtig in der Preußischen Post- und Telegraphenverwaltung maaßgebenden Grundsätzen der reglementarischen Festsetzung oder administrativen Anordnung überlassen ist." [2])

Die „reglementarische Festsetzung" und die „administrative Anordnung" werden hier im Gegensatze gestellt zur formellen „Gesetzgebung". Man hat sagen wollen, daß es der Mitwirkung des Reichstages auf denjenigen Gebieten des Post- und Telegraphenwesens nicht bedürfe, bei welchen in Preußen die Exekutive der Mitwirkung der Landesvertretung nicht bedurft hat Die Worte „reglementarische Festsetzung" und „administrative Anordnung" des Art. 48 decken sich dabei dem Sinne nach und nach der Ab-

---

[1]) Auf Grund der Norddeutschen Bundesverfassung je nachdem das Präsidium oder der Bundesrath. S. w. u.

[2]) In der entsprechenden Vorschrift der Reichsverfassung heißt es:
— deren Regelung nach den in der Norddeutschen Post- und Telegraphen-Verwaltung maßgebend gewesenen Grundsätzen der reglementarischen Festsetzung u. s. w. überlassen ist.

sicht des Gesetzgebers mit den „Verwaltungsvorschriften“ des Art. 7. [1])

Nun war das Preußische Postwesen vor der Norddeutschen Bundesverfassung im Wesentlichen geregelt durch das Gesetz über das Postwesen vom 5. Juni 1852 (Gesetzs. S. 345).

§. 50 dieses Gesetzes bestimmt: [2])

„Die Postverwaltung ist ermächtigt, durch ein von ihr zu erlassendes und durch die Amtsblätter zur öffentlichen Kenntniß zu bringendes Reglement, dessen Bestimmungen als ein Bestandtheil des zwischen dem Absender oder Reisenden einerseits und der Postverwaltung andererseits eingegangenen Vertrages erachtet werden sollen, die weiteren bei Benutzung der Posten zu Versendungen und Reisen zu beobachtenden Vorschriften zu treffen...“

Das in Gemäßheit dieser Vorschrift erlassene Reglement vom 21. Dezember 1860 [3]) bestimmt u. A. über die Bedingungen und Gebühren für baare Einzahlungen, Vorschußsendungen, Streif- oder Kreuzbandsendungen, ferner für Bestellung der Expreßbriefe, der Stadtbriefe und der Packete sowie für die Landbriefbestellung; sodann über die Bedingungen, unter denen und über die Preise, zu welchen Reisende mit den ordentlichen Posten oder Extraposten befördert werden; endlich über die zur Aufrechterhaltung der Ordnung, der Sicherheit und des Anstands auf den Posten und in den Passagierstuben nöthigen polizeilichen Anordnungen.

Das Reglement ist daher ebenso wie die vom Reichskanzler auf Grund §. 50 des Reichspostgesetzes vom 28. Oktober 1871 (R.-G.-Bl. S. 347) erlassene Postordnung vom 9. März 1879 [4]) im materiellen Sinne Gesetz. [5])

Die Worte in Art. 48 der Bundesverfassung „reglementarische Festsetzung“ und „administrative Anordnung“, welchen der Minister

[1]) Vergl. hierzu die Erklärung des Staatsministers Delbrück und des Abgeordneten Lasker in der Reichstagssitzung am 8. Mai 1869. Stenogr. Ber. des Reichstages 1869 Band II. S. 878, 880, 881.

[2]) Vergl. hierzu §. 50 des Gesetzes über das Postwesen des Deutschen Reichs vom 28. Oktober 1871 (R.-G.-Bl. S. 347).

[3]) Preuß. Postamtsblatt S. 475.

[4]) Centralblatt für das Deutsche Reich 1879 S. 185.

[5]) S. hierüber auch Ernst Meier über den Abschluß von Staatsverträgen, Leipzig 1874 S. 270—300.

Delbrück das Wort „Verwaltung" substituirt hat, und welche sachlich identisch mit den „Verwaltungsvorschriften" des Art. 7 sind, schließen also die Normirung von Rechtssätzen nicht aus.

Aber selbst der letzte Zweifel an der Richtigkeit meiner Ansicht wird gehoben durch die Bestimmungen in Art. 38 Abs. 2 der Bundes- bezw. Reichsverfassung, wonach von dem Ertrage der Zölle und der in Art. 35 bezeichneten Verbrauchsabgaben in Abzug kommen

„1. die auf Gesetzen oder allgemeinen Verwaltungsvorschriften beruhenden Steuervergütungen und Ermäßigungen."

Solche allgemeinen Verwaltungsvorschriften sind die (früher) zwischen den Zollvereinsstaaten vereinbarten, oder nach heutigem Recht vom Bundesrathe beschlossenen Rechtsnormen, kraft deren der gesetzliche Betrag des Zolls oder der Steuer ganz oder theilweise erlassen oder rückvergütet werden darf. [1])

„Verwaltungsvorschriften" sind z. B. in Ansehung der Salzsteuer der Bundesrathsbeschluß vom 6. Juli 1878 [2]) über die Abgabenfreiheit der sogenannten Abraumsalze, die Verfügungen der Landes-Finanzbehörden v. J. 1867 über die Abgabenfreiheit von Mutterlauge; [3]) bei der Zuckersteuer die Anweisung des Bundesraths vom 23. August 1869; [4]) bei der Brausteuer der Bundesrathsbeschluß vom 18. November 1872; [5]) bei der Tabackssteuer Bekanntmachung des Reichskanzlers [6]) vom 25. März 1880 [7]) §§. 6, 12 a. a. O.; bei der Brantweinsteuer Bekannt-

---

[1]) Dies ist in der Praxis unbezweifelt. S. auch Arndt, die Salzsteuer, in der Zeitschrift für Bergrecht 1883 S. 73 Anm. 6.

[2]) Reichs-Centr.-Bl. S. 435, Centr.-Bl. für die Preuß. Abg.-Gesetzg. S. 159, Zeitschrift für Bergrecht 1883 S. 49.

[3]) Verfügung des Preußischen Finanzministers vom 25. November 1867 (Centr.-Bl. für die Preuß. Abg.-Gesetzg. 1868 S. 71), Zeitschrift für Bergrecht 1883 S. 49.

[4]) Jahrbuch für Zollgesetzgebung und Verwaltung S. 300, 319, Centr.-Bl. für die Preuß. Abg.-Gesetzg. S. 386.

[5]) Jahrbuch für Zollgesetzgebung und Verwaltung 1873 S. 106, Centr.-Bl. für die Preuß. Abg.-Gesetzg. 1872 S. 423; s. ferner Reichsgesetzblatt 1877 S. 9.

[6]) Dieselbe betrifft einen Bundesrathsbeschluß.

[7]) Reichs-Centr.-Bl. 1880 S. 153.

machung des Reichskanzlers [1]) vom 23. Dezember 1879, [2]) in der Zollgesetzgebung die vom Bundesrath zu den §§. 111 bis 118 des Vereinszollgesetzes vom 1. Juli 1869 und zu den §§. 5 und 7 des Zolltarifgesetzes vom 15. Juli 1879 (R.-G.-Bl. S. 207) erlassenen Verordnungen. [3])

Alle diese „Verwaltungsvorschriften" sind Rechtsverordnungen, sind ihrem Inhalte nach Gesetze, und nur „Verwaltungsvorschriften" genannt, weil sie der Gesetzes*form* entbehren.

Hiermit steht auch die Entstehungsgeschichte der Nr. 1 des Art. 38 nicht in Widerspruch.

Bei Berathung derselben nämlich wurde zwar allseitig anerkannt, daß nur im Wege des *Gesetzes* Steuervergütungen und Ermäßigungen eintreten dürfen. [4]) Damit sollte indeß nur verhütet werden, daß die Exekutivorgane eigenmächtig und *ohne gesetzliche Ermächtigung* Vergütungen oder Ermäßigungen eintreten lassen. Nicht aber sollte durch die Vorschrift ausgeschlossen werden, daß auch im Verwaltungswege solche Vergütungen und Ermäßigungen vorgenommen werden dürfen, *wenn in den bezüglichen Gesetzen den Verwaltungsbehörden das Recht dazu übertragen worden ist.*

Die Vorschrift in Nr. 1 des Art. 38 besagt, daß abzuziehen sind: die durch Gesetz und die auf Grund gesetzlicher Ermächtigung erlassenen *allgemeinen*, d. h. für das ganze gemeinschaftliche

[1]) Dieselbe betrifft einen Bundesrathsbeschluß.

[2]) Reichs-Centr.-Bl. 1879 S. 781.

[3]) z. B. Bundesrathsbeschluß vom 23. Dezember 1869 (Centr.-Bl. für die Preuß. Abg.-Gesetzg. 1870 S. 8) Nr. 22, Regulativ für die Schiffsabfertigung zwischen Mecklenburg und den Preußischen Ostseehäfen in den Jahrb. für Zollgesetzgebung und Verwaltung 1871 S. 162, Regulativ für Passagiergüter auf dem Bodensee (das. 1870 S. 617), Regulativ, die zollamtliche Behandlung von Waarensendungen aus dem Inlande durch das Ausland nach dem Inlande betr. (Centr.-Bl. für das Deutsche Reich 1878 S. 21), Bundesrathsbeschluß vom 19. Nov. 1871 (Centr.-Bl. für d. Preuß. Abg.-Ges. 1872 S. 78), Regulativ für Privatläger von den in Nr. 9 des Zolltarifs aufgeführten Waaren vom 23. Mai 1880 (Reichs-Centr.-Bl. S. 285), Regulativ für Privattransitläger von Bau- und Nutzholz vom 24. Mai 1880 (Reichs-Centr.-Bl. S 309), Bestimmungen betr. Erleichterung bei der Abfertigung von Bau- und Nutzholz vom 24. Mai 1880 (das. S. 394) u. a. m.

[4]) *Delbrück* im verfassungberathenden Reichstage (Stenogr. Ber. S. 502); vergl. auch ebenda S. 501.

Zoll- und Steuergebiet angeordneten Steuervergütungen und Ermäßigungen.[1])

Jedenfalls, und darauf kommt es hier lediglich an, beweist Nr. 1 in Art. 38, daß unter „Verwaltungsvorschriften" von der Reichsverfassung auch Rechtsverordnungen verstanden werden.

§. 7.
Das Preußische selbstständige Verordnungsrecht.

Die vorstehende Untersuchung hat gezeigt, daß dem Bundesrathe durch die Reichsverfassungs-Urkunde die allgemeine Befugniß übertragen worden ist, die zur Ausführung der Reichsgesetze erforderlichen Verordnungen zu erlassen, und daß diese Verordnungen auch Rechtsnormen enthalten dürfen.

Eine nähere Bestimmung über den Inhalt dieses Verordnungsrechts ist bisher nicht erfolgt. Dieselbe kann nur auf Grundlage der Kenntniß des Landesverordnungsrechts erfolgen.

Das in Art. 7 der Reichsverfassung zum Ausdruck gelangte Verordnungsrecht des Bundesraths ist durch die Verallgemeinerung des demselben für die gemeinschaftliche Zoll- und Steuergesetzgebung zugestandenen Verordnungsrechts entstanden.

In dieser Gesetzgebung hatte das Verordnungsrecht denselben Inhalt, wie das Landesverordnungsrecht, an dessen Stelle es getreten ist.

In der gemeinschaftlichen Zoll- und Steuergesetzgebung hatte Preußen von Anfang an die Initiative; an seine Institutionen und an seine Gesetze schlossen sich die übrigen Staaten an.

Deshalb läßt sich die Frage, welchen Inhalt das Verordnungsrecht des Bundesraths hat, dahin beantworten:

> in der Zoll- und Steuergesetzgebung genau, im Uebrigen mindestens im Allgemeinen denselben Inhalt, welchen die der Krone Preußen nach Preußischem Staatsrecht zustehende Verordnungsgewalt hat.

Auf gewissen Gebieten ist oder war doch das Preußische Verordnungsrecht sogar von unmittelbarer Anwendbarkeit für

[1]) So und nicht anders ist diese Vorschrift in der Praxis auch stets aufgefaßt worden; vgl. hierzu Zollvereinigungsvertrag v. 8. Juli 1867 Art. 13—15.

das Reichsrecht. In den Gebieten des Post-, Telegraphen- und Kriegswesens ist nämlich die Grenze, welche das Preußische Recht zwischen der Gesetzgebungs- und der Verordnungsgewalt gezogen hat, auch zur Grenze für das Reichsrecht bestimmt worden.

Das Preußische Verordnungsrecht, dessen Kenntniß hiernach für das Verständniß des Reichsverordnungsrechts nothwendig erscheint, läßt sich nur aus der Geschichte begreifen.

Gesetz war nach älterem germanischen Recht ursprünglich das aus dem Volke entstandene Gewohnheitsrecht.

„Das Volksrecht — sagt Sohm[1]) — ist das Recht des deutschen Rechts; ist Stammesgewohnheitsrecht. Das Gesetz — lex — ist nur Gewohnheits-, nicht Gesetzesrecht. Die gesetzgebende Gewalt ist in der Staatsgewalt nicht enthalten."[2])

Später wurde Gesetz, was der König mit Zustimmung des Volkes befohlen hat.

So war im Longobardenreiche vor der fränkischen Eroberung Gesetz, was der König mit dem Beirath der Großen und mit Zustimmung des gesammten Volks beschlossen hatte.[3])

Die Minderung, welche die germanische Volksfreiheit mit der größeren Ausdehnung des fränkischen Reichs zu Gunsten der Macht des Königs und seiner Großen erfuhr, bewirkte,[4]) daß die merovingischen Könige nach Chlodwig die Gesetzgebung anstatt mit Zuziehung des ganzen Volkes nur noch mit Zuziehung der Großen ausübten.

Neben diesem dem Könige nicht allein zustehenden Gesetzesrechte bildete sich ein Königliches Verordnungsrecht. Der germanische König hatte kein Gesetzgebungsrecht; aber er besaß die Banngewalt — „das Surrogat der gesetzgebenden Gewalt" (Sohm). Die Banngewalt ist in ihrer Ausübung an die Gesetze und Herkommen nicht gebunden; sie ist ihrem Wesen nach eine zu dem geltenden Rechte in Gegensatz tretende, eine das geltende Recht nicht vollstreckende, sondern fortentwickelnde und deshalb eine durch das geltende Recht unbeschränkte Gewalt.[5]) Alles dies

---

[1]) Fränkische Reichs- und Rechtsgeschichte I. S. 102.

[2]) So auch Gneist in Holtzendorff's Rechtslexikon III. S. 1059.

[3]) So Boretius, die Kapitularien im Longobardenreiche S. 2, 3.

[4]) Derselbe S. 14 ff.

[5]) Sohm S. 106.

mit der Einschränkung, daß der König das Stammesrecht, die lex terrae, nicht allein, also nicht durch Verordnung, sondern nur mit Zustimmung der Großen abändern durfte.

Mit anderen Worten, die fränkischen Könige waren befugt, selbstständige Strafverordnungen praeter, aber nicht contra legem terrae zu erlassen.

Solche Verordnungen galten nur, so lange der König, welcher sie erlassen hatte, lebte, sie galten über seine Lebensdauer hinaus nur dann, wenn sie die Zustimmung der Großen des Landes erhielten, dadurch Gesetz geworden und den „Gesetzen" zugeschrieben waren. [1])

Die Verordnungen hießen nach ihrer Form capitula, die den Gesetzen gleich geltenden capitula pro lege tenenda.

Andere Verordnungen als die letzteren banden den Richter nicht, der nur das durch Gesetz normirte Recht anzuwenden hatte. [2])

Wenn Gneist [2]) hieraus den Schluß zieht, daß die obersten Grundsätze des constitutionellen Staatsrechts schon in der Karolingischen Monarchie fundirt waren, so möchte schon aus den nachfolgenden Gründen ihm zu widersprechen sein:

Erstens: Das Verordnungsrecht des fränkischen Königs war ein selbstständiges, nicht auf gesetzlicher Ermächtigung beruhendes Strafverordnungsrecht praeter legem. Alle constitutionellen Staaten ausnahmslos kommen aber darin überein, daß Strafen nur „in Gemäßheit des Gesetzes", Strafverordnungen also nur Kraft besonderer gesetzlicher Ermächtigung, niemals also aus eigenem Rechte des Anordnenden praeter legem erlassen werden dürfen.

Zweitens: Die Verordnungen des modernen constitutionellen Staates binden — sofern sie gültig erlassen sind — auch die Gerichte; diese haben die Verordnungen ebenso anzuwenden wie die Gesetze. Das Gegentheil aber galt nach Gneist für die Verordnungen der Karolingischen Könige.

Drittens: Die Verordnungsgewalt der fränkischen Könige ist eine von der Volks-, der Gesetzgebungsgewalt unabhängige, sich allmählich sogar über dieselbe emporhebende Gewalt, die Ver-

---

[1]) Boretius S. 16; Gneist, Sohm u. A. m.

[2]) Gneist, Englisches Verwaltungsrecht S. 120, im Rechtslexikon III. S. 1060.

ordnungsgewalt der modernen constitutionellen Monarchen ist entweder ein Ueberbleibsel der alten uneingeschränkten Machtfülle, oder — und dies ist die Regel — nur eine von der Gesetzgebungsgewalt abgeleitete, dieser unterworfene Befugniß.

Die Verordnungsgewalt, wie sie die fränkischen Könige hatten, stand auch den deutschen, englischen und französischen Königen zu. Doch nahm dieselbe in allen Ländern einen verschiedenen Entwickelungsgang. Während sie in England durch die wachsende Macht des Parlaments fast ganz verdrängt wurde, [1]) absorbirte sie in Frankreich die Gesetzgebungsbefugniß auf das Vollständigste.

Was Deutschland anlangt, so ist zwischen der Verordnungsgewalt des Kaisers und derjenigen der Landesfürsten zu unterscheiden. Erstere schwand mit der abnehmenden Macht der Kaiser, die nur bei bloßen Ausführungsverordnungen nicht an die Zustimmung der Stände gebunden waren. [2]) Letztere gestaltete sich nicht überall in gleicher Weise. Bis zum 15. Jahrhundert durften die Landesherren ohne Zustimmung der Landstände keine Gesetze erlassen oder Steuern, Lasten u. dergl. auflegen. Auf dem Reichstage zu Worms im Jahre 1231 [3]) wurde ausgesprochen: „ut neque principes neque alii quilibet constitutiones vel nova jura facere possint, nisi melioribus et majoribus terrae consensus primitus habeatur."

Ueberhaupt hatte alle Normsetzung bis zum 15. Jahrhundert den Charakter von Verträgen, welche zwischen den Landesherren und den Ständen vereinbart waren. [4])

Von da ab beginnt die Macht der Landesherren und damit auch ihre Verordnungsgewalt sich auszudehnen. Ein gleichmäßiger Zustand bildete sich indeß nicht aus. Im Allgemeinen bildete sich der Rechtssatz aus, daß die Landesherren nicht befugt waren, ohne die Zustimmung ihrer Stände Schulden für das Land (im Gegensatz

---

[1]) Vergl. Fischel, die Verfassung Englands, 2. Aufl. S. 115 ff. a. a. O.

[2]) Vergl. Pütter, Joh. St., Inst. juris publici Germanici, Gottingae 1787, §. 223; Zachariä II. S. 168.

[3]) Monumenta Germ Leg. Tom. II. p. 283.

[4]) Vergl. Eichhorn, Deutsche Staats- und Rechtsgeschichte Thl. II. §. 264, Thl. III. §. 427, Thl. IV. §. 546; G. Meyer S. 402; Zachariä, Staatsrecht, Aufl. 2, II. §. 157.

zu ihrem Vermögen) aufzunehmen,[1]) oder für den ganzen Staat (im Gegensatze zum Domaniallande) Steuern auszuschreiben, oder Privilegien oder sonstige Gerechtsame der Unterthanen zu verletzen.[2])

An dieses Mitwirkungsrecht der Stände bei gewissen Hoheitsakten der Landesherren knüpfen einzelne deutsche, namentlich süddeutsche Verfassungen an. Für dieselben gilt dann als Regel, daß in allen Fällen, wo ein Mitwirkungsrecht der Stände nicht hergebracht ist, der Landesherr selbstständig und aus eigenem Rechte die Befugnisse des Gesetzgebers ausüben darf.[3])

Nicht den gleichen Entwickelungsgang haben die Verfassungszustände in Frankreich, den diesem nachfolgenden Staaten und endlich in Preußen genommen.

Letzterer Staat war seit den Zeiten des Kurfürsten Friedrich Wilhelm und des Königs Friedrich Wilhelm I., ebenso wie das Frankreich Ludwig's XIV., ein absolut regierter Staat geworden. Alles, was die Landesherren als Gesetz anerkannt wissen wollten, war Gesetz.[4])

---

[1]) Johann Jakob Moser, Von der Landeshoheit in Cameralsachen, Frankfurt und Leipzig 1773, insbesondere S. 62, 65, 68, 80, 85, 89. S. auch das dort S. 85 angezogene Erkenntniß des Reichskammergerichts vom 26. Sept. 1727, worin ausgesprochen wird, daß der Fürst zu Nassau-Siegen nicht befugt sei, zur Bezahlung der nicht auf dem Lande haftenden Schulden Schatzungen auszuschreiben.

[2]) J. J. Moser, Von der Landeshoheit in Regierungssachen S. 361 ff.; Zachariä II. §. 157; G. Meyer S. 40 3/4 u. A.

Pütter, Joh. St., Inst. jur. publ. Germ. ed. IV., Gottingae 1787, §. 223, faßt den Rechtszustand, wie folgt, zusammen:

„Interea ubi ordines vigent provinciales, ordinarie eorum consensu opus est, licet frequentior hic occurrat exceptio, veluti ut pro terris domanialibus, aut in jure quodam principi reservato, et vel ceterum quoque per modum constitutionis, edicti, rescripti, cet. a solo principe lex promulgetur.“

[3]) Vergl. Zachariä II. §. 160 S. 167 ff., Zöpfl, Grundsätze des gemeinen deutschen Staatsrechts, Aufl. 5, II. § 440.

[4]) Vergl. Lanzizolle, Ueber Königthum und Landstände in Preußen S. 8 ff. Den Preußischen Ständen, welche gegen eine von ihnen nicht bewilligte Steuer protestirten, erklärte König Friedrich Wilhelm I.: „Ich aber stabilire die Souverainеté wie einen Rocher von Bronce“. Den Ständen der Mark verweigerte derselbe König die von ihnen nachgesuchte Bestätigung ihrer ständischen Rechte und erwiderte den Jülich-Bergischen Ständen, welche sich auf ihre Privilegien beriefen: „Dies seyen alte und längst vergessene Dinge“. (v. Rönne, Preußisches Staatsrecht I. S. 12.)

Alle Rechte und Pflichten des Staats gegen seine Bürger und Schutzverwandten, so bestimmte das Allgemeine Landrecht Thl. II Tit. 13 §. 1, vereinigen sich in dem Oberhaupte desselben.

Dem Oberhaupte im Staate gebühren — §§. 4 ff. daselbst — daher alle Vorzüge und Rechte, welche zur Gereichung dieses Endzweckes erforderlich sind: die Vertheidigung des Staats gegen auswärtige Feinde anzuordnen, Kriege zu führen, Frieden zu schließen, Bündnisse und Verträge mit fremden Staaten zu errichten, Gesetze und allgemeine Polizeiverordnungen zu geben, dieselben wieder aufzuheben und Erklärungen darüber mit gesetzlicher Kraft zu ertheilen, Privilegien als Ausnahmen von dergleichen Gesetzen zu bewilligen, Verbrechen zu verzeihen, Untersuchungen niederzuschlagen, Strafen zu erlassen, Münzen, Maaße und Gewichte zu bestimmen, alle im Staate vorhandenen und entstehenden öffentlichen Anstalten zu beaufsichtigen, die Personen, ihre Gewerbe, Produkte und Konsumtion mit Abgaben zu belegen.[1])

Die Anhörung des Staatsraths und der Provinzialstände[2]) ist in das Belieben des Monarchen gestellt und ohne rechtlichen Einfluß auf die Gültigkeit seiner Anordnungen.

Von Anderen wie vom Landesherrn erlassene [Provinzial-] Verordnungen und die Statuten einzelner Gemeinheiten und Gesellschaften erhalten nur durch die landesherrliche Bestätigung die Kraft der Gesetze, und selbst die Gewohnheiten und Observanzen[3]) sollen nach Einführung des Landrechts nicht unbedingt mehr, also nur noch, soweit sie der Landesherr ausdrücklich oder stillschweigend gelten lassen will, gesetzliche Kraft haben.[4])

An diesem Rechtszustande ist bis zur Entstehung der Preußischen Verfassung nichts geändert worden. Insbesondere war die absolute Gewalt der Krone weder durch die Einsetzung des

[1]) Vergl. auch v. Lanzizolle, Königthum und Landstände in Preußen S. 31 ff., S. 36 ff.

[2]) Vergl. Verordnung v. 20. März 1817, betr. die Einrichtung des Staatsraths (Gesetzs. S. 67). Gesetz wegen Anordnung der Provinzialstände vom 5. Juni 1823 (Gesetzs. S. 129), und Königliches Patent, die ständischen Einrichtungen betr., vom 3. Februar 1847 (Gesetzs. S. 33). S. auch Koch, Lehrbuch des Preußischen gemeinen Privatrechts 3. Aufl. I. S. 96 u. A. m.

[3]) Einleitung §. 3.

[4]) Vergl. daselbst §§. 2 u. 4; Dernburg, Preuß. Privatrecht I. S. 30.

Geheimen Staatsraths, noch durch die Schöpfung der Provinziallandtage und des Vereinigten Landtages in irgend welcher Weise eingeschränkt worden.

Eine Einschränkung erfolgte erst, als Preußen in Folge der Ereignisse des Jahres 1848 in die Reihe der konstitutionellen Staaten trat.

Welches war nun die Stellung, welche die Verfassungs-Urkunde für den Preußischen Staat vom 30. Januar 1850 der Krone einräumte?

Die französischen Revolutionen haben wiederholt einen vollständigen Sieg über die Krone erfochten und sie konnten demgemäß den Grundsatz der Volkssouveränität zum leitenden Prinzipe der Gesetzgebung erheben.

Die déclaration des droits de l'homme et du citoyen — art. 3 — erklärte:[1])

„Le principe de toute souveraineté réside essentiellement dans la nation. Nul corps, nul individu, peut être exercer d'autorité qui n'en émane expressément."

Die Verfassung des Jahres 1848 bestimmte:

„La souveraineté réside dans l'universalité des citoyens français. Tous les pouvoirs publics émanent du peuple."

Auch die Belgische Verfassung beruht auf dem freien und uneingeschränkten Willen des Belgischen Volks. Für das Königthum, welches jünger ist als diese Verfassung und zu dieser wie der Fremde zum Eingeborenen steht, war dieselbe die Wahlkapitulation: die Bedingung, unter welcher ihm das souveräne Volk die Königliche Gewalt übertragen hat und in Zukunft zu belassen bis auf Weiteres gesonnen ist.

„Tous les pouvoirs" — so heißt es hiernach in der Verfassung art. 25 — émanent de la nation. Ils sont exercés de la manière indiquée par la constitution."

Der Belgische König erhält zwar die vollziehende Gewalt, aber nur in dem Umfange, wie sie ihm durch die Verfassung übertragen worden ist. art. 29: „Au roi appartient le pouvoir exécutif, tel qu'il est réglé par la constitution."

Ueberhaupt stehen dem Könige keine Befugnisse aus eigenem

---

[1]) S. L'organisation française par Alphonse Bertrand, Paris 1882 p. 8 suiv.

Rechte und vielmehr nur diejenigen Befugnisse zu, welche ihm ausdrücklich übertragen worden sind. art. 78: „Le roi n'a d'autres pouvoirs que ceux que lui attribuent formellement la constitution ou les lois portées en vertu de la constitution belge.“

Daher kann der König der Belgier ein selbstständiges Verordnungsrecht nicht ausüben, und ein Verordnungsrecht überhaupt nur ausüben, wenn und soweit ihm ein solches durch die Verfassung oder ein Gesetz, vom roi-peuple übertragen worden ist.

Jede Anordnung, welche der König trifft, muß ihren Rechtsgrund in der Verfassung oder in einem Gesetze finden.

„Il faut, que chacque arrêté prenne sa source dans la constitution ou dans une loi.“ [1])

Es macht dabei keinen Unterschied, ob die Anordnung die Aufstellung einer abstrakten Norm oder ein konkretes Gebot oder Verbot zum Gegenstande hat.

Die Belgische Verfassung hat nun der Preußischen Verfassungsurkunde vielfach zum Muster gedient. Um so auffallender und bedeutsamer ist die Verschiedenheit, welche sich in den Bestimmungen der beiden Verfassungen über die Königliche Gewalt vorfindet.

Das Königthum in Preußen ist im Gegensatze zu dem Belgischen Königthum älter, Jahrhunderte älter als die Preußische Verfassung; diese war keine Kapitulation, welche das Königthum als conditio sine qua non seiner Existenz über sich ergehen lassen mußte.

Die Verfassung ist nicht vom Volke gegeben, sondern von der Krone verliehen worden, nachdem zuvor eine Vereinbarung zwischen Krone und Volksvertretung über dieselbe stattgefunden hatte.

Die Thronrede vom 22. Mai 1848 berief die Nationalversammlung, um mit dem Könige die Verfassung zu „vereinbaren“, nicht um eine Verfassung zu geben.

Die der Nationalversammlung folgenden preußischen Kammern waren ebenfalls nicht verfassunggebende, sondern verfassungberathende Körperschaften.

---

[1]) Vergl. auch A. Giron nr. 76 a. a. O.; Thonnisen, la Constitution Belge annotée p. 221 a. a. O.

Die Promulgation der Verfassung vom 30. Januar 1850 enthielt eine Selbstbeschränkung der bisher juristisch unbeschränkten Königlichen Macht, einen Verzicht des Königthums auf einen Theil der ihm zugestandenen Rechte.

Nur dann und nur soweit kann also rechtlich wie thatsächlich die Königliche Gewalt in Preußen als eingeschränkt gelten, wie dies die Verfassung vorschreibt. Die Königliche Gewalt hat nicht die ihr in der Verfassung ausdrücklich belassenen, sondern alle ihr durch die Verfassung nicht ausdrücklich entzogenen Rechte.[1])

Das Prinzip der Volkssouveränität liegt der Preußischen Verfassung nicht zu Grunde. Wohl erklärte der Abgeordnete Johann Jacoby am 8. Juni 1848 in der Nationalversammlung, daß das Prinzip der Volkssouveränität in den Märztagen zur vollständigen Geltung gelangt sei; aber als die Verfassung zu Stande kam, war diese in den „Märztagen" geschaffene Souveränität wieder gebrochen worden.

Die Artikel 25 und 78 der Belgischen Verfassung haben in die Verfassungsurkunde für den Preußischen Staat, welche sonst der Belgischen so vielfach nachgebildet worden ist, keine Aufnahme gefunden.

Die Krone in Preußen hat demgemäß nach wie vor und überall die Gewalt, allein zu gebieten und zu verbieten, es sei denn durch die Verfassung bestimmt worden, daß diese Gewalt in Zukunft nur noch unter Mitwirkung der Landesvertretung ausgeübt werden darf.

Soweit die Verfassung nicht entgegensteht, hat die Krone in Preußen hiernach das selbstständige Verordnungsrecht. Dieses

---

[1]) Zutreffend sind daher folgende Bemerkungen

a. des Ministers Grafen zu Eulenburg am 30. Januar 1869 (Stenogr. Ber. des Herrenhauses S. 188):

„Es ist ja ein alter Satz, der vom Herrenhause am wenigsten bestritten wird, daß alle Rechte des Königs, welche nicht durch die Verfassung beschränkt worden sind, in der Hand des Königs bleiben."

b. des Grafen zur Lippe am 12. Februar 1879 (Stenogr. Ber. des Herrenhauses II. S. 523):

. . . „alle Majestätsrechte im Sinne des Allgemeinen Landrechts sind bei des Königs Majestät geblieben, soweit Er sie nicht in der Verfassung oder durch spätere Gesetze zur gemeinschaftlichen Ausführung mit der Landesvertretung gebracht hat."

Verordnungsrecht ist ein selbstständiges, weil es sich auf das eigene Recht der Krone stützt. Diesem selbstständigen Verordnungsrechte treten die durch die Verfassung oder sonstige Gesetze der Krone übertragenen (also unselbstständigen) Befugnisse hinzu, Ausführungsverordnungen[1]) und in gewissen Fällen sogenannte Nothverordnungen[2]) zu erlassen.

Die Verfassung steht dem Erlasse selbstständiger Verordnungen entgegen, nicht bloß in den Fällen, wo sie den Erlaß derselben durch Anbefehlung des Gesetzgebungsweges ausschließt,[3]) sondern auch dann, wenn überhaupt nur ein Gesetz[4]) über den Gegenstand erlassen ist. Denn da die Verfassung die gesetzgebende Gewalt der Krone nur noch zur gemeinschaftlichen Ausübung mit der Landesvertretung belassen hat, jede Aufhebung, Abänderung und Ergänzung eines Gesetzes aber eine Ausübung der Gesetzgebungsgewalt in sich schließt, so können solche Aufhebungen, Abänderungen oder Ergänzungen nicht mehr einseitig durch die Krone aus ihrem eigenen Rechte, also nicht durch selbstständige Verordnungen vorgenommen werden. Sie können dies dagegen durch unselbstständige Verordnungen, wenn und soweit die Verfassung oder ein Gesetz der Krone hierzu die (besondere oder allgemeine) Ermächtigung ertheilen.

Der im Vorstehenden entwickelte Satz, daß die Krone Preußen, wo die Verfassung nicht entgegensteht, aus eigenem Rechte die Verordnungsgewalt hat, ergiebt sich aber nicht bloß aus der Entstehungsgeschichte, sondern auch durch ein argumentum e contrario aus dem Wortlaute der Preußischen Verfassungsurkunde.

Der größte Theil der Verfassungsurkunde wäre geradezu widersinnig, wenn man mit Laband u. A. als „selbstverständlich" anzunehmen hätte, daß alle „Rechtssätze" nur im Wege der Gesetzgebung erlassen werden dürfen; wenn man nicht vielmehr

S. auch deutsche Reichsverfassung v. J. 1849 §. 84: „Ueberhaupt hat der Kaiser die Regierungsgewalt — nach Maßgabe der Reichsverfassung. Ihm, als Träger dieser Gewalt, stehen diejenigen Rechte und Befugnisse zu, welche in der Reichsverfassung der Reichsgewalt beigelegt und dem Reichstage nicht zugewiesen sind."

[1]) Artikel 45.

[2]) Artikel 63.

[3]) Siehe u. A. Artikel 3, 4, 5 ff.

[4]) aber nur nach Erlaß der Verfassung, s. unten §. 21.

davon auszugehen hätte, daß die Gesetzgebung, d. i. die Beschränkung der Krone durch die Landesvertretung, nur dann gewollt und beabsichtigt ist, wo dies ausdrücklich vorgeschrieben wird.

So bestimmen die Artikel 3, 4, 5, 6, 7, 8, 9, 13, 28, 31, 34, 35, 36, 37, 42, 50 Absatz 2, 87, 89, 90, 96 u. a. ausdrücklich, daß gewisse Rechtssätze nur durch die Gesetzgebung aufgestellt bezw. geändert werden dürfen. [1])

Welchen Sinn soll es aber haben, besonders vorzuschreiben, daß z. B. Beschränkungen der persönlichen Freiheit (Art. 5), Vornahme von Haussuchungen (Art. 6) Androhung und Verhängung von Strafen (Art. 8), die Bedingungen der Zwangsenteignung (Art. 9), die Beschränkungen der Preßfreiheit (Art. 28) und der politischen Vereine (Art. 30) nur durch Gesetz oder nur in Gemäßheit des Gesetzes angeordnet werden dürfen, wenn es sich schon aus andern allgemeinen Grundsätzen von selbst ergeben würde, daß Rechtssätze irgendwelcher Art nur im Wege der Gesetzgebung erlassen werden können?

Lediglich aus dem Grunde, um das Verordnungsrecht überall da, wo es der Volksfreiheit entgegenstehen möchte, auszuschließen, ist die Verfassung so weitläufig; deßhalb bestimmt sie wieder und wieder, daß dieses oder jenes nur durch Gesetz geordnet werden dürfe.

Es läßt sich nun auch aus den Verhandlungen, welche der Emanation der Verfassung vorausgingen, beweisen, daß man schon damals an andere Verordnungen als die Ausführungsverordnungen des Artikels 45 oder die Nothverordnungen des Artikels 63 gedacht hat.

Die oktroyirte Verfassung vom 5. Dezember 1848 enthielt in Art. 105 folgende Bestimmung: [2])

> „Gesetze und Verordnungen sind nur verbindlich, wenn sie zuvor in der vom Gesetze vorgeschriebenen Form bekannt gemacht worden sind.“

Bei den Verhandlungen der Revisionskommission der II. Kammer wurde bei Berathung dieser Bestimmung anerkannt, daß das Gebiet der Verordnungen, welche Gesetzeskraft haben können, durch die Ausführungsverordnungen im Sinne des Artikels 43

---

[1]) Siehe auch den Bericht des Grafen zur Lippe vom 12. Februar 1879 (Stenogr. Ber. des Herrenhauses 1878/79 Bd. II. S. 522).

[2]) Gesetzs. S. 380.

der Verfassungs-Urkunde vom 5. Dezember 1848 [1]) nicht erschöpft werde, indem auch von Administrativ-Behörden Verordnungen mit Gesetzeskraft, z. B. Lokal-Polizeiverordnungen, erlassen werden könnten. Man beachte hierbei, daß eine Delegation des Verordnungsrechts an die Administrativ- z. B. die Lokal-Polizeibehörden in den Verfassungsentwürfen nicht enthalten war! [2])

Auf der anderen Seite läßt sich aus den Verhandlungen kein Beweis dafür erbringen, daß man den Ausschluß anderer Verordnungen wie der gemäß Art. 45 und 63 der Verfassung zu erlassenden als selbstverständlich angesehen hat.

Der von mir entwickelte Satz, daß, wo die Verfassung nicht entgegensteht, die Krone das Verordnungsrecht hat, steht auch nicht allein da in der Theorie. So spricht nach Zöpfl [3]) die Vermuthung für das Verordnungsrecht der Krone, bis aus dem Wortlaute oder dem Geiste und der Natur des betreffenden Gegenstandes nachgewiesen werden könne, daß derselbe in den Bereich der Gesetzgebung gehöre. Daher sei im Zweifel anzunehmen, — — — — — „daß die Staatsregierung befugt sei, über Alles Verordnungen zu erlassen, worüber kein Gesetz besteht, sofern nicht ausdrücklich der Gegenstand durch die Verfassung der Gesetzgebung allein zugewiesen worden ist.“ — — — — —

Ebenso spricht sich L. v. Stein aus: [4])

„Wo dagegen kein Gesetz vorhanden oder soweit es nicht vorhanden ist, da ist die Verordnung der geltende Staatswille.“

Allein ein solcher Satz erscheint doch den Meisten so bedenklich, daß man denselben — selbst wenn man ihn im Prinzipe als richtig annimmt — nur mit gewissen Einschränkungen glaubt gelten lassen zu dürfen.

A. So erachtet Gneist [5]) die Krone in Preußen zwar

---

[1]) Entspricht Art. 45 der jetzt gültigen Verfassungs-Urkunde.

[2]) Stenogr. Ber. über die Verhandlungen der am 30. Mai 1849 einberufenen II. Kammer, S. 544 ff.

[3]) Grundsätze des gemeinen Deutschen Staatsrechts, 5. Aufl. II. §. 440.

[4]) Verwaltungslehre I. S. 70 ff., 135 ff., 209; Handbuch der Verwaltungslehre S. 30 ff.

[5]) Vergl. Gneist, Verwaltung, Justiz, Rechtsweg S. 72—75; im Rechtslexikon III. S. 1063 ff. a. a. O.: der Rechtsstaat 2. Aufl. S. 218. Derselbe in den Stenogr. Ber. des Abgeordnetenhauses 1865 III. S. 2071 ff.

befugt zum Erlasse von Rechtsverordnungen praeter legem in den Gebieten, die gesetzlicher Regelung bedürfen, in denen es aber an einem Gesetze fehle. Es liege aber die Grenze des Verordnungsrechts in dem Grundsatze, daß Privat- und Strafrecht nur unter der Autorität formeller Gesetze gehandhabt werden dürfen und daß persönliche und Steuerlasten nur mit Zustimmung der Landesvertretung begründet werden können.

Allein diese Begrenzung, soweit sie überhaupt richtig ist, erscheint unnöthig:

I. Daß Strafen nur in Gemäßheit des Gesetzes angedroht oder verhängt werden können, daß die Richter keiner anderen Autorität als derjenigen des Gesetzes unterworfen seien und daß die Gerichtsorganisation nur durch Gesetze geregelt werden dürfe, dies Alles steht ausdrücklich in der Verfassung. Daraus ergiebt sich, daß nicht in Gemäßheit des Gesetzes erlassene Strafverordnungen ungültig sind, daß die Richter einer etwaigen Abänderung des Allgemeinen Landrechts durch eine selbstständige Verordnung keine Autorität beilegen dürfen [1]) u. s. w.

Die Gneist'sche Einschränkung geht aber zu weit. Denn Privat- und Strafrecht werden nicht stets unter der Autorität formeller Gesetze gehandhabt; insbesondere haben die Gerichte auch die gültig erlassenen Verordnungen anzuwenden. [2])

II. Daß Steuern nur auf Grund eines Gesetzes erhoben werden dürfen, und daß der Umfang der Militärpflicht durch Gesetz zu bestimmen ist, spricht schon die Verfassung aus (Art. 100, 32). Daß aber jede persönliche Last, z. B. Verpflichtung, die Straßen oder die Schornsteine reinigen zu lassen, stets nur auf Grund eines Gesetzes angeordnet werden dürfe, ist ein jedenfalls zu weit gehender und in dieser Allgemeinheit als richtig nicht anzuerkennender Satz.

B. Auch die Erklärungen, welche Namens der Staatsregierung der damalige Justizminister, Graf zur Lippe, bei Berathung des sogenannten Prisenreglements in der Kommission und im

---

[1]) Daher denn von Anfang an im konstitutionellen Staate Preußen Aenderungen des Landrechts nur mit Zustimmung der Landesvertretung statthaft erschienen sind. (Vergl. z. B. Verhandlung der zur Vereinbarung der Staatsverfassung berufenen Versamml. 1848 Bd. I. S. 1415.)

[2]) S. auch w. u. §. 21.

Plenum des Abgeordneten-Hauses [1]) abgegeben hat, scheinen den theoretischen Kernpunkt der Sache nicht zu treffen.

Zunächst nimmt Graf zur Lippe auf Grund des der Krone in der Verfassungsurkunde ausdrücklich beigelegten Rechts der vollziehenden Gewalt die Befugniß in Anspruch, auch andere als bloß sogenannte Vollzugsverordnungen zu erlassen. [2]) Allein diese Befugniß kann die Krone nicht auf Grund eines ihr in der Verfassungs-Urkunde übertragenen, sondern nur auf Grund eines ihr dort nicht entzogenen Rechts für sich in Anspruch nehmen. Die vollziehende Gewalt haben die belgischen und französischen Konstitutionen auch dem Könige der Belgier und dem Präsidenten der französischen Republik ausdrücklich übertragen; — indeß das Recht, andere als Vollzugsverordnungen zu erlassen, steht ihnen nicht zu.

Wenn Graf zur Lippe sodann bemerkt, daß im besonderen Falle zu prüfen sei, wann die Krone eine nicht zur Ausführung eines Gesetzes dienende Verordnung erlassen dürfe, — doch gehören zur Gesetzgebung: alle sogenannte Rechtsgesetze, ferner Aenderungen oder Deklarationen von Gesetzen, und endlich alle diejenigen Materien, welche nach der Verfassungs-Urkunde ausdrücklich der Gesetzgebung vorbehalten worden seien, — so ist dem gegenüber zu bemerken, daß alle diese Beschränkungen der Königlichen Verordnungsgewalt sich schon aus der Verfassung selbst ergeben. [3])

Es kommt nun für das Reichsrecht weniger darauf an, was in Preußen hätte Rechtens sein sollen, sondern was in Preußen thatsächlich geltendes, d. h. sich zur Wirksamkeit bringendes Staatsrecht war. Denn das Reichsrecht, soweit für dasselbe das preußische Verordnungsrecht maßgebend war, hatte den in Preußen thatsächlich bestehenden Rechtszustand angenommen. [4])

---

[1]) Anlage zu den Stenogr. Berichten des Abgeordnetenhauses 1865 V. S. 625 ff. und bes. Stenogr. Ber. III. S. 2070.

[2]) Stenogr. Ber. des Abgeordnetenhauses 1865 III. S. 2070.

[3]) S. auch w. u. §. 21.

[4]) Dieses Umstandes war man sich z. B. bei Annahme des Art. 61 der Reichsverfassung wohl bewußt. Dieser Artikel erklärt u. A. die preußischen Verordnungen im Gebiete des Militärwesens auf das Reich anwendbar. Zu diesen Verordnungen gehören auch selbstständige (s. w. u.), solche, in Ansehung deren ein oppositioneller Redner sagte (Stenogr. Ber. des verfassungberathenden Reichstages 1867 S. 582), sie seien zwar nicht berechtigt, Gesetzeskraft zu beanspruchen, sie würden indeß gleichwohl als solche Gesetze gehandhabt. S. auch w. u. §. 13.

Daher mag nunmehr eine kurze Erwähnung preußischer selbstständiger Verordnungen auf Gebieten, die für das Reichsrecht Bedeutung haben, im Nachstehenden folgen:

I. Auf dem Gebiete des Militärwesens.

a. Alle Ergänzungen zu der Allerhöchsten Verordnung über die Ehrengerichte vom 20. Juli 1843,[1]) obwohl allgemeine und selbstständige Rechtssätze enthaltend, sind im Verordnungswege erlassen.[2])

b. Das Militär-Pensionswesen ist — bis die reichsgesetzliche Regelung eintrat — stets durch selbstständige Verordnungen geregelt worden.[3])

c. Alle auf die Kriegsmarine Bezug habenden Angelegenheiten, z. B. die ganze Organisation derselben, das Pensionswesen, sind stets im Verordnungswege geregelt worden.[4])

d. Desgleichen die Disziplinarstrafbestimmungen für Militärpersonen, obwohl sie so gut wie die für Richter und andere Beamte Rechtsnormen enthalten.[5])

e. Was ferner die gesammte Organisation des stehenden Heeres anlangt, so war hier durch die preußische Verfassung die Krone an die Mitwirkung der Landesvertretung insbesondere dann gebunden, wenn sie Geld in Anspruch nahm (Art. 99), oder wenn sie den Umfang oder die Art der Militärpflicht anderweit regeln wollte (Art. 34). Ob die Militär-Reorganisation in Preußen vom Jahre 1860

---

[1]) Gesetzs. S. 299.

[2]) Kabinets-Ordres vom 22. Juli 1852 (Militärgesetzgebung Bd. V. S. 212), 26. Februar 1857 in v. Helldorf, Dienstvorschriften der Königl. Preußischen Armee (V. S. 484), 15. Juni 1858 (das. V. S. 485), 29. Juni 1858 (das. V. S. 483), 10. Mai 1860 (das. V. S. 485) u. a. m.

[3]) S. u. A. Kabinets-Ordres vom 29. April 1852, 4. März 1853, 17. April 1856, 21. Mai 1859 bei v. Helldorf, Dienstvorschriften Theil I. S. 452, 461; Theil IV. S. 374, 376 u. s. w.

[4]) Vergl. u. A. das Organisations-Reglement vom 7. Juli 1854 (Gesetzs. S. 381), das Reglement für die Marine-Stations-Kommandos u. s. w. vom 19. Juni 1862 (Gesetzs. S. 175), die Kabinets-Ordre vom 16. Dezember 1863, welche bestimmt, daß die Militärpersonen der Marine hinsichtlich der Pensionirung denjenigen des stehenden Heeres gleichzustellen sind.

[5]) Vergl. Allerhöchste Kabinets-Ordres vom 28. Dezember 1850 (Militär-Wochenblatt 1851 S. 21), 27. Mai 1852 (Gesetzs. S. 441, Militär-Wochenblatt S. 142), 15. Sept. 1852 (Militär-Wochenblatt S. 181), Verf.-Urk. Nr. 11 Art. 37.

gegen die letztere Verfassungsbestimmung verstieß, mag als an dieser Stelle dahin gestellt bleiben; jedenfalls verstieß sie — und dies erkannte die Krone selbst an — gegen Art. 99, insofern und weil sie besondere Ausgaben erforderlich machte.[1])

Im Uebrigen war die Krone voll in ihrem Rechte, und jedenfalls hat sich die Reorganisation — nachdem lediglich wegen des Geldpunktes Indemnität nachgesucht und ertheilt ist — als solche ohne Mitwirkung der Landesvertretung, also als selbstständige Verordnung behauptet.[2])

f. Die Kriegsartikel u. s. w.[3])

II. Die Eisenbahn-Betriebsreglements — nicht die Eisenbahnpolizei-Reglements, welche letzteren auf Grund der im Eisenbahngesetze vom 3. November 1838 (Gesetzs. S. 565) ertheilten Ermächtigung erlassen worden sind.

Die Eisenbahn-Betriebsreglements enthalten den Eisenbahngesellschaften, zuweilen sogar auch dem Publikum gegenüber, selbstständige, allgemeine Rechtsnormen,[4]) zu deren Sanktionirung der Minister, welcher sie erließ, keine Ermächtigung von Seiten der Gesetzgebung erhalten hatte.[5])

Diese Reglements hat auch der ordentliche Richter anzuwenden, der z. B. Vereinbarungen, welche von den Eisenbahngesellschaften den Betriebsreglements entgegen über das Transportgeschäft etwa getroffen werden würden, dem Verfrachter gegenüber und zu Ungunsten des letzteren nicht anerkennen darf; s. w. u.

---

[1]) Vergl. Rede des Kriegsministers v. Roon am 11. September 1862 (in den Stenogr. Ber. des Abgeordnetenhauses I. S. 1598 ff., 1603).

[2]) Vergl. die bez. Landtagsverhandlungen; insbesondere Stenogr. Ber. des Abgeordnetenhauses 1862 S. 1649 (Graf Bethusy), S. 1661 (Graf Schwerin), und neuerdings die Darstellung von Gneist in „Gesetz und Budget", Berlin 1869 S. 222 ff. M. E. hätte Gneist nach den Ausführungen, welche er in dieser Schrift gemacht hat, in der Konfliktszeit theoretisch auch zu der Ansicht gelangen können, welche die Staatsregierung vertreten hat.

[3]) Siehe w. u. §. 13.

[4]) Siehe w. u. §. 11.

[5]) Siehe z. B. die Eisenbahn-Betriebsreglements vom 18. Juli 1853 5. Januar 1861, 22. April 1861, 17. Februar 1862, 3. September 1865 (im Ministerialblatt für die innere Verwaltung 1853 S. 207, 1861 S. 23, 1862 S. 91, 1865 S. 251); s. auch unten §. 11.

III. Die auf dem Gebiete des Telegraphenwesens vom Minister für Handel, Gewerbe und öffentliche Arbeiten erlassenen Reglements gründen sich gleichfalls nicht auf eine gesetzliche Vorschrift, sie führen kein Gesetz aus und enthalten gleichwohl allgemeine Rechtsnormen.[1]) Sie regeln u. A. nicht bloß die Gebühren, sondern auch die Garantie.

IV. Die nicht zur Ausführung von Gesetzen erlassenen Verordnungen der Staatsregierung, z. B. auf dem Gebiete des Kirchen- und Schulwesens, der Land- und Wasserstraßenverwaltungen, des Steuerwesens, dürfen, weil sie ohne unmittelbarer Bedeutung für das Reichsrecht sind, nicht im Einzelnen aufgezählt werden.

Zum Schlusse dieses Paragraphen mag nur noch angeführt werden einmal, daß gegen eine zu weite Ausdehnung des selbstständigen Verordnungsrechts der Krone die Verfassung nicht bloß durch zahlreiche Spezialbestimmungen, sondern insbesondere auch durch die der Landesvertretung im Allgemeinen, z. B. das Budgetrecht, eingeräumte Machtstellung Vorsorge trifft, sodann, daß in dem Maße, wie die gesetzliche Regelung der Materien zunimmt, der Umfang dieses Verordnungsrechts im Abnehmen begriffen ist, und endlich, daß eine Abgrenzung dieses Verordnungsrechts nach gewissen Materien,[2]) etwa in dem Sinne mehrerer deutschen Verfassungen oder der Gneist'schen Theorie, sich praktisch stets als unbrauchbar erwiesen hat.[3])[4])

---

[1]) Siehe das Telegraphen-Reglement vom 10. Dezember 1858 (Ministerialblatt für die innere Verwaltung 1859 S. 17) und das Reglement für den deutsch-österreichischen Telegraphen-Verein v. 16. Sept. 1863 (das. 1863 S. 220).

[2]) S. z. B. Bayrische Verfassung Tit. VII. §. 2; Badische Verfassung §. 83; Altenburgisches Grundgesetz §§. 201, 210; Nassauische Konstitution vom Jahre 1814 §. 2 Nr. 1; Coburger Verfassung §. 65; Meiningensches Grundgesetz §. 85; Weimarisches Grundgesetz vom Jahre 1850 §. 4 Nr. 6; Schwarzburg-Rudolstädt. Landtagsbeschluß vom 21. April 1821 u. s. w. S. auch Zachariä, 2. Aufl. II. S. 158.

[3]) Siehe insbes. Welcker in seinem Staatslexikon unter („Gesetz") S. 474 ff.

[4]) Ueber das der Krone in England zustehende selbstständige Verordnungsrecht s. Gneist, Englisches Verwaltungsrecht I. S. 127.

§. 8.

Das Preußische unselbstständige Verordnungsrecht.

Die Preußische Verfassungsurkunde bestimmt in Art. 45:

„Dem Könige allein steht die vollziehende Gewalt zu. Er ernennt und entläßt die Minister. Er befiehlt die Verkündigung der Gesetze und erläßt die zu deren Ausführung nöthigen Verordnungen."

Mit dieser Fassung stimmten im Wesentlichen alle dieser Verfassungs-Urkunde vorausgehenden Entwürfe überein. [1])

Dem Sinne nach gleiche Vorschriften finden sich in allen übrigen konstitutionellen Verfassungs-Urkunden bezw. Verfassungsrechten.

So heißt es in der Belgischen Konstitution Art. 67:

„Le roi fait les règlements et arrêtés nécessaires pour l'exécution des lois, sans pouvoir jamais ni suspendre les lois elles-mêmes ni dispenser de leur exécution." [2])

Art. 6 der Italienischen Verfassung:

„Il re — — — — — fa i decreti e regolamenti necessarii per l'esecuzione delle leggi, senza sospenderne l'osservanza, or dispensarne." [3])

Verfassungs-Urkunde vom 13. April 1852 für das Kurfürstenthum Hessen §. 75 Abs. 2:

---

[1]) Vergl. die Regierungsvorlage vom 20. Mai 1848 §. 21 .... „erläßt die zu deren Vollziehung nöthigen Verordnungen." (Verhandlung der Nationalversammlung I. S. 2.)

Die oktroyirte Verfassungs-Urkunde vom 5. Dezember 1848 (Gesetzs. S. 381) schob das Wort „unverzüglich" ein.... „erläßt unverzüglich die zu deren Ausführung nöthigen Verordnungen."

Der Kommissionsentwurf der Nationalversammlung Art. 45 fügte die Worte hinzu „ohne jemals die Vollziehung der ersten (Gesetze) aufschieben oder erlassen zu können." (Rauer, Verhandlungen der Verfassungs-Kommission, Berlin 1849, S. 381.)

[2]) So lautete auch die Charte der Julimonarchie v. J. 1830 (Art. 13).

[3]) Für das heutige französische Recht s. L'organisation française par Alphonse Bertrand, Paris 1882 p. 32: „Le Président de la République assure par des décrets l'exécution des lois, mais il ne peut, en aucun cas, suspendre les lois elles-mêmes ni dispenser de leur exécution."

„Verordnungen, welche die Handhabung oder Vollziehung bestehender Gesetze, oder die Organisation, die Verwaltung und Polizei betreffen, können von der Regierung ohne landständische Mitwirkung erlassen werden."

Verfassungs-Urkunde vom 17. Dezember 1820 für das Großherzogthum Hessen:

§. 73. „Der Großherzog ist befugt, ohne ständische Mitwirkung, die zur Vollstreckung und Handhabung der Gesetze erforderlichen, sowie die aus dem Aufsichts- und Verwaltungsrechte ausfließenden Verordnungen und Anstalten zu treffen."

Gesetz, verschiedene Anordnungen der Hannöverschen Landesverfassung betreffend, vom 5. September 1848:

§. 17. „Verordnungen werden von der Regierung ohne Mitwirkung der Stände erlassen. — Sie dürfen nur zur Vollziehung bestehender Gesetze dienen und nichts enthalten, was seiner Natur nach der ständischen Mitwirkung bedarf." [1])

Württembergische Verfassung vom 25. September 1819:

§. 89. „Der König hat — das Recht, ohne die Mitwirkung der Stände die zur Vollstreckung und Handhabung der Gesetze erforderlichen Verordnungen und Anstalten zu treffen und in dringenden Fällen zur Sicherheit des Staates das Nöthige vorzukehren." [2])

Spanische Verfassung vom 18. Juni 1867 [3]) Art. 47:

„Ihm (dem Könige) steht es zu,

1. die zum Vollzuge der Gesetze geeigneten Verordnungen, Bestimmungen und Instruktionen zu treffen." [4])

---

[1]) S. auch Hannöversche Landesverfassung vom 6. August 1840 §. 3 a. a. O., vom 1. August 1855 §. 21.

[2]) Siehe auch §§. 88, 90 der Verfassung.

[3]) Rauch, Parlamentarisches Handbuch XI. S. 371 ff.

[4]) Siehe ferner für England Fischel I. S. 129: „Proklamationen des Königs haben, soweit sie die Gesetze ausführen, bindende Kraft;" für die Vereinigten Staaten The Constitution of the United States of North-America art. II. sect. 3 und 8, und für die Niederlande art. 54 der Verfassung und Kemper, Handleiding, Amsterdam 1865 p. 310 über „'s konings uitvoerende magt."

Die Verfassung des Deutschen Reichs vom 28. März 1849: §. 80. „Er (der Kaiser) verkündigt die Reichsgesetze und erläßt die zur Vollziehung derselben nöthigen Verordnungen."

Die neueste Doktrin des Preußischen Staatsrechts legt diese Verfassungsvorschriften in dem Sinne aus, daß das Recht des Königs zum Erlasse von Ausführungsverordnungen nur den Erlaß von Verwaltungsverordnungen,[1]) nicht aber den Erlaß von Rechtsverordnungen in sich schließt.[2])

Ich meinerseits will versuchen, zu beweisen, daß die Ausführungsverordnungen nicht bloß Rechtsnormen enthalten, sondern — wie gegen Gneist zu bemerken sein würde — auch die Gerichte wie die Unterthanen verpflichtende Regeln aufstellen können.

Zunächst dürfte sich unschwer zeigen lassen, daß die gemäß Art. 45 der Preußischen Verfassung erlassenen Verordnungen auch Rechtsverordnungen enthalten dürfen.

---

[1]) das soll heißen von solchen, welche diese Theorie unrichtiger Weise als Verwaltungsverordnungen bezeichnet.

[2]) So Schulze, Reichsstaatsrecht S. 530, Laband, G. Meyer S. 408. Letzterer sagt:

„Zum Erlasse von Rechtsvorschriften, welche die einzelnen Unterthanen verpflichten, ist der Monarch kraft seines Verordnungsrechts nicht befugt. Auch die ihm durch viele Verfassungen eingeräumte Befugniß, Ausführungsverordnungen zu erlassen, darf nur auf Verwaltungsverordnungen bezogen werden. Noch weniger können die Verwaltungsbehörden für berechtigt erachtet werden, derartige allgemeine Anordnungen mit unmittelbar verbindlicher Kraft für die Unterthanen zu treffen. Soll daher durch derartige Verordnungen in den Rechtszustand der Unterthanen eingegriffen werden (Rechtsverordnungen), so ist dazu eine besondere gesetzliche Ermächtigung nothwendig."

v. Rönne, Preuß. Staatsrecht 4. Aufl. I. 379: „sie (die Verordnung) darf aber stets nur die formelle Ordnung und die Anwendung der eigentlichen Rechtssätze, welche das Gesetz ausspricht, zum Gegenstande haben, niemals aber neue Rechtsnormen aufstellen," und weiter ebendaselbst:

„Die auf Grund des Art. 45 erlassenen Verordnungen können aber sowohl in der Form allgemeiner Anordnungen (Verwaltungsverordnungen, Reglements, Instruktionen u. s. w.), als auch in der Form konkreter Verfügungen erlassen werden." — — — „Dagegen sind die Gerichte in der Ausübung ihrer richterlichen Gewalt keiner anderen Autorität, als der des Gesetzes unterworfen — —, und daher insoweit nicht durch Verwaltungsverordnungen für gebunden zu erachten." Gesetz versteht v. Rönne hier im weiteren (materiellen) Sinne (I. S. 462 Anm. 1).

Daß v. Rönne durch diese Behauptungen mit sich selbst in Widerspruch geräth, s. w. u. Vgl auch unten §. 21.

Art. 106 Abs. 2 der Preußischen Verfassung bestimmt:

„Die Prüfung der Rechtsgültigkeit gehörig verkündeter Königlicher Verordnungen steht nicht den Behörden, sondern nur den Kammern zu."

Die Einfügung dieses Absatzes in die Verfassung ist durch die Proposition XIII der Staatsregierung nach Vollendung der Revision der oktroyirten Verfassung vom 5. Dezember 1848 veranlaßt worden [1]) und war wie folgt begründet:

„Die Grenze zwischen dem Gebiete der Gesetzgebung und dem der Verordnungen, welche die Vollziehung der Gesetze vermitteln, ist in vielen Fällen schwer zu ziehen. — Die Schwierigkeit wird sich um so mehr zeigen, als sich unter der früheren Regierungsform keine Veranlassung darbot, die betreffenden Grundsätze näher zu entwickeln. Die Kammern sind berufen, die betreffenden Grundsätze näher zu entwickeln, ihre verfassungsmäßigen Rechte auch in dieser Beziehung zu wahren. So lange keine derselben behauptet, daß durch die Erlassung einer Verordnung in das Gebiet der Gesetzgebung eingegriffen sei, werden die Gerichte und die anderen Behörden die Verordnung als verfassungsmäßig erlassen um so mehr ansehen müssen, als entgegengesetzten Falls die drei Faktoren der Gesetzgebung, obgleich sie übereinstimmend der Ansicht waren, daß eine bloße Verordnung genüge, zur Erlassung eines Gesetzes genöthigt werden könnten, welches bestimmte, daß es zur Regelung der Angelegenheit, über welche die Verordnung ergangen ist, eines Gesetzes nicht bedürfe."

Aus dieser Begründung, insbesondere aus den Worten: „die Verordnungen, welche die Vollziehung der Gesetze vermitteln," wie ferner aus dem Umstande, daß die bezügliche Verfassungsvorschrift nicht hinter dem Nothverordnungsrecht (Art. 63), sondern unter „Allgemeine Bestimmungen" gesetzt ist, erhellt zur Gewißheit, daß dieselbe auch auf die Ausführungsverordnungen des Art. 45 Anwendung zu finden hat.

Aus dieser Begründung erhellt nun ferner auch, daß die Verordnungen auch Rechtsnormen aufstellen können. Würde dies nämlich nicht der Fall sein, so wäre die Vorschrift überflüssig; denn der Richter ist niemals in der Lage, die Gültigkeit anderer

---

[1]) Vergl. Stenogr. Ber. der II. Kammer 1849/50 S. 2077, der I. Kammer S. 2218.

als Rechtsnormen zu prüfen. Wäre ferner das Gebiet der Rechtsnormen der Ausführungsverordnungen untersagt, so wäre die Grenzscheide zwischen dem Gesetz und der Verordnung verhältnißmäßig so einfach, daß die Schwierigkeit, solche Grenzscheide festzustellen, wohl nicht als legislatorischer Grund hätte verwerthet werden können. Ganz klar ergiebt sich, daß die Ausführungsverordnungen auch Rechtsnormen aufstellen dürfen, aus der Rede des die Vorschrift bekämpfenden Abgeordneten Dr. Simson, welcher Folgendes am 26. Januar 1850 ausführte:[1] „Die Gesetzgebung stelle gewisse Grundsätze hin und überlasse ihre Ueberleitung in die Praxis des Lebens der Vermittelung der exekutiven Gewalt. Es gebe keine vernünftige Verfassung, die diese Macht, Vollziehungsverordnungen zu erlassen, nicht ausschließlich in die Hände der Exekutive gelegt hätte. Was könne also die Prüfung des Richters in einem solchen Falle bezwecken? Er habe zu prüfen, ob die Exekutive nicht bei Erlaß der Vollziehungsverordnung hinausgegangen war über diejenigen Grenzen, die ihr die Gesetzgebung selbst für den vorliegenden Fall gezogen habe.“[2]

In der Praxis ist übrigens das Recht der Krone, auch Rechtsnormen enthaltende Ausführungsverordnungen (also unselbstständige Verordnungen) zu erlassen, niemals bestritten worden.

Hier ist zunächst darauf Bezug zu nehmen, daß, als das Verordnungsrecht der Krone aus Veranlassung des Allerhöchsten Erlasses vom 20. Juni 1864 (Prisenreglement) Gegenstand lebhafter Erörterungen im Landtage[3]) und in der Presse wurde, damals Niemand bestritten hat, daß Königliche Ausführungsverordnungen auch Rechtssätze enthalten können, da gegen jenen zweifellos Rechtsnormen enthaltenden Erlaß nur eingewendet wurde, daß er keine Ausführungsverordnung sei, auch den Gesetzen (dem Allgemeinen Landrecht und der Verfassung Art. 89) zuwiderlaufe.

Wenn damals E. A. Chr. (v. Stockmar) in seinen Studien über das Preußische Staatsrecht sagte,[4]) Verordnungen können

---

[1]) Stenogr. Ber. der II. Kammer 1849/50 II. S. 2121.

[2]) nicht also, ob sie überhaupt (im Gesetze noch nicht enthaltene) Rechtssätze aufstelle.

[3]) Ges. S. S. 369 f. Vergl. die Verhandl. des Preuß. Abgeordnetenhauses 1865 I. S. 84 ff., dazu III. S. 2069 ff.

[4]) Aegidi's Zeitschrift I. S. 203.

nicht selbstständige allgemeine Rechtsnormen enthalten, ihr Inhalt könne also nur bestehen aus 1. in den Gesetzen enthaltenen Rechtssätzen, 2. Folgerungen aus diesen und Anwendungen derselben und 3. rein reglementären Bestimmungen, die den Rechtszustand nicht affiziren; so dürfte darauf hinzuweisen sein, daß in Verordnungen enthaltene, also allgemeine Folgerungen aus Gesetzen, daß jedenfalls reglementäre Bestimmungen, welche nicht wieder selbst Rechtsnormen sind, gar nicht denkbar sind. [1])

Uebrigens treten, wie mir scheint, v. Rönne [2]) und Schulze, [3]) indem sie „Detailvorschriften" in Ausführungsverordnungen für statthaft erachten, mit sich in Widerspruch, weil Detailvorschriften nothwendig Rechtsnormen sind.

Läßt sich hiernach behaupten, daß das der Krone Preußen in Art. 45 der Preußischen Verfassungsurkunde allgemein eingeräumte Recht zum Erlasse von Ausführungsverordnungen auch die Befugniß zum Erlasse von unselbstständigen Rechtsnormen in sich schließt, [4]) so liegt hierin zugleich die Behauptung eingeschlossen, daß die Befugniß zum Erlasse von Rechtsnormen nicht speziell ertheilt zu sein braucht. [5])

Damit stimmt das Staatsrecht auch der anderen Länder überein.

So heißt es in Block, Dictionnaire de l'administration française s. m. règlement administratif:

1. „acte spontané du Gouvernement formulant, en vertu des pouvoirs généraux, qui lui ont été expressé-

---

[1]) Vergl. auch Block, Dictionnaire s. m. règlement, Ducrocq I. p. 37.

[2]) Preuß. Staatsrecht 4. Aufl. I. S. 379.

[3]) Preuß. Staatsr. II. S. 226.

[4]) Ernst Meier, Ueber den Abschluß von Staatsverträgen, Leipzig 1874, spricht sich dahin aus (S. 296), daß im konstitutionellen Staate der Gegenwart die Gesetzesform für die Emanation aller selbstständigen allgemeinen Normen Regel sei.

Aehnlich v. Gerber, Grundzüge eines Systems des deutschen Staatsrechts 2. Aufl., Leipzig 1869, Anm. 2 zu §. 150 — „die staatliche Aufstellung jedes selbstständigen Rechtssatzes über irgendwelche der Staatsgewalt unterworfene Angelegenheit wird in das Bereich des Gesetzes zu stellen sein." —

[5]) Das Gegentheil behaupten Laband, G. Meyer u. A. an den angezogenen Stellen, Meyer auch in Grünhut's Zeitschrift VII. S. 26.

ment[1]) conférés par les lois constitutionelles (Charte 1814 art. 14, 1830 art. 13, Const. 1852 art. 6 etc.) ou qui résultent implicitement de la délégation de la puissance exécutive, un ensemble de prescriptions obligatoires pour la totalité des citoyens ou seulement pour une partie déterminée ou une catégorie d'entre eux.

2. Les règlements — a-t-on dit — sont des actes de magistrature, les lois sont des actes de souveraineté.[2]) La distinction ainsi établie ne se rapporte pas à la nature de ces actes, car les règlements aussi bien que les lois créent des obligations ou des devoirs; elle ne saurait avoir d'autre but que d'indiquer leur portée respective. En effet, les lois créent ces devoirs en vertu de pouvoirs propres, primitifs et, pour ainsi dire, illimités; les règlements, en vertu de pouvoirs délégués, et en conséquence limités, soit expressément, soit implicitement par la législation, la jurisprudence ou même les mœurs."

Block, s. m. règlement d'administration publique:

„Le règlement d'administration publique est un acte législatif complémentaire, dont la rédaction a été déléguée au chef de l'État par une disposition expresse ou speciale de la loi. Un règlement non prévu par la loi n'est qu'un acte administratif fait en vertu des pouvoirs généraux conférés par la loi."

Zu den Unterschieden zwischen dem règlement d'administration publique und dem règlement administratif, welches letztere einer auf Grund des Art. 45 der Verfassung erlassenen Ausführungsverordnung entspricht, rechnet Block, daß das erstere sogar im Gesetze nicht vorgesehene, also selbstständige Strafnormen aufstellen darf, während für Uebertretungen der im

---

[1]) d. h. aber nicht in höherem Maße ausdrücklich wie das der Krone in Preußen durch Art. 45 der Preuß. Verfassung übertragene Recht. Dies ergeben die alsbald folgenden Citate aus den französischen Verfassungs-Urkunden.

[2]) Sie unterscheiden sich also nicht dadurch, daß die einen Rechts-, die andern nur Verwaltungsnormen aufstellen.

règlement administratif enthaltenen Vorschriften lediglich die schon im Gesetze angedrohten Strafnormen Anwendung finden.[1])

Die von Block hierfür angezogenen Beispiele ergeben, daß. wenn auch die Befugniß zum Erlasse eines règlement d'administration publique ausdrücklich im Gesetze ertheilt sein muß, gleichwohl der Inhalt eines solchen règlement im Gesetze selbst nicht vorgeschriebene Rechtsnormen enthalten darf. So wird aus der in einem Steuergesetze vom 27. Juli 1822 enthaltenen (allgemeinen) Klausel, daß durch Königliche Anordnungen die zur Verhütung von Defraude erforderlichen Kontrolmaßregeln angeordnet werden sollen, gefolgert, daß der König nicht bloß solche Maßregeln erlassen, sondern auch, daß er die Uebertretung derselben durch selbstständige Strafnormen sichern durfte.

Die nämlichen Ansichten finden sich, abgesehen von einer abweichenden Auffassung über das règlement d'administration publique, bei Ducrocq.[2])

Nachdem derselbe[3]) auseinandergesetzt hat, daß das règlement mit dem Gesetze gemein habe „la force obligatoire, la généralité de disposition, la règlementation de l'avenir, la sanction pénale“ — also ganz gewiß Rechtsnormen aufstellen darf — bemerkt er, daß der chef de l'État diese Verordnungs- (Reglementirungs-) Gewalt ausübe:

1. en vertu de la délégation générale, écrite dans une loi constitutionnelle, ou seulement comprise dans l'attribution générale de la puissance exécutive, dont le droit d'édicter des règlements pour l'exécution fait partie intégrante.[4])

Das nämliche Ergebniß liefert die Betrachtung des Belgischen Rechts.[5])

Die Belgische Verfassung läßt keinen Zweifel darüber,[6]) daß

---

[1]) nr. 5 das. s. auch weiter unten §. 16.

[2]) Cours de droit administratif, édit. Paris 1874.

[3]) p. 37 suiv.

[4]) S. auch Batbie, Précis p. 42 a. a. O.

[5]) A. Giron, Le droit administratif de la Belgique, Bruxelles 1881.

[6]) Siehe oben §. 7.

der König selbstständige oder gar einem Gesetze entgegenstehende Verordnungen nicht erlassen darf. Aber ebenso wenig herrscht darüber ein Zweifel, daß innerhalb des hiernach dem Königlichen Verordnungsrechte verbleibenden Spielraums auch Rechtsverordnungen auf Grund der in der Konstitution allgemein ertheilten Ermächtigung vom Könige erlassen werden dürfen.

„Il résulte — so heißt es Nr. 77 bei Giron wörtlich — de ce principe, que le roi, en sa qualité de chef de l'administration générale du royaume, possède un pouvoir règlementaire des plus étendus toutes les fois qu'il s'agit d'arrêter les mésures de police essentiellement variables que les circonstances rendent nécessaires dans l'intérêt de l'ordre public et de la salubrité publique."

Daß die von der vollziehenden Gewalt in Belgien erlassenen Ausführungsverordnungen Rechtsnormen enthalten, ergiebt sich auch daraus, daß, wie in Frankreich, jede Uebertretung einer solchen Verordnung Strafe nach sich zieht,[1] und daß der Richter darüber zu befinden hat, ob die Verordnung über den Rahmen der Ausführungsverordnung hinausgeht und gesetzwidrig ist.

Das Nämliche, wie für das französische und belgische Recht, läßt sich für das Recht der übrigen konstitutionellen Staaten anführen:

Es mag hier Bezug genommen werden für das Italienische Recht auf La Pegna, Codice Politico, Napoli 1871 p. 125:

> „In generale però è prevalso il principio, che i regolamenti, le istruzioni o decreti emanati dal potere esecutivo, per l'esecuzione od in esuzione di una legge, debbano intendersi obligatorii tutta volta, che non trovansi evidamente a questa contrarii."

Also nur die dem Gesetze widersprechenden, nicht alle Rechtsnormen enthaltenden Verordnungen sollen ungültig sein.

Für das Niederländische Recht gilt dasselbe:[2])

---

[1]) Giron nr. 80; für das französische Recht a. a. O. Théorie du Code pénal par M. Chauveau Adolphe et M. Faustin Hélie, 5 ed., Paris 1873 tom VI. nr. 2795 suiv.

[2]) S. Kemper, Handleiding Amsterdam 1865 p. 321, s. überhaupt dort p. 310 ff. Vergl. auch für das (ältere) niederländische Recht. A. Giron nr. 76. „Le roi des Pays — Bas s'arroglait — en s'appugant sur l'art.

„In eene lange reeks van arresten heeft de Hooge Raad het beginsel gehandhaaft, dat de regterlijke makt bevoegt is te onderzoeken in hoeverre de koninglijke besluiten, waaren de toepossing van den regter in strafzaken of in burgerlijke saken gevoorderd wordt, overen komen met de grondwet en de wetten.“

Die vorstehenden Erörterungen liefern das Ergebniß, daß die Verfassungen übereinstimmend der vollziehenden Gewalt die allgemeine Befugniß einräumen, die zur Ausführung der Gesetze erforderlichen Rechtsnormen mit bindender Kraft aufzustellen. Sie widerlegen die Behauptung, daß eine solche Befugniß stets speziell und stets ausdrücklich ertheilt sein muß, eine schon in sich schwer verständliche Behauptung; denn, wenn die Befugniß stets speziell und stets ausdrücklich ertheilt werden soll, so würde der Gesetzgeber besser thun, die Rechtsnormen selbst aufzustellen.

Die Ausführungsverordnung tritt aber hauptsächlich dann ein, wenn wegen der dem Gesetzgeber unbekannten, wechselnden und zukünftigen Verhältnissen die Fixirung der Rechtsnormen im Gesetze selbst unthunlich erscheint. [1])

Die Schranke des Ausführungsverordnungsrechts bildet lediglich die Vorschrift, daß die Verordnung nicht dem Gesetze widersprechen darf. Diese Schranke engt das Verordnungsrecht, wie unten näher gezeigt werden soll, in ganz außerordentlicher Weise ein, weit mehr als es auf die erste Betrachtung erscheinen möchte. [2]) Bis zu der bezeichneten Schranke aber ist die Verordnungsgewalt frei. Diese Schranke bestimmt den negativen Inhalt des Ausführungsverordnungsrechts. Es giebt keine positive Bestimmung dieses Inhalts; man hat trotz aller Furcht vor

73 de la loi fondamentale de 1815, le pouvoir de règlementer les matières sur lesquelles aucune loi n'avait encore disposé.“

[1]) La Pegna p. 105.

„Non rari certamente sono i casi ai quali le Camere legislative non saprebbero in qual modo provvedere, importa perciò necessiaramente che sieno lasciate alla discrezione ed alla prudenza di colui che ha nelle sue mani il potere esecutivo, —“

M. Chauveau Adolphe et M. Faustin Hélie. VI. nr. 2802.

„Le législateur ne pouvant régler lui-même les intérêts variables, différents et intamés de chaque commune, a délégué au maire... l'exercise de son propre pouvoir.“

[2]) S. unten §§. 21, 22.

der zu weiten Ausdehnung desselben keine andere Bestimmung gefunden und es kann keine gefunden werden.[1])

„Le pouvoir exécutif — sagt Ducrocq[2]) — au sommet de la hiérarchie[3]) administrative ne connait autre limite que la loi dans l'exercise de son autorité réglementaire."

Gegenüber der häufig gemachten Bemerkung, daß das allgemeine Ausführungsverordnungsrecht eine geringe praktische Bedeutung habe, da man in den Gesetzsammlungen nur wenig derartige Verordnungen finde, mag noch bemerkt werden, daß diese Verordnungen, da sie kraft der dem Souverän regelmäßig zustehenden Subdelegationsgewalt[4]) von den Ministern und den diesen unterstellten Organen erlassen zu werden pflegen, sich sehr selten in der Gesetzsammlung, sondern fast stets in den Verordnungsblättern der einzelnen Verwaltungsressorts befinden.

Man darf behaupten, daß die Ausführungsverordnungen an Umfang den Gesetzen nicht nachstehen und, was ihre Bedeutung anlangt, so gilt auch für das Preußische Recht ein Theil dessen, was in dieser Hinsicht der französische conseil d'État im Jahre 1860 an Kaiser Napoléon den Dritten berichtet hat:[5])

> „C'est au moyen des règlements d'administration publique que les services publics ont été organisés en France depuis 1800 et cette organisation secondaire. pour ainsi parler, n'est pas la partie des travaux du conseil d'État qui ait été la moins consultée et la moins imitée par les divers gouvernements de l'Europe."

---

[1]) S. auch weiter unten §§. 21, 22. Indeß ist selbstverständlich und folgt schon aus der Bezeichnung, daß die Verordnung zur Ausführung eines Gesetzes dienen, daß sie also nicht außerhalb der Intention des Gesetzgebers liegende Gegenstände regeln darf. Ducrocq I. p. 38, La Pegna p. 79, A. Giron nr. 76.

[2]) I. nr. 165 p. 156.

[3]) Im Gegensatze zu der Verordnungsgewalt der Provinzial- und Lokalbehörden, der Präfekten und Maires.

[4]) S. hierüber weiter unten §. 17.

[5]) S. Ducrocq p. 38.

§. 9.

Inhalt des Reichsverordnungsrechts. — Unmittelbares und mittelbares Reichsverordnungsrecht. — Umfang des Reichsverordnungsrechts.

Wenn und soweit das Reichsverordnungsrecht durch die Verfassung an die Stelle des Landesverordnungsrechts gesetzt ist, reicht sein Inhalt ganz so weit, als das letztere; es umfaßt dasselbe, ohne Rücksicht darauf, ob dieses, für sich betrachtet, selbstständiges oder unselbstständiges Landesverordnungsrecht darstellt.

Die dem Reiche auf den Gebieten der Post und der Telegraphie verfassungsmäßig nach dem Vorbilde des Preußischen Staates übertragene Verordnungsgewalt schließt auch diejenigen Gebiete in sich ein, welche in Preußen der selbstständigen Verordnungsgewalt der Krone unterstellt sind.

Immer aber und überall bleibt das Reichsverordnungsrecht als solches ein unselbstständiges, weil es der vollziehenden Gewalt — nicht wie in Preußen aus eigenem Rechte — sondern nur Kraft der dieser in der Verfassung übertragenen Befugniß zusteht.

Anlangend das allgemeine Ausführungsverordnungsrecht, so läßt sich auf Grund der bisherigen Darstellung behaupten, daß dasselbe — falls eine entgegengesetzte besondere Vorschrift nicht vorhanden ist — dem Bundesrathe zusteht, daß auf Grund desselben auch die Unterthanen und die Gerichte bindende Normen aufgestellt und überhaupt Alles angeordnet werden dürfe, was auf der einen Seite zur Ausführung des Gesetzes geeignet und auf der anderen Seite nicht dem Wortlaute oder dem Geiste eines Gesetzes zuwider ist.

Insbesondere muß angenommen werden, daß die Ermächtigung zum Erlasse von Rechtsnormen auch nach Reichsstaatsrecht weder speziell noch ausdrücklich ertheilt zu sein braucht.

Für eine engere Auffassung des Reichsverordnungsrechts liefern die Entstehung und Entwickelung der Reichsverfassung um so weniger Grund, weil dasselbe nach dem erklärten oder doch muthmaßlichen Willen der Verfassungs-Kontrahenten an die Stelle des Landesverordnungsrechts getreten ist.

Indem die nähere Darlegung der aufgestellten Behauptungen dem besonderen Theile vorbehalten bleiben muß, soll hier zunächst die Frage beantwortet werden, ob das Verordnungsrecht des Bundesraths ein unmittelbares oder ein nur mittelbares ist.

Hänel[1]) giebt nachfolgende Begriffsbestimmungen des unmittelbaren und des mittelbaren Verordnungsrechts:

„Ein unmittelbares Verordnungsrecht ist in einem zusammengesetzten Staatswesen dann vorhanden, wenn die von den Organen des Centralstaates erlassenen rechtsgültigen Verordnungen mittels Verkündigung oder Insinuation im Namen und durch die Organe des Centralstaates dieselbe Rechtsverbindlichkeit für die Behörden und Unterthanen empfangen, wie im Einheitsstaate. Nur mittelbar ist das Verordnungsrecht, wenn die von den hierzu berufenen Organen des Centralstaates oder der centralen politischen Korporation rechtsgültig beschlossenen Verordnungen zunächst lediglich die verfassungsmäßige Verpflichtung der Einzelstaaten als solcher erzeugen, dieselben in den Formen, die das Partikularrecht zu Gebote stellt, den Behörden und Unterthanen der Einzelstaaten zu insinuiren oder zu verkünden."

Mit anderen Worten: Das deutsche Reich hat ein unmittelbares Gesetzgebungsrecht, wenn seine Gesetze durch ihre Verkündigung von Reichswegen rechtsverbindliche Kraft für Einzelstaaten, Behörden und Unterthanen erlangen.

Das deutsche Reich würde nur ein mittelbares Gesetzgebungsrecht haben, — wie der deutsche Bund oder der deutsche Zollverein ein solches besaßen — wenn seine Gesetze zunächst nur für die Staaten selbst verbindlich wären und erst durch ihre Verkündigung von Seiten der Einzelstaaten ihre verbindliche Kraft für Behörden und Unterthanen erlangen würden.

Das deutsche Reich hat hiernach ein unmittelbares Verordnungsrecht, wenn seine Verordnungen schon durch ihre Verkündigung von Reichswegen verbindliche Kraft für Einzelstaaten, Behörden und Unterthanen erlangen können. Dem deutschen Reiche würde dagegen nur ein mittelbares Verordnungsrecht zustehen, wenn seine Verordnungen zunächst nur für die Einzelstaaten deren Verpflichtung zur Verkündigung derselben erzeugen, für Behörden und Unterthanen dagegen erst durch ihre

[1]) Die organisatorische Entwickelung S. 66/7.

Verkündigung von Seiten der Einzelstaaten verbindliche Kraft erlangen würden.

Hänel ist nun der Ansicht,[1]) daß dem Bundesrathe nur das mittelbare Verordnungsrecht eingeräumt worden ist.

Für diese Ansicht stützt er sich zunächst auf den Wortlaut des Artikels 7 Nr. 2 — „der Bundesrath beschließt — über — die Verwaltungsvorschriften.“ — Allein dieser Wortlaut erklärt sich, wie mir scheint, daraus, daß die Vorschriften zunächst von einer Einzelregierung bezw. einem Bundesrathsmitgliede, dem Bundesrathe zur Beschlußfassung vorgelegt werden, so daß mit Recht gesagt werden könne, der Bundesrath beschließe über dieselben.

Dieser Sprachgebrauch ist übrigens ebenso richtig wie der in Nr. 1 desselben Artikels, wonach der Bundesrath beschließt, „über die dem Reichstage zu machenden Vorlagen und die von demselben gefaßten Beschlüsse“; denn diese Vorlagen und Beschlüsse sind auch Gesetzentwürfe, welche der Bundesrath unmittelbar sanktionirt und nicht nur mittelbar durch die Einzelstaaten sanktioniren läßt.

Die Ansicht Hänel's wird aber auch durch den Hinweis darauf nicht gestützt, daß nach Artikel 36 der Reichsverfassung die Erhebung und Verwaltung der Zölle und Verbrauchssteuern jedem Bundesstaate, soweit derselbe sie bisher ausgeübt hat, innerhalb seines Gebietes überlassen bleiben sollen. Denn die Erhebung und Verwaltung der Reichsabgaben durch die Einzelstaaten hat, so scheint mir, mit der Befugniß des Reichs, Rechtssätze in der Form des Gesetzes oder der Verordnung über die Modalitäten dieser Erhebung und Verwaltung zu treffen, Nichts gemein. Es steht die Verwaltung auf vielen Gebieten den Einzelstaaten zu (Landheerwesen) und doch hat das Reich das Recht — häufig sogar das ausschließliche Recht — der unmittelbaren Gesetzgebung bezw. des unmittelbaren Erlasses von Verordnungen.[2])

Wenn Hänel[3]) ferner behauptet, es könne nicht bezweifelt werden, daß zu der den Einzelstaaten vorbehaltenen Verwaltung

---

[1]) S. 71.

[2]) Vergl. auch Laband, Reichsstaatsrecht II. S. 231 ff. Derselbe IIIb. S. 283 ff. „Dem Reiche ist die Befugniß zugewiesen, die Verwaltung (der Zölle und gemeinschaftlichen Verbrauchssteuern) zu regeln und zu beaufsichtigen, die Einzelstaaten sind berechtigt, sie zu führen.“

[3]) Die organisatorische Entwickelung S. 71.

auch die Insinuation der auf den Beschlüssen des Bundesraths beruhenden Vollzugsverordnungen gehöre, so ist gegenüber dieser beweislos hingestellten Behauptung geltend zu machen, daß die diesbezüglichen Verordnungen des Bundesraths ebenso wie die Reichsgesetze auch ohne die Insinuation an die Behörden für diese unmittelbar verbindlich sind. Sie erlangen nämlich ihre verbindliche Kraft allgemein für Behörden und Unterthanen durch die Publikation, welche, sofern sie nicht den Einzelstaaten vom Bundesrathe ausnahmsweise und besonders übertragen wird, unmittelbar von Reichswegen erfolgt.[1])

Es ist, so scheint mir, auch ganz und gar nicht abzusehen, weshalb dem Rechte der Einzelstaaten auf Verwaltung und damit auf die „eigene und unmittelbare Direktion der Behörden und Beamten" das unmittelbare Verordnungsrecht des Reichs im höheren Grade widersprechen sollte, als dessen unzweifelhaft unmittelbares Gesetzgebungsrecht.

Die Hänel'sche Ansicht wird aber vollends dadurch widerlegt, daß Art. 35 der Reichsverfassung das Recht eines Einzelstaates auf Erlaß irgend welcher Verordnungen im Gebiete des Zoll- und gemeinschaftlichen Steuerwesens ausschließt[2]); es sei denn, daß das Reich ein solches Recht den Einzelstaaten besonders übertragen oder belassen hat.

Eine Verordnung auf dem bezeichneten Gebiete, welche sich auf das Recht des Einzelstaates stützt, ist hiernach — als Regel — nichtig und es kann also auf diesem Gebiete — als Regel — nur unmittelbare Verordnungen des Reiches geben.

Wenn Hänel sodann den Verbleib des unmittelbaren Verordnungsrechts bei den Einzelstaaten aus Artikel 40 der Reichsverfassung, wonach die Bestimmungen des Vertrages vom 16. Mai 1865 in Kraft bleiben sollen, in Verbindung mit Artikel 34 des Zollvereinigungsvertrages vom 16. Mai 1865, wonach die Verkündigung der gemeinschaftlichen Gesetze und Verordnungen von den einzelnen Regierungen erfolgen sollte, herleiten will, so

---

[1]) Siehe weiter unten §. 20.

[2]) So nimmt Laband, Reichsstaatsrecht III b. S. 278 ff. das ausschließliche Verordnungsrecht des Reichs in der Zoll- und der gemeinschaftlichen Steuergesetzgebung an. Derselben Ansicht ist auch Delbrück, „Artikel 40", wie die Allegirung des Art. 35 auf S. 51 bei dem Verordnungsrechte des Bundesraths ergiebt. S. auch das. S. 24, unten §. 10 Nr. I, §§. 17 ff.

glaube ich darauf hinweisen zu dürfen, daß nach der unzweifelhaften Absicht der Verfassung gerade in Zoll- und Steuersachen der Bundesrath an die Stelle der Gesammtheit der verbündeten Regierungen gesetzt wurde.[1]) Daß in Ansehung der Verordnungen in Zoll- und Steuersachen abweichend von den Gesetzen nicht ausdrücklich in der Verfassung bestimmt ist, daß sie der Bundesrath nicht bloß zu erlassen, sondern auch zu publiziren befugt sein soll, ist thatsächlich richtig, allein unerheblich, weil es allgemeinen Rechts ist, daß derjenige, welcher eine Verordnung zu erlassen hat, Mangels einer etwa entgegenstehenden Gesetzesvorschrift, auch berechtigt ist, dieselbe wo, wie und von wem er will, publiziren[2]) zu lassen.

Endlich steht die Hänel'sche Ansicht im absolutesten Widerspruch mit den Thatsachen, welche beweisen, daß der Bundesrath in kaum zählbaren Fällen ein unmittelbares Verordnungsrecht ausgeübt hat und ausübt.[3])

Läßt sich hiernach behaupten, daß dem Bundesrath ein allgemeines und unmittelbares Ausführungsverordnungsrecht auf Grund der Verfassung zusteht, so fragt es sich, zu welchen Gesetzen solche Ausführungsverordnungen ergehen dürfen.

Die Frage beantwortet sich nach dem Wortlaute der Verfassung dahin, daß nur zu den Reichsgesetzen Ausführungsverordnungen statthaft sind.

Allein dieser Wortlaut ist entschieden zu eng.

Zunächst ergeben der Hinblick auf die Verfassungen des Norddeutschen Bundes und des Zollvereins, nach welcher der Bundesrath auch zu Ausführungsverordnungen für die Gesetze des Norddeutschen Bundes und der Gesetze des Zollvereins befugt war, und die Berücksichtigung der Praxis,[4]) daß der Bundesrath des deutschen Reichs auch zum Erlasse derjenigen Verordnungen befugt ist,

---

[1]) S. unten §. 10, vergl. auch die eigenen Ausführungen von Hänel, Studien I. S. 128 ff.

[2]) S. weiter unten §§. 18—20 und Entscheidungen des Reichs-Oberhandelsgerichts Band XXI. S. 60 ff.

[3]) Fast jede Nummer des Centralblattes für das deutsche Reich zeigt solche Verordnungen, insbesondere auf dem Gebiete der Zoll- und gemeinschaftlichen Steuergesetzgebung.

[4]) Siehe weiter unten §. 10.

welche zur Ausführung der Gesetze des Norddeutschen Bundes [1]) und des Zollvereins [2]) erforderlich sind.

Sodann ist anzunehmen, daß die Bezeichnung „Reichsgesetze“ in Art. 7 auch die Reichsverfassung betrifft. Daher durfte der Bundesrath auch z. B. die zur Ausführung der Verfassungsbestimmungen über das Eisenbahnwesen erforderlichen Verordnungen erlassen. [3])

Fraglich kann dagegen sein, ob der Bundesrath auf Grund der Vorschrift in Artikel 7 Nr. 2 der Reichsverfassung auch dann das (unmittelbare) Verordnungsrecht besitzt, wenn zwar ein Reichsgesetz — auch im weitesten Sinne dieses Wortes — nicht vorliegt, wenn aber der bezügliche Gegenstand nach Artikel 4 der Reichsverfassung oder nach anderen Vorschriften, der Beaufsichtigung und Gesetzgebung des Reichs unterliegt. [4])

Diese Frage ist im Allgemeinen nicht zu bejahen.

Der Bundesrath hat nur die ihm in der Verfassung übertragenen Befugnisse. Diese Befugnisse, soweit sie das Verordnungsrecht betreffen, sind daran geknüpft, daß es sich dabei um die Ausführung von Reichsgesetzen handele; folglich ist es unstatthaft, daß der Bundesrath zu nicht vorhandenen Gesetzen Ausführungsverordnungen oder daß er gar selbstständige Verordnungen erläßt. [5])

Indeß läßt sich auf Artikel 4 in Verbindung mit Artikel 7 der Reichsverfassung ein mittelbares Verordnungsrecht des Bundesraths gründen.

---

[1]) Auch derjenigen, welche nicht ausdrücklich zu Reichsgesetzen erklärt worden sind.

[2]) Die oben mit dem Worte „Reichsgesetze“ verbundene Bedeutung deckt sich mit der diesem Worte u. A. in §. 5 des Einführungsgesetzes zur Reichs-Strafprozeßordnung beizulegenden. Vergl. Motive S. 256, Löwe, Kommentar Anm. 2 zu § 5.

[3]) Die Reichsverfassung ist ein Reichsgesetz; s. auch Thudichum in v. Holtzendorff's Jahrbuch S. 22 Nr. 1; Seydel, Kommentar S. 103.

[4]) Diese Frage wird bejaht nur von Klöppel in den Preuß. Jahrbüchern Bd. 52 S. 173 ff., sonst verneint, insbesondere von Laband a. a. O. Die Bemerkung Klöppels (nach Gneist), daß die Obrigkeit, was sie im einzelnen Falle zu gebieten oder zu verbieten befugt ist, auch in der Allgemeinheit der Fälle zu gebieten oder zu verbieten befugt sei, paßt hier wohl nicht, weil der Bundesrath auch im einzelnen Falle — an sich und ohne gesetzliche Ermächtigung — den Unterthanen Nichts gebieten oder verbieten kann.

[5]) Siehe oben §. 3.

Die in Artikel 4 der Reichsgesetzgebung aufgeführten Gegenstände unterliegen ohne Weiteres und selbst dann, wenn sie noch keine reichsgesetzliche Regelung gefunden haben,[1]) der Beaufsichtigung von Seiten des Reichs. Die Beaufsichtigung, die Ueberwachung der Ausführung der Reichsgesetze, liegt nach Artikel 17 der Reichsverfassung dem Kaiser ob; doch entscheidet, wenn Streit über die Ausführung eines Reichsgesetzes vorhanden ist, der Bundesrath.[2]) Der Bundesrath muß aber auch (vielleicht erst recht) dann entscheiden dürfen, wenn die Beaufsichtigung noch nicht reichsgesetzlich geregelter Gegenstände in Frage steht und Mängel erkennen läßt.

Zwar spricht für diese Auffassung der Wortlaut des Artikels 7 Nr. 3 nicht, allein sie muß als die richtige gelten, weil sonst die von der Verfassung gewünschte Beaufsichtigung auch der noch nicht reichsgesetzlich geregelten, in Artikel 4 aufgeführten Gegenstände ohne praktisches Ergebniß bleiben müßte.

Eine Entscheidung, welche der Bundesrath über einen solchen Gegenstand treffen würde, z. B. über die Vorkehrungen, welche zur Verhütung der Cholera allgemein zu treffen sind, bindet die Bundesglieder und läßt für diese die verfassungsrechtliche Pflicht entstehen, die Entscheidung des Bundesraths bezw. derselben entsprechende Verordnungen ihren Unterthanen zur Beachtung anzubefehlen.

Die Entscheidung des Bundesraths hat in einem solchen Falle nicht unmittelbare Wirksamkeit für die Behörden und Unterthanen der einzelnen Bundesstaaten; sie erlangt diese vielmehr erst durch ihre Verkündigung von Seiten der einzelnen Bundesstaaten. Die Entscheidung hat hiernach die Kraft einer mittelbaren Verordnung.

Solcher Gestalt erklären sich und rechtfertigen sich meines Erachtens Beschlüsse, welche der Bundesrath im Kriegswesen wie über die Verpflichtungen von Eisenbahnen und anderen Kunststraßen den Telegraphenanstalten gegenüber gefaßt hat.[3])

---

[1]) S. auch v. Schwarze in den Stenogr. Ber. des verfassungberathenden Reichstages 1867 S. 315; Seydel, Kommentar S. 57.

[2]) Reichsverfassung Art. 7 Nr. 3; Lasker in den Stenogr. Ber. des Reichstages 1870 (außerord. Sess.) S. 122; Seydel, Kommentar S. 57 ff., 103 ff.; Laband, Reichsstaatsrecht I. S. 255 ff.

[3]) S. weiter unten §§. 12/3. In Betreff der Vorkehrungen zur Verhütung

Es muß schließlich bemerkt werden, daß das dem Bundesrathe in Artikel 7 Nr. 2 der Verfassung eingeräumte Recht zum Erlasse von „Verwaltungsvorschriften" dahin eingeschränkt ist, daß der Bundesrath nur allgemeine Vorschriften erlassen darf.[1]) Darunter ist, wie mir scheint, zu verstehen, daß die Ausführungsverordnungen, welche der Bundesrath erläßt, soweit es die Sachlage gestattet, nicht für einen Staat allein oder für einzelne Staaten, sondern für das ganze Reich ergehen müssen, daß also die Verordnungen des Bundesraths nicht die speziellen Ausführungsnormen für ein einzelnes Bundesglied enthalten dürfen.[2])

So sind allgemeine „Verwaltungsvorschriften" im Sinne des Artikel 39 der Reichsverfassung diejenigen, welche der Bundesrath für das ganze gemeinschaftliche Zoll- bezw. Steuergebiet erlassen hat,[3]) im Gegensatze zu denjenigen, welche von den Einzelregierungen (auf Grund Ermächtigung von Seiten des Reichs) ergangen sind.[4])[5])

---

der Cholera scheint vom Reichsamt des Innern nur eine „Anregung" an die Einzelregierungen ergangen zu sein. Siehe den Aufsatz von Klöppel in den Preuß. Jahrbüchern Bd. 52 S. 173 ff.

[1]) Vergl. hierüber Seydel, Kommentar S. 102, welchem dies kein „bestimmter Begriff" ist.

[2]) Analoges zeigt das französische Staatsrecht, nach welchem der Präsident oder ein Minister nicht bloß für ein einzelnes Departement und der Präfekt nicht bloß für eine einzelne Kommune Verordnungen erlassen dürfen.

[3]) z. B. Bundesrathsbeschluß vom 6. Juli 1878 (Reichs-Central-Blatt 1878 S. 435) über die Abgabenfreiheit der sogen. Abraumsalze.

S. auch Arndt in der Zeitschrift für Bergrecht 1883 S. 74 Anmerk. 7 a. a. O.

[4]) So z. B. die Bestimmungen des Preuß. Finanzministers vom 18. Juli 1872 (Preuß. Abgaben-Central-Blatt S. 316) Arndt l. c. S. 59 a. a. O.

[5]) Aus dem Umstande, daß der Bundesrath nur allgemeine Verwaltungsvorschriften erlassen darf, folgt aber m. E. nicht, daß die Landesregierungen die besonderen für ihre Unterthanen treffen dürfen. Auf dem Gebiete der Zoll- und Steuergemeinschaft und überall, wo die Gesetzgebungsbefugniß des Reiches eine ausschließliche ist, gilt vielmehr jede Verordnungsbefugniß der Einzelstaaten, welche nicht auf ausdrückliche oder stillschweigende Ermächtigung von Seiten des Reiches gegründet ist, für ausgeschlossen. Unstatthaft sind daher — in der Praxis unstreitig — Ein- oder Ausfuhrverbote der Einzelstaaten (Delbrück S. 24), Zoll- oder Steuererleichterungen oder Befreiungen, selbst wenn dieselben auf Kosten des Einzelstaates erfolgen. Die Ausführungen von Laband III b S. 283 erscheinen hiernach bedenklich. S. auch Arndt in der Zeitschr. f. Bergrecht 1883 S. 51, 70, 71, 74, von Auffeß in Hirth's Annalen 1880 S. 772 a. a. O.

§ 10.

Rechtsverordnungen in Zoll- und Steuersachen auf Grund der in der Verfassung selbst ertheilten Delegation.

I. Ein Steuergesetz des Norddeutschen Bundes, welches keine Delegation für den Bundesrath enthält, [1]) ist das Gesetz betreffend die Erhebung einer Abgabe von Salz vom 12. Oktober 1867 (B.=G.=Bl. S. 41). Dasselbe ist erlassen gemäß der am 8. Mai 1867 (B.=G.=Bl. S. 49 Preußische Gesetzs. S. 1313) zwischen den Mitgliedern des Zoll= und Handelsvereins getroffenen Uebereinkunft.

Auf Grund dieser Uebereinkunft war zunächst in Preußen das Gesetz betreffend die Aufhebung des Salzmonopols und Einführung einer Salzabgabe vom 9. August 1867 (Gesetzs. S. 1323) ergangen. § 1 des genannten Gesetzes enthielt die Ermächtigung für die Preußische Staatsregierung, das Staats=Salzmonopol aufzuheben, dagegen das zum inländischen Verbrauch bestimmte Salz einer Abgabe bis zum Betrage von zwei Thalern für den Centner Nettogewicht zu unterwerfen. In Ausübung dieser Ermächtigung erließ die Staatsregierung die Allerhöchste Verordnung, betreffend die Erhebung einer Abgabe von Salz vom 9. August 1867 [2]) Gesetzs. S. 1323), welche sachlich ganz und wörtlich fast gleich ist mit dem späteren Bundesgesetz vom 12. Oktober 1867.

Der Erlaß der Verordnung vom 9. August 1867 entsprach der vertragsmäßigen Pflicht, welche die Preußische Staatsregierung den anderen Mitgliedern des Deutschen Zoll= und Handelsvereins gegenüber übernommen hatte.

---

[1]) Vergl. dagegen Laband, Reichsstaatsrecht III^{b}. S. 282. Ein anderes ist, wie ich gegen Laband bemerke, das Gesetz betr. die Besteuerung des Branntweins 2c. vom 8. Juli 1868 (B.=G.=Bl. S. 384).

[2]) Eine Vergleichung dieser Verordnung mit der Ermächtigung vom gleichen Tage zeigt, daß das Recht zum Erlasse von Ausführungsverordnungen in Preußen in sehr ausgedehntem Umfange angewandt wurde. Insbesondere enthalten die Verordnung selbst und die zu derselben ergangenen weiteren Ausführungsverordnungen (vergl. Preuß. Abg.=Centr.=Bl. 1867 S. 390, 399, 403, 536, 434 a. a. O.) zahlreiche Rechtssätze, ohne daß in der Ermächtigungsklausel besondere Delegationsbefugniß in Ansehung ihrer ertheilt ist. Siehe auch Arndt in der Zeitschrift für Bergrecht 1883 S. 47 ff.

Das Gesetz wie die Verordnung vom 9. August 1867 sollten ihre Wirksamkeit am 1. Januar 1868 beginnen. Vorher, nämlich schon mit dem 1. Juli 1867, war die Verfassung für den Norddeutschen Bund in Kraft getreten, wonach dem Bunde die ausschließliche Besteuerung des zum inländischen Verbrauche bestimmten Salzes zustand. Deshalb erschien es nothwendig, ein in der Preußischen Verordnung vom 9. August 1867 oder richtiger ein der diesbezüglichen zwischen den Zollvereinsstaaten getroffenen Vereinbarung entsprechendes Bundesgesetz zu erlassen und zugleich der Uebereinkunft vom 8. Mai 1867 durch Allegirung im Eingange des Gesetzes vom 12. Oktober 1867 wie durch ihren Abdruck im Bundesgesetzblatte bundesrechtliche Geltung zu verschaffen. Die Entstehungsgeschichte des Gesetzes vom 12. Oktober 1867 [1]) aus Vereinbarungen, welche vor Emanation der Bundesverfassung entstanden waren, läßt es begreiflich erscheinen, daß dasselbe keine Delegationen an den Bundesrath, wohl aber solche an die Landesbehörden enthält.

Es unterliegt nun keinem Zweifel, daß auf Grund der ihnen im Bundesgesetz vom 12. Oktober 1867 ertheilten Ermächtigung die Landesbehörden zunächst und bis auf Weiteres zum Erlasse von Ausführungsverordnungen befugt waren. Sie haben auch von dieser Befugniß ausgiebigen Gebrauch gemacht. [2])

Später hat nun der Bundesrath in Fällen, in welchen nach dem Wortlaute des Gesetzes den Landesbehörden die Verordnungsbefugniß zusteht, seinerseits für das ganze Reich gemeinschaftliche

---

[1]) Diesem Gesetze gleiche sind ergangen in Baiern am 16. November 1867 (Ges.-Bl. S. 217)), in Württemberg am 25. November 1867 (Reg.-Bl. S. 114), in Baden am 25. August 1867 (Reg.-Bl. S. 460), in Hessen südlich des Mains am 9. November 1867 (Reg.-Bl. S. 493).

[2]) Sehr wichtige Ausführungsverordnungen, z. B. die Bekanntmachung vom 19. August 1867 (Jahrbuch für Zollgesetzgebung und Verwaltung S. 464, Preuß. Abg.-Centr.-Bl. S. 390), Instruktion für die Erhebung und Sicherung der Salzabgabe auf den Privatsalinen (Jahrbuch für Zollgesetzgebung und Verwaltung 1867 S. 178, Preuß. Abg.-Centr.-Bl. S. 403) waren bereits von den Landesbehörden auf Grund der Landesgesetze bezw. Landesverordnungen vor dem Inkrafttreten der Bundesverfassung ergangen. Dieselben sind, soweit sie nicht von Bundes- bezw. Reichswegen aufgehoben wurden, in Kraft geblieben. Von Landesbehörden nach dem Inkrafttreten der Bundesverfassung erlassene Ausführungsverordnungen sind die des Preuß. Finanzministers vom 31. Mai 1869 (Preuß. Abg.-Centr.-Bl. S. 320), 20. Juni 1868 (das. S. 347).

Ausführungsverordnungen erlassen. Dieselben hoben die entgegenstehenden Landesverordnungen auf [1]) und verhalten sich zu denselben rechtlich ebenso wie das Reichsgesetz zum Landesgesetz. Soweit daher eine Bundesrathsverordnung eine Materie hat regeln wollen, ist die Regelung derselben im Wege der Landesverordnung auch für die Zukunft ausgeschlossen; es sei denn, daß die Bundesrathsverordnung selbst den Landesbehörden das Recht einräumt, noch über diesen Gegenstand Verordnungen zu erlassen. [2])

Die sämmtlichen hier in Betracht gezogenen Verordnungen sind Rechtsverordnungen, materielle Gesetze.

Aus dem Angeführten ergiebt sich, daß zur Ausführung der gemeinschaftlichen Gesetzgebung der Bundesrath auf Grund der Reichsverfassung, ohne sonstige spezielle Delegation, Rechtsverordnungen erlassen hat.

II. Eine zweite Gruppe von Rechtsverordnungen, welche der Bundesrath auf Grund der ihm in der Verfassung ertheilten allgemeinen Delegationsbefugniß in Zoll- und Steuersachen erlassen hat, bilden die Ein-, Aus- und Durchfuhrverbote. [3])

Zunächst ist es unrichtig, diese Verbote, wie ziemlich allgemein, namentlich von Hänel, [4]) Zorn [5]) und Auffeß [6]) geschieht, als vom Präsidium bezw. vom Kaiser erlassen anzusehen. Obwohl dieselben nämlich nach ihrem Wortlaute vom Präsidium bezw. vom Kaiser „nach erfolgter Zustimmung des Bundesraths" verordnet sind, so sind sie in der Sache selbst so wenig Präsidial- oder Kaiserliche Verordnungen wie die Reichsgesetze, welche sich gleichfalls nach Außen hin, als vom Kaiser „nach

---

[1]) z. B. die Verordnung des Bundesraths vom 21. Juni 1872 (Preuß. Abg.-Centr.-Bl. S. 318) über die Denaturirung von Vieh-Gewerbesalz u. s. w., diejenige des Preuß. Finanzministers vom 20. Juni 1868 (das. 1868 S. 347).

[2]) Beispiele: die in Anm. 2 genannte Verordnung des Bundesraths vom 21. Juni 1872, welche den Landesbehörden die Ermächtigung ertheilt, noch gewisse andere Denaturirungsmittel zuzulassen. Vergl. ferner den Bundesrathsbeschluß vom 6. Juli 1878 (Reichs-Centr.-Bl. S. 435, Preuß. Abg.-Centr.-Bl. S. 159).

[3]) Vergl. z. B. Bundes-Gesetzbl. 1870 S. 483, 487, 509, 521, 563; 1871 S. 49; Reichs-Gesetzbl. 1879 S. 3, 303; 1880 S. 151.

[4]) Organisatorische Entwickelung S. 75.

[5]) Zorn, Reichsstaatsrecht II. S. 247.

[6]) In v. Holtzendorff's Rechtslexikon I. S. 186 ff.

erfolgter Zustimmung des Bundesraths" erlassene Gesetze darstellen, vom Kaiser sanktionirte Gesetze sind.

Die Verbote sind vielmehr Verordnungen des Bundesraths [1]) und nur deshalb, wie mir scheint, so wie geschehen, vom Kaiser verkündet, weil dieser das Reich nach Außen hin vertritt, [2]) und weil auch ferner solche Verbote nur mit Zustimmung des Kaisers erlassen oder aufgehoben werden dürfen. [3])

Das Recht des Bundesraths zum Erlasse solcher Verbote gründet sich zunächst auf die §§. 1 und 2 des Vereinszollgesetzes vom 1. Juli 1869 (B.-G.-Bl. S. 317).

§. 1. „Alle Erzeugnisse — dürfen — eingeführt, ausgeführt und durchgeführt werden."

§. 2. „Ausnahmen hiervon (§. 1.) können zeitweise für einzelne Gegenstände beim Eintritt außerordentlicher Umstände oder zur Abwehr ansteckender Krankheiten (Art. 4. Abs. 2. bis einschließlich 5. des Vertrages vom 8. Juli 1867.) oder aus sonstigen gesundheits- oder sicherheitspolizeilichen Rücksichten für den ganzen Umfang oder einen Theil des Vereinsgebiets angeordnet werden."

Zunächst erscheint hierbei klar, daß §. 2 den Erlaß der Ein-, Aus- oder Durchfuhrverbote im Verordnungswege im Auge hat; denn sonst wären nicht nur er selbst, sondern auch § 134, der auf die Uebertretung solcher Verbote Strafen androht, überflüssig. Daß nämlich ein Gesetz Ein-, Aus- und Durchfuhrverbote erlassen darf, braucht nicht erst im Vereinszollgesetze gesagt zu werden, da die Zuständigkeit des Norddeutschen Bundes zum Erlasse derartiger Verbote im Gesetzgebungswege sich bereits aus Art. 4. Nr. 2 wie aus Art. 35 der Bundesverfassung ergiebt. Dachte man bei §. 2 an den Erlaß eines besonderen Gesetzes, so würde man diesem auch die Normirung der in §. 134 enthaltenen Strafbestimmung überlassen haben.

Es würde ferner die Annahme, daß zum Erlasse eines Verbots gemäß §. 2 des Vereinszollgesetzes, ein Gesetz erforderlich sei, schon mit dem Zwecke eines solchen Verbots häufig unver-

---

[1]) Delbrück S. 24.
[2]) Reichsverfassung Art. 11 Abs. 1.
[3]) Reichsverfassung Art. 37, letzter Absatz. S. auch unten §. 20.

einbar sein, welches, um wirksam zu sein, nicht selten plötzlich [1]) und unerwartet eintreten muß. [2])

Ein-, Aus- und Durchfuhrverbote sind vor der Bundes- bezw. Reichsverfassung von den Einzelstaaten im Verordnungswege erlassen worden. [3])

Seit Inkrafttreten der Bundes- bezw. Reichsverfassung ist durch das dem Bundesrath zustehende ausschließliche Recht, die zur Ausführung der gemeinschaftlichen Gesetzesgebung erforderlichen Vorschriften zu erlassen, das Recht der Einzelstaaten zum Erlasse von Ein-, Aus- oder Durchfuhrverboten beseitigt worden; [4]) soweit es ihnen nicht in besonderen Fällen ausdrücklich von Rechtswegen übertragen ist. [5])

Die Rechtsgültigkeit der auf Grund Artikel 7 Nr. 2. und gemäß §. 2 des Vereinszollgesetzes erlassenen Ein-, Aus- und Durchfuhrverbote ist in der Praxis auch niemals streitig gewesen, wie dies u. A. die Erkenntnisse des Preußischen Ober-Tribunals vom 7. Februar 1872 (Oppenhoffs Rechtsprechung des Ober-Tribunals in Strafsachen Band XIII. S. 18) vom 19. Dezember 1877 (daselbst Band XVIII S. 799), vom 9. Januar 1879 (daselbst Band XX S. 23) und 26. März 1879 (daselbst Band XX S. 158) und des Reichsgerichtes vom 23. September 1880 (Entscheidungen des Reichsgerichts in Strafsachen Band II. S. 269 ergeben. [6])

Die Verbote sind nun nicht auf Grund der dem Bundesrath im Vereinszollgesetze ertheilten Delegation, sondern auf Grund Art. 37 Nr. 2 der Bundes- bezw. Art. 7 Nr. 2 der Reichsverfassung erlassen worden.

---

[1]) z. B. bei Cholerагefahr, Kriegsgefahr.

[2]) z. B. Ausfuhrverbot von Kriegsmaterial, Pferden.

[3]) Vergl. Zollvereinsvertrag vom 16. Mai 1865 (Preuß. Gesetzs. S. 641) Art. 7. Auch nach dem Staatsrecht der übrigen Länder erfolgen Ein- und Ausfuhrverbote im Verordnungswege, so in Frankreich (Batbie, Précis p. 41, 42); für England s. Gneist, Englisches Verwaltungsrecht I. S. 131.

[4]) Siehe auch Laband IIIb. S. 267; Delbrück, Artikel 40 der Reichsverfassung, S. 24; Zorn, Reichsstaatsrecht II. S. 248.

[5]) z. B. Gesetz, Maaßregeln gegen die Rinderpest betr., vom 7. April 1869 (Bundes-Gesetzbl. S. 105) §§. 1, 2.

[6]) S. auch Entscheidungen des Reichsgerichts in Strafsachen Bd. I. S. 223 und 354. Rechtsprechung I. S. 582 u. s. w.

Zwar bestimmmte § 167 letzter Absatz des Vereinszollgesetzes:

„Die zur Ausführung des Gesetzes erforderlichen Regulative und sonstigen Bestimmungen werden von dem Bundesrathe des Zollvereins festgestellt.

Allein z. B. die aus Veranlassung des deutsch-französischen Krieges ergangenen Verbote rühren gar nicht von dem (gar nicht versammelt gewesenen) Bundesrathe des Zollvereins her, sie sind vielmehr für die süddeutschen Staaten von deren Regierungen, für den Norddeutschen Bund von dessen Bundesrath [1]) erlassen worden. [2])

III. Eine dritte Gruppe von Rechtsverordnungen, welche der Bundesrath auf Grund der ihm in der Verfassung allgemein ertheilten Delegation, in Zoll- und Steuersachen erlassen hat und noch heute und zwar zu Recht erlassen kann, bilden diejenigen über den Einschluß von Gebietstheilen des Deutschen Reichs in die gemeinschaftlich Zolllinie. [3])

Dieses Recht ist nur in Ansehung der Hansestädte Hamburg und Bremen in so weit beschränkt, als der Anschluß derselben nur auf deren eigenen Antrag erfolgen darf. [4])

Der Zustimmung des Reichstages, oder mit andern Worten, eines formellen Gesetzes, bedarf es hierzu in keinem Fall. [5])

---

[1]) Dies ergiebt der Wortlaut z. B. B.-G.-Bl. 1870 S. 483, 487, 509, 523 u. s. w.

[2]) S. auch Delbrück S. 24:

„Ausfuhr-Verbote sind gegenwärtig auf Grund der Vorschrift im §. 2 des Zollgesetzes in Verbindung mit Art. 7 Nr. 2 der Reichsverfassung nur vom Bundesrathe zu beschließen."

[3]) Art. 33 der Reichsverfassung Abs. 1:

„Deutschland bildet ein Zoll- und Handelsgebiet, umgeben von gemeinschaftlicher Zollgrenze. Ausgeschlossen bleiben die wegen ihrer Lage zur Einschließung in die Zollgrenze nicht geeigneten einzelnen Gebietstheile."

[4]) S. Art. 34 der Reichsverfassung; Fürst Bismarck, Sten. Ber. d. Reichst. 1880 S. 1269; Zorn, Reichsstaatsrecht II. S. 257; Laband IIIb. S. 254; Delbrück S. 46.

[5]) Delbrück S. 46: „In Beziehung auf alle Zollausschlüsse gilt das gemeine Recht und dieses auf den Art. 33, 34, 40 und 7 Nr 2 der Reichsverfassung beruhende gemeine Recht ist die Befugniß des Bundesraths über den Einschluß der Zollausschlüsse zu beschließen, und zwar, wenn das Aufhören des Ausschlusses an eine Bedingung nicht geknüpft war, ohne Beschränkung, wenn das Aufhören des Ausschlusses von dem Eintreten einer Bedingung abhängig gemacht war, nach dem Eintreten dieser Bedingung. Denn der Einschluß von

Der näheren Begründung dieser mit dem Gesammtinhalte dieses Buches im Einklang stehenden Ansicht wird es für diesen besonderen Fall nicht bedürfen, da sie hier voll bewiesen ist.[1])

Es unterliegt hierbei nirgends einem Zweifel, daß dieses Verordnungsrecht des Bundesraths sich lediglich auf Art. 37. Nr. 2 der Bundes- bezw. Art. 7. Nr. 2 der Reichsverfassung gründen läßt, und es ist auch stets hierauf, nicht auf eine besondere Ermächtigung gegründet worden.[2])

Andererseits wird wohl auch nicht in Abrede gestellt werden können, daß die bezüglichen Bundesrathsbeschlüsse[3]) einen Rechtssatz aufstellen, mithin Rechtsverordnungen sind.

IV. Das unmittelbare Verordnungsrecht des Bundesrathes zum Erlasse von Ausführungsverordnungen im Zoll- und Steuerwesen ergiebt sich endlich aus Art. 40 der Reichsverfassung. Derselbe lautet:

Zollausschlüssen ist begrifflich eine Maßregel zur Ausführung des Art. 33 Abs. 1 der Verfassung, deren formelle Zulässigkeit nur in entgegenstehenden Sonderrechten ihre Grenze findet."

[1]) Fürst Bismarck's Rede am 8. Mai 1880, Stenogr. Ber. des Reichstages S. 1270. S. auch Laband, Reichsstaatsrecht III b. S. 253 ff., dessen Ausführungen ich unbedingt beitrete, ferner den Aufsatz in den Preuß. Jahrbüchern Bd. XXXXVI. S. 497 ff.; Hänel, Studien zum Deutschen Staatsrechte I. S. 200; Zorn, Reichsstaatsrecht II. S. 257 endlich und besonders noch Zollvereinigungsvertrag vom 8. Juli 1867 (B.-G.-Bl. S. 81).

Art. 6: „Die Bestimmungen in den Artikeln 3, 4 und 5, sowie in den Artikeln 10 bis 20 und 22 finden vorläufig keine Anwendung.

1 auf u. s. w.

2 auf u. s. w.

Sobald die Gründe aufgehört haben, welche die volle Anwendung des gegenwärtigen Vertrages auf den einen oder anderen der unter Nr. 1 genannten Staaten und Gebietstheile zur Zeit ausschließen, wird das Präsidium des Norddeutschen Bundes den Regierungen der übrigen vortragenden Theile Nachricht geben. Der Bundesrath des Zollvereins beschließt alsdann über den Zeitpunkt, an welchem die Bestimmungen der Artikeln 3 bis 5 und 10 bis 20 in diesem Staate oder Gebietstheile in Wirksamkeit treten.

Hierbei ist zu beachten, daß an die Stelle des Bundesraths des Zollvereins seit Geltung der Reichsverfassung der Bundesrath des Deutschen Reichs getreten ist.

[2]) S. d. Citate in Anm. 1.

[3]) z. B. vom 8. Dezember 1881 (Centr.-Bl. des Deutschen Reichs 1881 S. 464).

„Die Bestimmungen in dem Zollvereinigungsvertrage vom 8. Juli 1867. bleiben in Kraft, soweit sie nicht durch die Vorschriften dieser Verfassung abgeändert sind und so lange sie nicht auf dem im Artikel 7., beziehungsweise 78. bezeichneten Wege abgeändert werden.“

Ueber die Bedeutung dieser Vorschrift herrscht Streit.

Gewiß und unstreitig ist, daß, soweit der Vertrag vom 8. Juli 1867, welcher dem Bundesrathe die Verordnungsbefugniß ertheilte, nicht Sätze des Verfassungsrechts enthält, seine Aenderung nicht nothwendig in den Formen eines verfassungändernden Gesetzes zu erfolgen braucht. [1])

Es ist ferner [2]) meines Erachtens ganz unzweifelhaft, und schon aus der Hineinziehung der Bestimmungen des Zollvereinigungsvertrages vom 8. Juli 1867 in den Verfassungstext anzunehmen, daß, soweit die Abänderungen dieses Vertrages im Verordnungswege überhaupt statthaft erscheinen, der Bundesrath einseitig und unmittelbar dazu befugt ist. Dies erhellt auch und zwar unzweideutig aus der Bezugnahme des Art. 40 auf Art. 7, der in Nr. 1 von der Thätigkeit des Bundesraths beim Zustandekommen der Reichsgesetze handelt und in Nr. 2 das Verordnungsrecht des Bundesraths sanktionirt. Würde die Verfassung gewollt haben, daß Aenderungen des Zollvereinigungsvertrages von den Einzelstaaten mithin als nur mittelbares Reichs-

---

[1]) Thudichum bei v. Holtzendorff's Jahrbuch I. S. 9, 10 und Zorn, Reichsstaatsrecht II. S. 244 halten, wenn eine Verfassungsänderung nicht vorliegt, nur den Verordnungsweg, Seydel, Commentar S. 185, 186 nur den Gesetzweg statthaft. Delbrück, Art. 40, S. 4 ff; Laband, Reichsstaatsrecht III b. S. 247 ff. a. a. O.; Hänel, Studien I. S. 126 ff. unterscheiden, je nachdem die Bestimmung in Gesetzesform ergangen (als Gesetz publizirt) ist, oder nicht und erachten in jenem Falle den Gesetzgebungs-, in diesem den Verordnungsweg statthaft. Dieser letzteren Ansicht schließe ich mich aus den oben angeführten Gründen an.

Gegen die Ansicht von Zorn und Thudichum, daß alle Abänderungen des Vertrages vom 8. Juli 1867 (und damit auch des Zollkartells, der Grundsätze über das Zollstrafrecht u. s. w.), soweit sie nicht Verfassungssätze sind, im Verordnungswege statthaft sind, möchte ich bemerken, daß das Zollkartell und die Grundsätze stets als Gesetze angesehen und nur im Gesetzgebungswege geändert worden sind. Vergl. die demnächst erscheinende Darstellung von Arndt in der Zeitschrift für Strafrecht von Liszt und v. Lilienthal.

[2]) Diese Bemerkung richtet sich gegen die Ausführungen von Hänel, die organisatorische Entwickelung S. 71 ff.

verordnungsrecht zu erlassen sind, so würde die Anziehung des Art. 7 jedenfalls vermieden worden sein.

Steht aber dem Bundesrathe und nicht den Einzelstaaten in Ansehung der Bestimmungen des Vertrags vom 8. Juli 1867 ein unmittelbares Verordnungsrecht zu,[1]) so hat derselbe ein solches implicite auch in Ansehung der Zoll- und Steuergesetzgebung, welche Gegenstand dieses Vertrages bildet.[2])

Dieses Verordnungsrecht hat der Bundesrath also nicht lediglich auf Grund der in besonderen Gesetzen erhaltenen Ermächtigung, sondern auf Grund der ihm in der Reichsverfassung ein für alle Mal und allgemein ertheilten Befugniß.

Im Allgemeinen endlich gilt für die Bestimmungen der Zollvereinigungsverträge dasselbe wie für diejenigen der Preußischen Militärgesetzgebung. Diese Bestimmungen sind und zwar jene ipsa lege auf Grund Artikel 40, dieses allerdings nur, soweit sie auf Grund Artikel 61 der Reichsverfassung angeordnet wurden, sämmtlich Reichsrecht geworden; sie haben aber ihre ursprüngliche Rechtsnatur beibehalten. Sie sind daher auch jetzt noch „Gesetze“, wenn sie „Gesetze“ waren und „Verordnungen“, wenn sie „Verordnungen“ waren; es sei denn, daß gemäß besonderer und neu hinzutretender Verfassungsvorschrift der einen oder der anderen dieser Bestimmungen der Charakter eines Verfassungssatzes beigelegt wird.[3])

Die Aenderung, welche in Ansehung ihrer eintrat, besteht nur darin, daß sie aus landes- zu reichsrechtlichen Normen umgewandelt sind.

---

[1]) d. h. soweit überhaupt ein Verordnungsrecht statthaft ist.

[2]) Hänel selbst sagt (Studien I. S. 128) und ganz mit Recht: „Sie“ (die sog. Verwaltungsvorschriften, d. h. aber auch die Rechtsverordnungen) „unterliegen der einseitigen Beschlußfassung des Bundesraths.“ Derselben Ansicht ist Delbrück Art. 40 S. 24 (in Ansehung des Art. 4 des Vertrages) a. a. O.

[3]) S. Rede des Bundeskommissars v. Roon im verfassungberathenden Reichstage. Stenogr. Ber. S. 581 und w. u. §. 13.

§. 11.
Verordnungen auf Grund der Verfassung im Gebiete des Eisenbahnwesens.

Für die Verordungen im Gebiete des Eisenbahnwesens sind, abgesehen von Artikel 7, entscheidend die Artikel 42, 43 und 45 der Bundes- bezw. Reichsverfassung:

Art. 42: „Die Bundesregierungen verpflichten sich, die (deutschen) Eisenbahnen im Interesse des allgemeinen Verkehrs wie ein einheitliches Netz verwalten und zu diesem Behuf auch die neu herzustellenden Bahnen nach einheitlichen Normen anlegen und ausrüsten zu lassen.“

Art. 43 fährt sodann fort:

„Es sollen demgemäß in thunlichster Beschleunigung übereinstimmende Betriebseinrichtungen, insbesondere gleiche Bahnpolizei-Reglements eingeführt werden. Das Reich (der Bund) hat dafür Sorge zu tragen, daß die Eisenbahnverwaltungen die Bahnen jederzeit in einem die nöthige Sicherheit gewährenden baulichen Zustande erhalten und dieselben mit Betriebsmaterial so ausrüsten, wie das Verkehrsbedürfniß es erheischt.“

Art. 45: „Dem Reiche (Bunde) steht die Kontrole über das Tarifwesen zu. Dasselbe wird namentlich dahin wirken:

1. daß baldigst auf allen deutschen (den) Eisenbahnen (im Gebiete des Bundes) übereinstimmende Betriebsreglements eingeführt werden; —“

Auf Grund der Artikel 42 und 43 hat der Bundesrath das Bahnpolizei-Reglement vom 3. Juni 1870,[1]) unter Aufhebung desselben das Bahnpolizeireglement vom 4. Januar 1875,[2]) wie die Signalordnung vom 4. Januar 1875,[3]) die Normen für die Konstruktionen und Ausrüstung der Eisenbahnen vom 12. Juni

---

[1]) (B.-G.-Bl. 1870 S. 461), Nachtrag vom 29. Dezember 1871 (R.-G.-Bl. 1872 S. 34).

[2]) Centr.-Bl. für das Deutsche Reich 1875 S. 57. Abänderungen daselbst 1878 S. 353, 1880 S. 483 und 1881 S. 13, 172, 261, 348.

[3]) Centr.-Bl. für das Deutsche Reich 1875 S. 73.

1878,[1]) die Bahnordnung für Sekundärbahnen vom 12. Juli 1878 [2]) und die Bestimmungen über die Befähigung von Bahnpolizeibeamten und Betriebsführern vom 12. Juni 1878, [3]) auf Grund des Art. 45 endlich das Betriebsreglement vom 10. Juni 1870, [4]) unter Aufhebung desselben das Betriebsreglement für die Eisenbahnen Deutschlands vom 11. Juni 1874 [5]) wie die Bestimmungen über die Verladung und Beförderung von lebenden Thieren vom 13. Juli 1879 [6]) erlassen.

Die Rechtsverbindlichkeit dieser Bundesverordnungen ist angefochten. [7])

Es muß daher untersucht werden, ob in den beregten Fällen der Verordnungsweg statthaft, und wenn dies der Fall war, ferner ob der Bundesrath zum Erlasse der Verordnungen befugt war.

In ersterer Hinsicht ist zu beachten, daß bereits Art. 4 Nr. 8 der Reichsverfassung der Beaufsichtigung und der Gesetzgebung des Reichs das Eisenbahnwesen im Interesse des allgemeinen Verkehrs unterstellt, daß daher die Artikel 42, 43 und 45 der Verfassung überflüssig erscheinen müßten, wenn sie die Regelung der von ihnen behandelten Gegenstände im Gesetzgebungswege erheischen würden. [8])

---

[1]) Centr.=Bl. für das Deutsche Reich 1878 S. 332.

[2]) Daselbst 1878 S. 341.

[3]) „ 1878 S. 364.

[4]) B.=G.=Bl. 1870 S. 419. Nachträge vom 22. Dezember 1871 (R.=G.=Bl. S. 473) und vom 5. August 1872 (R.=G.=Bl. S. 360).

[5]) Centr.=Bl. für das Deutsche Reich 1874 S. 179. Nachträge daselbst 1876 S. 223, 1877 S. 7 und 633, 1880 Nr. 25.

[6]) Daselbst 1879 S. 479.

[7]) S. Laband, Reichsstaatsrecht II. S. 89, 90, 363 ff., 372 ff.; Hänel, organisatorische Entwickelung S. 81 ff. S. indeß auch Zorn, Reichsstaatsrecht II. S. 48 ff.

[8]) Vergl. Miquel in den Stenogr. Ber. des Reichstages 1870 Bd. II. S. 784:

„Die Spezialartikel 41 bis 47 der Norddeutschen Bundesverfassung dagegen bezielen solche Bestimmungen, welche entweder sich nicht zur gesetzlichen Regelung eignen oder aber, welche nicht zu ihrer Regelung eines besonderen Zusatzes bedürfen. Wenn in dem Art. 41 gesprochen wird von dem Recht des Bundes, eine Eisenbahn auf Kosten des Bundes herzustellen, ohne daß die einzelnen Staaten dagegen Widerspruch erheben können, so ist es klar, daß es hierzu eines Spezialgesetzes bedürfte, —“

Sodann ist zu berücksichtigen, daß diese Gegenstände nach dem in Deutschland hergebrachten Rechte nicht im Gesetzgebungs-, sondern regelmäßig im Verordnungswege geregelt worden sind. Ich verweise auf §. 23 des Preußischen Gesetzes, betreffend die Eisenbahnunternehmungen vom 3. November 1838 (Gesetzs. S. 505), wonach die Handhabung der Bahnpolizei nach einem darüber vom Handelsministerium zu erlassenden Reglement den Eisenbahngesellschaften übertragen wird, auf die von dem bezeichneten Ministerium erlassenen Eisenbahnbetriebs-Reglements vom 18. Juli 1853, [1]) 5. Januar 1861, [2]) 22. April 1861, [3]) 17. Februar 1862, [4]) 3. September 1865 [5]) und auf die vom Handelsministerium im Einvernehmen mit dem Ministerium des Innern ergangenen Eisenbahnpolizei-Reglements vom 2. Februar 1848, [6]) 15. Dezember 1858, [7]) 8. Juni 1859. [8]) [9])

Die Regelung der Fahrgeschwindigkeit der öffentlichen Fuhrwerke, Gondeln, die Bedingungen (Taxen) der Beförderung, die Qualifikation ihrer Führer u. s. w. gehören überall dem Verordnungswege zu und werden nirgends durch Gesetz normirt.

Die Zulässigkeit der Regelung der Eisenbahnpolizei- und der

„Wenn in den Artikeln 42 bis 44 gesprochen wird von der Verpflichtung, welche die einzelnen Staaten unter sich kontrahiren, ihre Eisenbahnen nach einem gemeinsamen Plane verwalten zu lassen, die nöthigen Betriebseinrichtungen herzustellen, wenn ferner davon gesprochen wird, daß zu diesem Behufe ein gleichartiges Bahnpolizeireglement erlassen werden solle, so sind das Spezialbestimmungen, — — welche eine unmittelbare Ausführung zulassen auch ohne den Erlaß eines allgemeinen Eisenbahngesetzes. Ich erinnere mich ganz bestimmt, daß auch in diesem Sinne bei der Berathung der Norddeutschen Bundesverfassung verfahren worden ist, daß man diese Artikel in diesem Sinne damals aufgefaßt hat."

[1]) Ministerialblatt für die innere Verwaltung 1853 S. 207.

[2]) Daselbst 1861 S. 23.

[3]) „ 1861 S. 87.

[4]) „ 1862 S. 91.

[5]) „ 1865 S. 251.

[6]) „ 1848 S. 134.

[7]) „ 1859 S. 58.

[8]) „ 1859 S. 153. Zeitweilig unterstand das Eisenbahnwesen dem Finanzminister.

[9]) Für das französische Recht, das bei Ducrocq nr. 793 II. p. 95/6 citirte Erkenntniß des Kassationshofs und Block, Dictionnaire de l'administration française s. m. ministère nr. 21, wonach in Frankreich dem Minister das Recht zusteht, Eisenbahnpolizeireglements zu erlassen.

Eisenbahnbetriebs-Reglements im Verordnungswege [1]) ist überdies auch im Reichstage [2]) anerkannt worden. [3])

Es ist ferner anzunehmen, daß der Erlaß der diesbezüglichen Verordnungen trotz des anscheinend widersprechenden Wortlauts der Art. 42 und 45 [4]) nicht den Einzelstaaten, sondern dem Reiche und zwar dem Bundesrathe zusteht.

Die Bundes- und die Reichsverfassung sind entstanden zunächst aus Verträgen, welche die nachmaligen Mitglieder des Bundes und des Reichs mit einander vereinbart haben; aus Verträgen, bei denen es unmittelbar darauf ankam, festzusetzen, was von den Befugnissen der Einzelstaaten fortan zu solchen des

---

[1]) Oder wie man auch zu sagen pflegte „im Verwaltungswege".

[2]) So sagte im verfassungberathenden Reichstage (Stenogr. Ber. S. 505) der Abgeordnete Michaelis, von dem die jetzige Fassung der Art. 42 ff. im Wesentlichen herrührt, daß die Eisenbahnen nach dem Entwurfe, der gleiche Polizei- und Betriebsreglements forderte, „zu unbedingt der Reglementirung des Bundes unterworfen worden waren", erkannte also mindestens für die Polizeireglements, in Ansehung deren die ursprüngliche Fassung beibehalten wurde, an, daß sie der Reglementirung d. h. dem Verordnungswege überlassen werden sollten.

Am 5. Mai 1869 nahm der Reichstag den Antrag von Luck, Bredow und Genossen an (Stenogr. Ber. Bd. II. S. 828):

„Den Bundeskanzler zu ersuchen, baldthunlichst die in den Artikel 41 bis 47 der Verfassung des Norddeutschen Bundes enthaltenen Bestimmungen durch Erlaß der erforderlichen reglementarischen Festsetzungen und allgemeinen administrativen Anordnungen ins Leben treten zu lassen."

Der damalige Bundeskommissar Michaelis widersprach diesem Antrage keineswegs.

Siehe auch die umseitig theilweise angezogene Rede Miquel's in den Stenogr. Ber. 1870 II. S. 783 ff., wo es noch ferner heißt:

„Es ist also ganz klar, daß ein Gesetz, welches lediglich den Zweck hätte, die Art. 42 und 43 zur Ausführung zu bringen, Artikel, welche, um zur Ausführung zu kommen, eines besonderen Gesetzes gar nicht einmal bedürfen, daß ein solches Gesetz den Zweck gar nicht erreichte, den wir uns hier vorstellen —"

[3]) S. auch Fischer in v. Holtzendorff's Jahrbuch I. S. 417:

„So wird insbesondere nicht in Abrede zu stellen sein, daß der Erlaß übereinstimmender Bahnpolizei-Reglements nach Art. 43—45 als eine Befugniß der Verwaltungsbehörde aufgefaßt wird."

[4]) Art. 42: „Die Bundesregierungen verpflichten sich;" Art. 45: „Dasselbe [das Reich] wird namentlich dahin wirken: 1) daß — übereinstimmende Betriebsreglements eingeführt werden." Vergl. insbesondere Laband II. S. 365, 372.

Reiches werden sollte, oder mit anderen Worten die Kompetenzen des Reiches den Einzelstaaten gegenüber abzugrenzen.[1] Der Entwurf der Bundesverfassung vom 18. Januar 1867[2] war ein zwischen den Staatsregierungen unter gewissen Resolutiv- und Suspensivbedingungen abgeschlossener Vertrag. Wenn große Theile dieses Vertrages ihrem Wortlaute nach in den Text der Bundes- und sodann der Reichsverfassung übergegangen sind,[3] so folgt daraus nicht, daß dieselben auch in Zukunft bloß völkerrechtliche Geltung behalten, bloßes Vertragsrecht bleiben sollten; vielmehr ergiebt ihre sonst unnöthige Einfügung in den Text der Verfassung, daß sie Verfassungs-Bundes-Reichsrecht werden sollten.[4]

Man muß daher annehmen, daß auch die Ausführung und Fortbildung solcher Theile der Verfassung den allgemeinen Regeln des Reichsrechts unterliegen, und daß nicht neue Vertragsvereinbarungen für dieselben erforderlich sind,[5] ebenso wie dies mit Recht von der Verfassung im Ganzen angenommen wird, trotzdem sie ihren Eingangsworten nach nur einen Vertrag zu enthalten scheint.[6]

[1] Vergl. insbesondere den Bündnißvertrag vom 18. August 1866 bei L. Hahn. Zwei Jahre preußisch-deutscher Politik 1866—1867, Berlin 1868 S. 463, Glaser, Archiv des Norddeutschen Bundes, Berlin 1867 I. 78. S. auch Thudichum, Verfassungsrecht des Norddeutschen Bundes S. 13; Laband I. S. 17 ff.

[2] Anlagen zu den Stenogr. Ber. des verfassungberathenden Reichstages 1867 S. 10.

[3] Art. 42 der Reichsverfassung ist Art. 39 des Entwurfs vom 18. Januar 1867.

[4] Es ist hier daran zu erinnern, daß die Bundesverfassung damit beginnt, daß die Staaten einen „ewigen Bund" schließen und daß gleichwohl die Verfassung nicht mehr bloßes Vertragsrecht darstellt. Vergl. insbesondere Laband, Reichsstaatsrecht I. S. 58 ff.; Hänel, Studien I. S. 32 ff.; v. Mohl, Reichsstaatsrecht S. 49; Zorn, Reichsstaatsrecht I. §. 4; vergl. indeß auch Seydel in der Tübinger Zeitschrift für die gesammten Staatswissenschaften 1872 S. 185 ff.; auch Zorn, Reichsstaatsrecht II. S. 49.

[5] Vergl. Zorn, Reichsstaatsrecht II. S. 49.

[6] v. Rönne, Reichsstaatsrecht II. S. 18 ff. Für das Eisenbahnwesen gilt hier sinngemäß, was oben in §. 10 unter IV. für die Zollvereinbarungen bereits ausgeführt ist und was unten in §. 13 für die „Preußische Militärgesetzgebung" ausgeführt werden wird. Auch diese sind Reichsrecht geworden und werden von Reichswegen fortentwickelt, im Gesetzes- oder Verordnungswege, je nachdem sie früher „Gesetzes-" oder „Verordnungsrecht" dargestellt haben.

Wenn darauf hingewiesen ist, daß die Fassung des Artikels 42 an die alten Zollvereinsverträge erinnert,[1] so ist dem gegenüber zu bemerken, daß auch in Ansehung dieser Zollvereinigungsverträge das Verordnungsrecht fortan nicht mehr den Einzelstaaten, sondern dem Reiche als ein unmittelbares[2]) zusteht. Wenn Art. 40 der Reichsverfassung lautet:

„Die Bestimmungen in dem Zollvereinigungsvertrage vom 8. Juli 1867. bleiben in Kraft,"...

so begründen diese Bestimmungen, soweit sie z. B. die Zollkartelle u. s. w. betreffen, nach ihrem Wortlaute ebenfalls nur Verpflichtungen der einzelnen Staaten zu einander. Durch ihre, wenn auch nicht in extenso erfolgte Aufnahme in die Verfassung aber sind sie Bestandtheil des Reichsstaatsrechts geworden und seitdem ist der Bundesrath an die Stelle der Gesammtheit der einzelnen Regierungen getreten und hat dadurch das Recht erlangt, den Inhalt dieser Verträge, soweit nicht die Zustimmung des Reichstages erforderlich ist, auszuführen und fortzubilden.[2]

Insbesondere darf der Bundesrath für die „Uebereinstimmung" und „Gleichheit" der in Zoll- und Steuersachen erforderlichen „Verwaltungsvorschriften" durch den Erlaß einer eigenen und einzigen Ausführungsverordnung Sorge tragen.[2] Dies muß also auch im Gebiete des Eisenbahnwesens gelten, soweit die ursprünglichen Vertragspflichten der Regierungen in die Verfassung Aufnahme gefunden haben.

Allerdings wäre auch statthaft gewesen, daß die Einzelstaaten selbst Uebereinstimmung bezw. Gleichheit unter ihren Eisenbahnbetriebs- und bezw. Eisenbahnpolizei-Reglements herbeigeführt hätten.[3] Da indeß die Einzelregierungen Jahre lang nach dieser Richtung hin unthätig blieben, so durfte und mußte der Bund den vorbeschriebenen Weg einschlagen, für welchen auch die praktische Zweckmäßigkeit und insbesondere die dem Reiche obliegende Pflicht sprachen, für die Durchführung der Verfassung

---

[1]) Laband, Reichsstaatsrecht II. S. 363.

[2]) Siehe oben §. 10.

[3]) Das Gesetzgebungsrecht ebenso wie das Verordnungsrecht im Eisenbahn- wie im Militärwesen stehen im Unterschiede von der Zoll- und Steuergesetzgebung nicht ausschließlich dem Reiche zu. So erklärt sich, daß die Preußische Militärgesetzgebung theilweise durch Landesverordnung z. B. in Sachsen eingeführt ist. S. unten §. 13.

Angesichts der Unthätigkeit der Einzelstaaten insbesondere in einem Falle zu sorgen, wo die „thunlichste Beschleunigung" und die Sorge für die Durchführung in der Verfassung selbst befohlen worden sind.[1])

Vorstehendes ist auch die Ansicht nicht blos aller Bundesregierungen gewesen, welche einmüthig im Bundesrathe die erwähnten Reglements beschlossen haben,[2]) sondern auch die des Reichstages, welche deren Erlaß von Bundeswegen ausdrücklich gefordert hat.[3])

Steht nach den vorstehenden Ausführungen dem Reiche die Befugnisse zum Erlasse gemeinsamer Eisenbahnpolizei- und Betriebsreglements zu, so ist, wenigstens seit Geltung der Reichsverfassung, unzweifelhaft der Bundesrath[4]) das zu ihrem Erlasse

---

[1]) In Betreff der Bahnpolizeireglements, die ja „gleiche" sein sollten, war man sich darüber, daß der Bund die Sache in die Hand nehmen würde, von Anfang an klar. In Betreff der Bahnbetriebsreglements ersetzte man „gleiche" durch „übereinstimmende", weil — wie der Antragsteller Michaelis (Stenogr. Ber. des verfassungberathenden Reichstages 1867 S. 504) sagte —, in „dem Augenblicke, wo Sie dem Bunde das Recht beilegen, gleiche Betriebsreglements einzuführen und aufrecht zu erhalten, resp. was dasselbe ist, aufzuerlegen, der Verkehr der Eisenbahnen unter Gleichen aufhört."

Für den Erlaß der Betriebsreglements wollte man namentlich auch im Interesse der Staatseisenbahnen allen Regierungen zunächst die Möglichkeit geben, „Experimente zu machen, damit, wenn diese Reformen sich bewähren, die Reformen dann erweitert werden." (Michaelis das. S. 505.)

[2]) Laband, Reichsstaatsrecht II. S. 366.

[3]) Stenogr. Ber. 1869 S. 828.

[4]) Daß der Bundesrath schon nach der Norddeutschen Bundesverfassung das zum Erlasse der Reglements zuständige Organ war, führt das Reichs-Ober-Handelsgericht aus (Entsch. Bd. XXI. S. 60 ff.). Wenn der Reichstag in seiner Resolution vom 5. Mai 1869 (Stenogr. Ber. S. 828) den Bundeskanzler aufforderte, die bezüglichen Anordnungen ins Leben treten zu lassen, so war der Bundeskanzler nur in seiner Eigenschaft als vorsitzendes und geschäftsführendes Mitglied des Bundesraths gemeint worden. So sprach sich u. A. damals der Abgeordnete Dr. Lasker aus:

„Darauf kommt es an, daß überhaupt der Bundesrath das thun will, was in der Sache zu wünschen ist."

Vergl. auch die Erklärungen des Bundeskommissars Michaelis am gleichen Tage (Stenogr. Ber. 1879 S. 828).

Bereits im konstituirenden Reichstage (Stenogr. Ber. S. 506) sprach Delbrück die Kontrole über die Tarife „dem Ausschusse des Bundesrathes" zu. Es ist daher, wie auch schon aus der Bildung eines solchen

zuständige Organ; denn er hat gemäß Art. 7. Nr. 2 die zur Ausführung der Reichsgesetze, also auch der Reichsverfassung, dienenden „Verwaltungsvorschriften“ zu beschließen.

Da die in Artikel 7 Nr. 2 gewählte Bezeichnung „Verwaltungsvorschriften“ lediglich den Gegensatz zum formellen Gesetz ausdrücken soll,[1]) die Eisenbahnbetriebs- und Polizei-Reglements aber nicht dem Gesetzgebungs-, sondern dem Verordnungswege (der Verwaltung) unterliegen, so hatte der Bundesrath dieselben zu erlassen.

Was die rechtliche Wirksamkeit der vom Bundesrathe erlassenen Eisenbahnbetriebs- und Polizei-Reglements anlangt, so folgt aus dem bloßen Umstande, daß sie im Verordnungswege erlassen worden sind, noch nicht prinzipiell, daß sie keine auch das Publikum verpflichtenden Rechtssätze enthalten dürfen.[2]) Wohl aber ist es thatsächlich richtig, daß dieselben nicht überall, sondern nur in einzelnen Theilen die Gesammtheit der Einwohner verpflichtende Normen aufstellen.

Es kommt hierbei an: auf die Absicht des Gesetzgebers d. i. den gewollten Inhalt der dem Bundesrath in den Art. 7 Nr. 2, 43 und 45 der Verfassung übertragenen Befugnisse und den eigenen, durch denjenigen der Verfassung und der sonstigen Reichsgesetze, eingeschränkten Willen des Bundesraths.

Die in den Reglements enthaltenen gegen das Publikum gerichteten Normen sind theils solche, welche, abgesehen von vermögensrechtlichen Nachtheilen, nur polizeiliche Maßregeln gegen die Uebertretenden begründen,[3]) theils solche, welche alle Eigenschaften einer Polizeiverordnung an sich tragen, so daß im Falle der Zuwiderhandlung der Richter zu erkennen hat.

Normen der letzteren Art finden sich in den Bahnpolizei-Reglements, heute in den §§. 53—62 des Bahnpolizei-Reglements für die Eisenbahnen Deutschlands vom 4. Januar 1875.[4])

Ausschusses des Bundesraths für das Eisenbahnwesen hervorgehen dürfte, anzunehmen, daß diesem die Sorge für die Durchführung der Art. 42 ff. obliegen sollte.

[1]) S. oben §§. 4—6.

[2]) S. oben §§. 4—8.

[3]) z. B. das Aussetzen.

[4]) Die in §. 62 angedrohte Strafe gilt zugleich für Zuwiderhandlungen gegen die ebendaselbst abgedruckten Bestimmungen des Betriebsreglements vom 11. Mai 1874.

Die Gültigkeit der in den Reglements enthaltenen Normen wird mit Unrecht bezweifelt.

§. 23 des Preußischen Gesetzes, über die Eisenbahn-Unternehmungen vom 3. November 1838. (Gesetzs. S. 505) bestimmte:

„Die Handhabung der Bahnpolizei wird, nach einem darüber von dem Handelsministerium zu erlassenden Reglement der Gesellschaft übertragen. ..."

Hieraus folgte unzweifelhaft, daß (bis zur Regelung des Gegenstandes von Bundeswegen) das preußische Handelsministerium Polizeireglements erlassen konnte, welche für das Publikum zwingende Normen aufstellen durften, z. B. das Verbot des Einsteigens in fahrende Wagen u. dergl. [1]) Die Beamten einer Eisenbahngesellschaft, welcher die Handhabung der Bahnpolizei nach dem Bahnpolizeireglement übertragen war, erlangten dadurch sonst nur der allgemeinen Landespolizei zustehende, im Reglement näher begrenzte Rechte, insbesondere die Befugniß, geeignete Präventiv- und Repressivmaßregeln zur Aufrechterhaltung der Bahnpolizei zu ergreifen, z. B. Kontravenienten auszusetzen, zwangsweise von Orten zu entfernen u. dergl. [2])

Sie gelten daher auch, sobald sie den vorschriftsmäßigen Eid geleistet haben, als Beamte. [3])

Dagegen ist es zweifelhaft, ob dem Handelsministerium in §. 23 des Eisenbahngesetzes zugleich die Befugniß übertragen war, im Bahnpolizeireglement solche Normen zu erlassen, über deren

---

§. 62: „Wer den Bestimmungen der §§. 52 bis 61 und den nachfolgenden Bestimmungen des Betriebsreglements — zuwiderhandelt, — wird mit einer Geldstrafe bis zu dreißig Mark bestraft, sofern nicht —."

[1]) S. die Betriebsreglements vom 18. Juli 1853 (Ministerialblatt für die innere Verwaltung S. 207), 5. Januar 1861 (das. S. 23), 22. April 1861 (das. S. 87), 17. Februar 1862 (das. S. 91), 3. September 1865 (das. S. 251).

[2]) Die Bestimmungen des Bahnpolizeireglements sind hier überall Rechtssätze, materielle Gesetze, sonst brauchte sich z. B. Niemand die Aussetzung aus dem Eisenbahnwagen gefallen zu lassen. Laband, Reichsstaatsrecht II. S. 202: „Der Staat kann von seinen Angehörigen keine Leistung und keine Unterlassung fordern, er kann ihnen nichts befehlen und nichts verbieten, als auf Grund eines Rechtssatzes."

[3]) Vergl. Staatsministerialbeschluß vom 26. November 1853 (Ministerialblatt für die gesammte innere Verwaltung 1854 S. 2), Bahnpolizeireglement §. 75, Oppenhoff, Ressort-Gesetze S. 328 Nr. 49, 50.

Uebertretungen die Gerichte zu erkennen haben, oder mit anderen Worten, ob dem Handelsministerium das Polizeiverordnungsrecht in Eisenbahnsachen übertragen war. Wegen dieses Zweifels erschien es zweckmäßig, die Eisenbahnpolizeireglements [1]) durch die Bezirksregierungen oder in Gemeinschaft bezw. im Einvernehmen mit dem Ministerium des Innern zu erlassen. [2])

Letzteres übte ein in der Praxis allgemein und selbst von den Gerichten anerkanntes Polizeiverordnungsrecht, nämlich das Recht, allgemeine Strafbestimmungen für gewisse Handlungen zu erlassen, thatsächlich aus. [3])

Dementsprechend enthalten die preußischen auf die gemeinschaftliche Autorität der Minister des Handels und des Innern sich stützende Eisenbahnpolizeireglements in einzelnen Theilen Polizeiverordnungen, z. B. dasjenige vom 2. Februar 1848 [4]) in §. 25a:

> „Wer den in den §§. 9 bis 20 enthaltenen Verboten zuwiderhandelt, verfällt in eine polizeiliche Strafe bis zu 50 Thalern Geld resp. 6 Wochen Gefängniß.“

Wenn nun dem Bundesrathe nach dem Willen der Verfassung das Recht zusteht, im Verordnungswege gleiche Bahnpolizeireglements oder dasselbe Bahnpolizeireglement zu erlassen, so muß es im Willen der Verfassung gelegen haben, daß der Bundesrath, soweit es hergebracht und erforderlich ist, auch die Strafen für die etwaigen Uebertretungen in der für Polizeiübertretungen üblichen Höhe festsetzen darf. Ganz gewiß lag der Verfassung die Absicht fern, [5]) daß der Erlaß der zur Wirksamkeit des Bahnpolizeireglements nothwendigen

---

[1]) Auch das Betriebsreglement enthält polizeiliche Vorschriften, aber keine Polizeiverordnungen.

[2]) S. Ministerialblatt für die innere Verwaltung 1848 S. 134, 1859 S. 58 und 153.

[3]) S. Staatsministerialbeschluß vom 7. Januar 1845 (Justizministerialblatt S. 34), Erkenntnisse des Ober-Tribunals vom 6. März 1856 (Justizministerialblatt S. 153 „Der Minister des Inneren war zu dieser Strafdrohung befugt“), 16. Juli 1857 (das. S. 378), 28. Mai 1864 Oppenhoff (Rechtsprechung des Ober-Tribunals in Strafsachen Bd. IV. S. 545). Vergl. auch Förstemann S. 51 ff.; Rosin S. 120 ff., unten §. 16.

[4]) Ministerialblatt für die innere Verwaltung 1848 S. 136.

[5]) S. auch Entscheidungen des Reichsoberhandelsgerichts Bd. XXI. S. 63. Polizeiverordnungen ohne Strafandrohungen haben keinen Sinn.

Strafvorschriften erst einem späteren und besonderen Gesetze vorbehalten bleiben sollte.[1])

Nach dem Ausgeführten ergiebt sich die Gültigkeit der in den Eisenbahn-Betriebs- und Polizeireglements enthaltenen Polizeiverordnungen und sonstigen Polizeivorschriften.[2])

Es erübrigt hiernach nur noch die Frage, ob und welche rechtliche Wirksamkeit der etwaige sonstige Inhalt der Eisenbahn-Reglements hat. Hierbei kommt nur noch das Betriebsreglement in Betracht.

Die Vorschriften des Allgemeinen Deutschen Handelsgesetzbuches über das Frachtgeschäft — Art. 390 bis 420 — finden auch Anwendung auf die Eisenbahnen (Art. 421) mit den sich aus den Art. 422 bis 431 ergebenden Modifikationen.

Während die in den Art. 390 bis 420 enthaltenen Rechtsregeln des Handelsgesetzbuchs im Wesentlichen jus dispositivum darstellen, mithin auch ihnen Entgegenstehendes verabredet werden, und der Frachtführer überhaupt jedes ihm nicht zusagende Frachtgeschäft ablehnen kann, sind die Eisenbahnen, als öffentliche Verkehrsanstalten, durch die Art. 422 bis 431 in ihrer Vertragsfreiheit durch jus cogens eingeschränkt worden. Sie sind in der Regel nicht berechtigt, die bei ihnen nachgesuchte Eingehung eines

---

[1]) In den Verhandlungen des verfassungberathenden Reichstages hat man mit keinem Worte eines solchen Gesetzes gedacht. Eine Polizeiverordnung ohne Strafandrohung ist ebenso werthlos, wie eine Verfassungsbestimmung werthlos sein würde, wenn sie Jemandem zwar die Befugniß ertheilt, eine Polizeiverordnung zu erlassen, ihm aber die Befugniß vorenthält, auch Strafnormen für die Uebertretung dieser Polizeiverordnung festzusetzen, es sei denn, daß sie selbst diese Strafnormen bestimmen würde.

[2]) Denselben stehen auch die abweichenden Vorschriften der Reichsgewerbeordnung, eines Reichsgesetzes, nicht entgegen, da diese nach §. 6 in der Fassung der Bek. vom 1. Juli 1883 (R.-G.-Bl. S. 177) auf den Gewerbebetrieb der Eisenbahnunternehmungen keine Anwendung finden wollen.

[3]) Wenn Laband, Reichsstaatsrecht II. S. 374 den Erlaß des Betriebsreglements juristisch als einen Verwaltungsbefehl an die Eisenbahnunternehmer resp. Eisenbahnverwaltungen auffaßt, so ist dies m. E. jedenfalls schon insoweit unrichtig, als sich dasselbe — wenigstens in einzelnen Theilen — zugleich an das Publikum wendet. Würde dasselbe nicht auch jus cogens in einzelnen Theilen für das Publikum bilden, so brauchte sich dieses die Handhabung der Bahnpolizei am eigenen corpus nicht gefallen zu lassen. Vergl. Rosin 11, 12; Laband II. 202, 207.

Frachtgeschäftes zu verweigern,[1]) sie können ferner die Anwendung gewisser in den Artikeln 395, 396, 397, 400, 401 und 408 enthaltenen Vorschriften im Voraus mit Rechtswirksamkeit nur soweit ausschließen[2]), wie dies die Artikel 424 ff. ausdrücklich zulassen.[3])

Das Betriebsreglement enthält nun Abweichungen von den allgemeinen Rechtsregeln über das Frachtgeschäft. Dasselbe kann sich dabei nur innerhalb der den Eisenbahnen vom Handelsgesetzbuch eingeräumten Vertragsfreiheit bewegen, soweit es darüber hinausgeht, ist es rechtsungültig; und zwar — auch abgesehen von der Vorschrift im letzten Absatz des Art. 423 — deshalb, weil die Vorschriften eines Reichsgesetzes, des Handelsgesetzbuchs, nur wiederum durch formelles Gesetz und nicht im Verordnungswege aufgehoben werden können.[4])

Soweit das vom Bundesrath erlassene Reglement gültig ist, enthält es die allen Eisenbahngesellschaften gemeinsam vorgeschriebene Rechtsregel: ihr sollt nur zu dem im Reglement enthaltenen Bedingungen das Frachtgeschäft eingehen.

Ein bloßer „Verwaltungsbefehl" (im Gegensatze zum Rechtsbefehl), wie Laband meint, ist es nicht; so wenig wie es den in § 37 der Gewerbeordnung bezeichneten Gewerbetreibenden gegenüber einen Verwaltungsbefehl darstellt, wenn die Polizeibehörde denselben die Bedingungen vorschreibt, unter denen sie ihre Gewerbe betreiben dürfen.[5])

---

[1]) Handels-G.-B. Art. 422.

[2]) Art. 423.

[3]) S. auch Art. 423 letzter Absatz:

„Vertragsbestimmungen, welche dieser Vorschrift entgegenstehen, haben keine rechtliche Wirkung."

Laband, Reichsstaatsrecht II. S. 374.

[4]) Thöl, das Handelsrecht III. Bd., das Transportgewerbe, Leipzig 1880, sprach 24 Bestimmungen des Betriebsreglements — weil gegen jus cogens des Handelsgesetzbuchs verstoßend — die Gültigkeit ab. (S. dagegen Goldschmidt in seiner Zeitschrift für Handelsrecht XXVI. S. 606 ff., wieder gegen Goldschmidt Thöl (der nur noch 23 Ungültigkeiten behauptet), Handelsrechtliche Erörterungen, Göttingen 1882 und hiergegen von Neuem Goldschmidt in seiner Zeitschrift für Handelsrecht XXVIII. S. 441.) Staatsrechtlich liefern diese Erörterungen und Gegenerörterungen ganz geringe Ausbeute. Thöl seinerseits verweist für die staatsrechtliche Seite lediglich auf Laband's Reichsstaatsrecht und Goldschmidt behandelt diese Seite überhaupt nicht.

[5]) den Betrieb der Gondelvermiethung, Droschkenfahrten.

Ein Rechtsbefehl den Eisenbahnen gegenüber ist es, weil es ihre Handlungs- und Vertragsfreiheit einschränkt, zumal diese Einschränkung nicht concret, sondern allgemein und abstrakt[1]) geschieht.[2])

Für das Publikum dagegen will das Betriebsreglement nicht überall, auch nicht einmal der Regel nach, sondern nur in gewissen Fällen einen Rechtsbefehl enthalten.[3]) In seinen meisten Theilen richtet sich das Reglement ausschließlich gegen die Eisenbahngesellschaften und schränkt die Handlungsweise des Publikums nicht ein, z. B. nicht, soweit es sich um die Bestimmungen über die Verhaftung der Eisenbahnen für Beschädigung des Frachtgutes handelt. Die nach Inhalt und Wille des Reglements nur gegen die Eisenbahnen gerichteten Bestimmungen des Betriebsreglements haben für das Publikum nur dann und nur in soweit rechtliche Bedeutung, als nach den concreten Umständen, insbesondere durch vorbehaltlose Unterschreibung von Ladescheinen, in denen die Unterwerfung unter das Betriebsreglement ausgesprochen wird, anzunehmen ist, daß zwischen Verfrachter und Frachtführer der Inhalt des Reglements zum Theile des Frachtvertrages gemacht worden ist.[4])

In Ansehung des Verhältnisses zwischen Eisenbahn und Verfrachter stellt der hier in Betracht kommende

---

[1]) Vergl. hierzu Schulze, Preußisches Staatsrecht II. S. 206 ff.; G. Meyer bei Grünhut's Zeitschrift VIII. S. 20 ff.; Laband, Reichsstaatsrecht II. S. 1, 2; v. Jhering, Zweck im Recht S. 337; Rosin ff. S. 4 ff.

[2]) Wäre das Reglement auch nur ein Verwaltungsbefehl, worauf gründete sich das Recht des Bundesraths einen solchen zu erlassen und die Pflicht der Bahnverwaltungen, einem solchen zu gehorchen?

[3]) Nämlich soweit es allgemeine polizeiliche Normen aufstellt und aufstellen will: „Du sollst, so lange der Zug nicht steht, in denselben nicht einsteigen; du sollst keine feuergefährlichen Gegenstände mit dir in den Wagen nehmen u. s. w."

[4]) Hiermit stimmt die Judikatur überein; vergleiche Erkenntniß des Reichs-Oberhandelsgerichts vom 30. November 1875 (Entsch. Bd. XIX. S. 184), 22. April 1879 (Entsch. Bd. XXV. S. 170); des Reichsgerichts vom 18. November 1879 (Entsch. Bd. I. S. 14, 15. „Die Bestimmungen des Betriebsreglements sind vermöge der Hinweisung des Frachtbriefes auf dieselben als Bestandtheil des unter den Partcien abgeschlossenen Frachtvertrages anzusehen.") und vom 9. Januar 1880 (Entsch. Bd. II. S. 57).

Theil des Betriebsreglements allerdings keine Rechts- oder Verwaltungsbefehle, sondern bloßes Vertragsrecht dar.

Es erscheint, bevor wir das Gebiet des Eisenbahnwesens verlassen, angezeigt, noch der Ansicht entgegenzutreten, als ob die auf diesem Gebiete erlassenen Bundesrathsverordnungen deswegen und nur deswegen allein rechtsverbindliche Kraft erlangt haben, weil ihnen von sämmtlichen Bundesmitgliedern zugestimmt worden ist.[1])

Abgesehen nämlich von der Frage, ob die bloße Ueberlassung einer den Einzelregierungen, einer jeden für sich, zustehenden Befugniß zum Erlassen von Verordnungen an den Bundesrath von diesen ohne Mitwirkung und unter Ausschluß des Reichstages in „fraudem legis“ ausgeübt werden kann,[2]) so spricht gegen jene Ansicht entscheidend, daß die bezüglichen Verordnungen sich selbst nicht auf die Zustimmung sämmtlicher einzelner Bundesregierungen, sondern ausdrücklich und ausschließlich auf die dem Reiche und in specie dem Bundesrathe gemäß den Artikeln 43 und 45 der Reichsverfassung zustehenden Befugnisse stützen.[3])

Es spricht noch ferner gegen jene Ansicht, daß wenn die Verordnungen ihre rechtsverbindliche Kraft aus dem Willen der einzelnen Staaten und Eisenbahnverwaltungen nehmen wollten und nehmen würden,[4]) dieselben nur von den Einzelregierungen und nicht von Reichswegen mit rechtsverbindlicher Kraft hätten verkündet und zur Nachachtung anbefohlen werden können.[5])

In den Fällen, wo Bundesrathsverordnungen ihre rechtsverbindliche Kraft nicht aus dem Rechte des Reichs, sondern aus denjenigen der Einzelstaaten entnehmen, müssen dieselben von den

---

[1]) S. Laband, Reichsstaatsrecht II. S. 366. 373.

[2]) Vergl. hierüber Hänel, organisatorische Entwickelung S. 83. Ich meinerseits würde der Regel nach die Frage bejahen, weil ich als thatsächliche (nicht unbedingt juristische) Regel annehme, daß das Verordnungsrecht nach Reichsrecht soweit geht, wie nach dem übereinstimmenden Landesrecht.

[3]) S. den Wortlaut der Verordnungen.

[4]) So Laband, Reichsstaatsrecht II. S. 373, wenigstens in Ansehung des Betriebsreglements.

[5]) Reichsverordnungen können (nach dem Belieben des Erlassenden) zwar auch durch die Landesbehörden, Landesverordnungen aber dürfen nicht von Reichswegen verkündet werden. S. oben §. 9 und auch w. u. §. 20.

Einzelregierungen und dürfen nicht von Reichswegen verkündet und zur Nachachtung anbefohlen werden. [1])

---

§ 12.

Verordnungen im Gebiete des Post- und Telegraphenwesens.

Art. 48 Abs. 2 der Reichsverfassung erklärt dem Gesetzgebungswege dasjenige Gebiet des Post- und Telegraphenwesens entzogen, welches von demselben in dem Norddeutschen Bunde befreit gewesen ist. In diesem [2]) aber war der Gesetzgebungsweg in den Fällen nothwendig bezw. zulässig, wo er dies nach dem Preußischen Staatsrecht gewesen ist. [3])

Soweit hiernach der Erlaß von Verordnungen statthaft ist, stand er nach der ausdrücklichen Bestimmung der Bundesverfassung dem Präsidium, [4]) nach der ausdrücklichen Bestimmung der Reichsverfassung dem Kaiser, [5]) zu. Die Ansicht Hänels, daß dieses Verordnungsrecht ein preußisches ist oder gewesen ist, [6]) erscheint hiernach unzutreffend und widerspricht auch den Thatsachen. [7])

Die vermeintliche „Schwierigkeit, in welcher Weise die Rechts-

---

[1]) S. z. B. den Bundesrathsbeschluß vom 25. Juni 1869 über die Verpflichtung der Kunststraßen gegenüber der Telegraphenverwaltung (veröffentlicht in Preußen durch Circular-Erlaß des Handelsministers vom 21. August 1869. Ministerialblatt für die innere Verwaltung S. 221).

[2]) Art. 48 Abs. 2 der Bundesverfassung.

[3]) S. auch Riedel, Kommentar S. 194 ff., vergl. auch Motive zum Postgesetze für den Norddeutschen Bund vom 2. November 1867 (B.-G.-Bl. S. 61) in den Drucksachen des Reichstages v. J. 1867 S. 29. Ernst Meier, über den Abschluß von Staatsverträgen, Leipzig 1874, S. 298 ff.; Zorn, Reichsstaatsrecht II. S. 7.

[4]) Art. 50 Abs. 2.

„Das Präsidium hat für den Erlaß der reglementarischen Festsetzungen und allgemeinen administrativen Anordnungen .... Sorge zu tragen."

[5]) Art. 50 Abs. 2:

„Dem Kaiser steht" u. s. w.

[6]) Organisatorische Entwickelung S. 68, 69.

[7]) Die bez. Verordnungen sind stets unmittelbar von Reichswegen und von Organen des Kaisers (Reichskanzler, Generalpostmeister) erlassen worden.

verbindlichkeit preußischer Verordnungen über die territorialen Grenzen Preußens hinaus erstreckt werden sollte",[1]) bedurfte im Post- und Telegraphenwesen also auch weder einer Lösung, noch einer Verdeckung, weil es sich nicht um preußische, sondern um Bundes- bezw. Reichsverordnungen handelte und die Bezugnahme auf Preußen hier weiter nichts als die Abgrenzung des Verordnungs- vom Gesetzgebungswege bedeutet hat und bedeuten sollte.

Wäre aber eine solche Schwierigkeit im Gebiete des Post- und Telegraphenwesens vorhanden gewesen, so hätte sie — durch den übrigens nicht überall vorhandenen — Besitz der technischen Anstalten nicht „verdeckt" [2]) bleiben können; denn aus dem bloßen Besitze solcher Anstalten folgt nicht, daß die vom Besitzer derselben erlassenen Verordnungen gesetzlich als Bestandtheil des zwischen der Postverwaltung und dem Publikum vereinbarten Vertrages gelten konnten. [3])

Das Haus Thurn und Taxis z. B. hatte zwar den Besitz von Postanstalten gehabt, aber nicht das Recht, mit Rechtswirksamkeit anzuordnen, daß seine Reglements (unter Abänderung des sonst geltenden Rechtes) als Bestandtheil des Vertrages erachtet werden müssen. [4])

S. auch Postgesetz für den Norddeutschen Bund vom 2. November 1867 (B.-G.-Bl. S. 61) §. 57, Postgesetz für das Deutsche Reich vom 28. Oktober 1871 (R.-G.-Bl. S. 347) §. 50, Postreglement vom 11. Dezember 1867 (Ministerialblatt für die innere Verwaltung 1868 S. 7) (aufgehoben), Postreglement vom 30. November 1871 (das. 1872 S. 16) (aufgehoben), vom 18. Dezember 1874 (Reichs-Centr.-Bl. 1875 S. 6) (aufgehoben), Postordnung vom 9. März 1879 (das. 1879 S. 485), Abänderungen vom 12. März 1883 (das. 1883 S. 71), Telegraphenordnung vom 21. Juni 1872 (R.-G.-Bl. S. 213) (aufgehoben), Telegraphenordnung für das Deutsche Reich vom 13. August 1880 (Reichs-Centr.-Bl. S. 560). Daß §. 50 des Postgesetzes keine Verfassungsänderung darstellt, und daß die zur Ausführung desselben vom Reichskanzler erlassenen Postordnungen ebenso wenig verfassungswidrig sind, wie die vom Reichskanzler erlassenen Telegraphen-Ordnungen, s. w. u. §. 17.

[1]) Hänel, das. S. 68, 69.

[2]) Hänel, S. 69.

[3]) §. 50 des Postgesetzes vom 28. Oktober 1871 — „dessen (des Reglements) Bestimmungen als Bestandtheil des zwischen dem Absender oder Reisenden einerseits und der Postverwaltung andererseits eingegangenen Vertrages erachtet werden sollten."

[4]) Dieses Recht haben z. B. die Eisenbahngesellschaften dem Publikum

Da die oben angezogenen,[1] im Gebiete des Post- und Telegraphenwesens erlassenen Verordnungen auf Grund besonderer Delegation — nicht auf Grund Art. 7 Nr. 2 der Reichsverfassung — erlassen worden sind, so kann ein näheres Eingehen auf dieselben an dieser Stelle unterbleiben. Hervorzuheben ist, daß die Vorschriften der auf Grund §. 50 des Postgesetzes vom 28. Oktober 1871 erlassenen Postordnungen im Unterschiede von denjenigen der Eisenbahn-Betriebsreglements nach dem Willen und der Absicht des Gesetzes in allen Theilen nicht bloß die Postverwaltung, sondern auch das Publikum verpflichten.[2]

Hervorzuheben ist ferner, daß die Unterscheidung zwischen Rechtssatz und Verwaltungssatz (im Sinne der Laband'schen Theorie) sich keineswegs mit der Unterscheidung zwischen Gesetz und Verordnung im Gebiete des Post- und Telegraphenwesens deckt. Vielmehr sind in den Verordnungen zahlreiche Rechtssätze enthalten.[3]

Ja das ganze Telegraphenrecht mit allen seinen Rechtsnormen ist fast ausnahmslos in Verordnungen enthalten. Für das Reich nämlich ist dasselbe im Wesentlichen geregelt durch die Telegraphen-Ordnung (eine im Namen des Reichskanzlers[4]) erlassene Verordnung) für das Deutsche Reich vom 13. August 1880 (R.-Centr.-Bl. S. 560).[5]

Die Regelung im Verordnungswege war zulässig, weil in Preußen das ganze Telegraphenrecht der „Verwaltung", wie man zu sagen pflegte, und nicht der Gesetzgebung unterlag.[6] Insbesondere galten in Preußen bis zur Einführung der Reichstelegraphenordnung das (ministerielle) Tele-

---

gegenüber in Ansehung der von ihnen selbst erlassenen Reglements auch niemals besessen. S. oben §. 11.

[1]) Anm. 7 auf S. 116 7.

[2]) Vergl. §. 50 des Postgesetzes vom 28. Oktober 1871; Laband, Reichsstaatsrecht II. S. 330, 374, 375.

[3]) z. B. ist die Festsetzung der Gebühren für Beförderung von Drucksachen, Waarenproben u. s. w. dem Verordnungswege überlassen, während das Briefporto durch Gesetz geregelt ist. S. auch Ernst Meier über den Abschluß von Staatsverträgen S. 298 ff.; Zorn, Reichsstaatsrecht II. S. 7, 8.

[4]) Auf Grund Delegation s. w. u. §. 17.

[5]) S. auch Ernst Meier S. 299, 300.

[6]) Vergl. Stenogr. Ber. des Reichstages 1869 II. S. 880, 881.

graphenreglement vom 10. Dezember 1858 [1]) und das vom Handelsminister anbefohlene Reglement v. J. 1863 für den Deutsch-Oesterreichischen Telegraphen-Verein. [2])

Näher in Betracht zu ziehen sind für das Telegraphenwesen die Bundesrathsbeschlüsse vom 21. Dezember 1868 [3]) und vom 25. Juni 1869. [4])

Der zuletzt genannte Beschluß enthält (seinem Wortlaute nach) eine Reihe von Rechtsbefehlen an die Straßenbau-Verwaltungen im Interesse der Anlage ober- und unterirdischer Bundes- (bezw. Reichs-) Telegraphen. Es ist nicht ersichtlich gemacht, auf welche Verfassungsbestimmung sich die Befugniß zum Erlasse dieser Rechtsnormen stützt. Wie mir scheint, dürfte es auch schwer sein, abgesehen von Art. 4, welcher in No. 10 des Telegraphen- und in Nr. 8 des Eisenbahnwesens der Beaufsichtigung von Seiten des Reichs unterwirft und von Art. 7 Nr. 3, [5]) eine solche Verfassungsbestimmung aufzufinden; es sei denn, daß man aus Art. 48 der Reichsverfassung folgern könnte, daß zur Einrichtung des Telegraphenwesens als einheitlicher Staatsverkehrs-Anstalt erstens auch die unentgeltliche Benutzung der Kunststraßen für die Telegraphenanlagen erforderlich wäre und daß zweitens die nähere Normirung dieser Benutzung nach dem in Preußen hergebrachten Rechte dem Verordnungswege unterstanden hätte.

Aber dadurch würde sich höchstens ein Verordnungsrecht für den Kaiser, und noch immer nicht ein solches für den Bundesrath begründen lassen, weil nicht diesem, sondern jenem in der Verfassung die Verordnungsgewalt auf dem Gebiete des Telegraphenwesens übertragen worden ist.

Der Bundesrathsbeschluß vom 25. Juni 1869 hat hiernach

---

[1]) Ministerialblatt für die innere Verwaltung 1859 S. 17.

[2]) Daselbst 1863 S. 220.

[3]) Allgemeine Dienstanweisung für Post und Telegraphie. Band 1 Abschn. II. S. 22; siehe auch Laband II. S. 322, Telegraphen-Bau-Ordnung §. 302 der Protokolle, Berlin 1876, I. S. 65.

[4]) Allgemeine Dienstvorschriften für Post und Telegraphie. Band I. Abschn. II. S. 23; Preuß. Ministerialblatt f. d. innere Verwaltung 1869 S. 221; Telegraphen-Bau-Ordnung, Berlin 1876 I. S. 67; J. Ludewig, der Bau von Telegraphenlinien, Leipzig 1870, 2. Auflage S. 6 ff.

[5]) S. oben § 9.

von Reichswegen keine unmittelbare rechtsverbindende Kraft und er will auch eine solche gar nicht haben. Derselbe ist nämlich nicht von Bundeswegen, sondern von Seiten der einzelnen Regierungen zur Nachachtung befohlen worden.

In Preußen ist der Befehl vom Minister für Handel, Gewerbe und öffentliche Arbeiten erlassen worden. Derselbe hält sich innerhalb der in den einzelnen Bundesstaaten der „Verwaltung" an den Kunststraßen zustehenden Befugnisse.

Der Bundesrathsbeschluß (bez. sein Inhalt), so bestimmt nämlich der Minister, als höchster Verwaltungschef für dieses Straßenwesen, ist bei den dem Staate gehörigen Kunststraßen ohne Weiteres durchzuführen, bei den schon konzessionirten Privatstraßen, wenn dies (die Telegraphenverwaltung verlangt und) den Konzessionsbedingungen entspricht, bei den erst noch zu konzessionirenden aber in die Konzessionsbedingungen aufzunehmen.

Die nämliche rechtliche Bedeutung hat allem Anscheine [1]) nach der Bundesrathsbeschluß vom 21. Dezember 1868.

Der Inhalt dieses Beschlusses enthält, an und für sich betrachtet, zweifellos Rechtsnormen: die Eisenbahnen haben die Benutzung ihres Terrains unentgeltlich einzuräumen, das Betreten des Bahnkörpers durch Telegraphenbeamte zu gestatten, diesen Beamten auf Verlangen die Benutzung von Bahnmeister-Wagen vorzuhalten, die Telegraphen-Anlagen durch ihr Personal gegen eine gewisse Entschädigung bewachen zu lassen u. s. w.

Es ist nicht angegeben, aus welchen bundesrechtlichen Vorschriften der Bundesrath das Recht herleitet, derartige Verpflichtungen den Eisenbahn-Gesellschaften aufzuerlegen. Es ist aber auch, wie mir scheint, nicht anzunehmen, daß der Bundesrath gewollt und beabsichtigt hat, seinerseits und aus seinem eigenen (des Bundesraths) Rechte, die Eisenbahn-Gesellschaften unmittelbar zwingende Rechtsnormen aufzustellen. [2])

Der Beschluß vom 21. Dezember 1868 unterscheidet nämlich in ähnlicher Weise wie derjenige vom 25. Juni 1869 zunächst

---

[1]) Der Ort und die Art der amtlichen Bekanntmachung desselben sind nämlich — wenigstens an den oben angegebenen Stellen — nicht mitgetheilt.

[2]) S. auch oben § 9.

zwischen Privat- und Staatseisenbahnen. [1]) In Ansehung letzterer soll der Beschluß auch den schon bestehenden Eisenbahnen gegenüber gelten. Damit soll nur gesagt sein, daß die Staatsregierungen als Eigenthümer der Eisenbahnen den Beschluß durchführen sollen.

In Ansehung der Privateisenbahnen soll der Inhalt des Beschlusses bei neu zu konzessionirenden Linien in die Konzessionsbedingungen aufzunehmen sein. Also auch in soweit richtet sich der Beschluß nicht unmittelbar an Private, sondern nur an die Staatsregierungen.

Einer näheren Erörterung bedarf endlich das Reglement über die Benutzung der innerhalb des Deutschen Reichs-Telegraphengebiets gelegenen Eisenbahn-Telegraphen zur Beförderung solcher Telegramme, welche nicht den Eisenbahndienst betreffen, vom 8. März 1876. [2])

Dasselbe ist an dem angegebenen Tage vom Generalpostmeister bekannt gemacht, vom Reichskanzler aber am Tage zuvor „vollzogen" worden. Man wird daher das Reglement als eine Verordnung des Reichskanzlers aufzufassen haben. Diesem aber war durch die Allerhöchste Präsidialverordnung vom 18. Dezember 1867 [3]) vom Bundespräsidium die obere Leitung der Post- und Telegraphenverwaltung und darin eingeschlossen auch die Ausübung der auf dem Gebiete des Post- und Telegraphenwesens demselben zustehenden Verordnungsgewalt [4]) übertragen worden.

Das Reglement erscheint hiernach zu Recht erlassen, wenn der Inhalt desselben innerhalb der dem Kaiser zustehenden Verordnungsbefugniß liegt. Dies ist der Fall.

Das Reglement bestimmt nämlich die Fälle, in welchen, und die Bedingungen, unter welchen die Betriebs-Telegraphen der Eisenbahnen auch solche Telegramme annehmen und befördern dürfen, welche nicht den Eisenbahndienst betreffen. [5])

---

[1]) Vergl. Ludewig S. 6.

[2]) Centralblatt für das Deutsche Reich 1876 S. 155.

[3]) Bundes-Gesetzblatt 1867 S. 328.

[4]) Siehe weiter unten § 17.

[5]) Das Reglement ist daher zweifellos eine Rechtsverordnung.

Das Reglement behandelt hiernach einen Gegenstand, welcher in Preußen nicht durch (formelles) Gesetz geregelt war.[1])

Weil aber für Preußen der Verordnungsweg statthaft war, deshalb ist er es auch[2]) für das Reich.[3])

§ 13.

Verordnungen betreffend Reichskriegswesen auf Grund der Reichs-Verfassung.

In Betreff der Zulässigkeit des Verordnungsweges muß man zunächst das Recht der Kriegsmarine von dem Rechte des Landheeres auseinanderhalten.

Für die Kriegsmarine bestimmt Art. 53 der Reichsverfassung Absatz 1:

„Die Kriegsmarine des Reiches ist eine einheitliche unter dem Oberbefehl des Kaisers. Die Organisation und Zusammensetzung derselben liegt dem Kaiser ob —."

Aus dieser Bestimmung ergiebt sich zunächst, daß[4]) die Organisation der Reichskriegsmarine — im Gegensatze zum Land-

—

[1]) Vergl. auch Anm. 2 auf S. 313 in Laband's Reichsstaatsrecht II. Vor dem Reglement vom 7/8. März 1876 galten das Reglement vom 11. Mai 1873 und die bezüglichen Bestimmungen der den Eisenbahngesellschaften auferlegten Konzessionsbedingungen.

[2]) Reichsverfassung Art. 48 Abs. 2 in Verbindung mit der Bundesverfassung Art. 48 Abs. 2.

[3]) In die Frage nach der Gültigkeit des Reglements vom 7/8. März 1876 spielt hinein die Frage nach dem Bestehen eines Telegraphenmonopols (vergl. hierüber Fischer in von Holtzendorff's Jahrbuch I. S. 440; Dambach im Gerichtssaale 1871 S. 248; Laband Reichsstaatsrecht II. S. 311; Zorn, Reichsstaatsrecht II. S. 17). Die Beantwortung derselben läßt sich indeß an dieser Stelle umgehen, da sie lediglich die opinio juris betrifft, aus welcher der Inhalt des Reglements erlassen worden ist (s. auch preuß. Ministerialbl. f. d. innere Verw. 1882 S. 170), nicht aber die Frage, ob die Verordnung für dasselbe die geeignete Form darstellt.

[4]) Wie treffend Seydel „das Kriegswesen des Deutschen Reichs" in Hirths Analen 1875 S. 1128 sagt.

heere[1]) — von Reichswegen nicht nur geregelt, sondern auch durchgeführt werden soll.

Es ergiebt sich daraus ferner,[2]) daß die Organisation der Kriegsmarine und deren Präsenzstärke — im Gegensatze zum Landheere[3]) — nicht auf eine gesetzliche Grundlage gestellt, sondern dem Verordnungswege überlassen worden ist.

Selbstredend ist der Kaiser bei Ausübung des ihm hiernach allgemein zustehenden Verordnungsrechts an die besonderen in Ansehung der Kriegsmarine getroffenen gesetzlichen Bestimmungen[4]) z. B. das Etatsgesetz, das Wehrgesetz, gebunden.[5])

Dieses Kaiserliche Verordnungsrecht schließt nicht nur den Erlaß von organisatorischen,[6]) sondern auch denjenigen von Rechtsvorschriften in sich ein, insoweit, wie dieselben zur Durchführung der Absicht der Reichsverfassung erforderlich erscheinen.

Letzteres wird anzunehmen sein, wenn sich die Verordnungen innerhalb der in Preußen der Krone auf dem Gebiete des Kriegsmarinewesens zugestandenen Verordnungsrechts bewegen.

Hierfür sprechen der Umstand, daß die Reichsverfassung die Befugnisse, welche der König von Preußen in Ansehung der Preußischen Kriegsmarine besaß, voll und ganz ihm für die Reichsmarine zu übertragen zweifellos beabsichtigt hat[7]) und ferner die Erwägung, daß wenn eine Einschränkung der thatsächlich in Preußen bisher ausgeübten Verordnungsgewalt beliebt worden

---

[1]) Für welches die allgemeinen Normen zwar vom Reiche erlassen sind, die Durchführung derselben aber — unter der Oberaufsicht des Reichs — wenigstens theilweise den Einzelstaaten obliegt.

[2]) Seydel daselbst.

[3]) Dessen Organisation zum großen Theile durch Gesetze geregelt ist, s. w. u.

[4]) Das sind sehr wenige.

[5]) Laband, Reichsstaatsrecht III a S. 131, von Rönne, Reichsstaatsrecht II b. S. 163.

[6]) So z. B. Allerhöchster Erlaß vom 1. Januar 1872 (R.-G.-Bl. S. 5), betreffend die Kaiserliche Admiralität, das durch Erlaß vom 18. Juni 1872 genehmigte Organisationsreglement (Marine-Verordnungsblatt S. 147 ff.).

[7]) Vergl. auch Hänel, die organisatorische Entwickelung S. 69 und Laband, Reichsstaatsrecht IIIa. S. 20. Wenn der erstgenannte Staatsrechtslehrer die „Natur" der Flottenorganisation für das Verordnungsrecht geltend macht, so möchte demgegenüber zu berücksichtigen sein, daß, obwohl in Preußen die Organisation der Kriegsmarine nicht eine andere Natur hatte, wie die des stehenden Heeres, gleichwohl jene durch Verordnungen, diese dagegen im Wesentlichen durch Gesetze geregelt war.

wäre, die Verfassung, wie bei dem stehenden Heere,[1]) die Nothwendigkeit gesetzlicher Regelung ausdrücklich gefordert haben würde.

Das Recht der preußischen Kriegsmarine war zum Gegensatze von dem des stehenden Heeres Verordnungsrecht und zunächst in dem Organisationsreglement vom 7. Juli 1854[2]) normirt.

Letzteres enthält nicht blos organisatorische Bestimmungen, sondern auch zahlreiche Rechtssätze,[3]) z. B. über die Disziplinarstrafgewalt und die Militärgerichtsbarkeit.[4])

Das Reglement vom 7. Juli 1854 und das dasselbe vielfach abändernde Reglement für die Marine-Stations-Kommandos, die Werften, die Depots und die Marine-Intendantur vom 19. Juni 1862[5]) mit allen sonst dazu ergangenen Königlichen[6]) und ministeriellen Verordnungen sind seit Einführung der Verfassung des Norddeutschen Bundes aus dem Willen des Königs von Preußen und auf Grund des Art. 53 der Bundesverfassung Bundesrecht geworden.

Daraus, daß die Verordnungsgewalt in Art. 53 der Verfassung des Norddeutschen Bundes dem „Könige von Preußen" obliegen sollte, folgt nicht,[7]) daß das Verordnungsrecht auch noch seit Geltung der Verfassung als ein preußisches anzusehen ist[8]) und noch weniger ist es dort als „preußisches" ausdrücklich bezeichnet worden.

Thatsächlich ist das Verordnungsrecht seit Geltung der Bundesverfassung stets von Bundes- bezw. Reichswegen und

---

[1]) Reichsverfassung Art. 58, 60, 61 letzter Absatz, 62 Absatz 2 und 3.

[2]) Gesetzsammlung Seite 381.

[3]) Rechtssätze sind u. A. die Normen, welche abstrakt und allgemein die Befugnisse der Vorgesetzten den Untergebenen und die Pflichten der letzteren regeln.

[4]) § 23 des Reglements. S. auch Zorn, Reichsstaatsrecht I. S. 301.

[5]) Gesetzsammlung Seite 175.

[6]) Die Kabinets-Ordre vom 16. Dezember 1863, welche bestimmte, daß die Militärpersonen der Marine hinsichtlich der Pensionirung denjenigen des Heeres gleichzustellen sind, ist zweifellos eine Rechtsverordnung.

[7]) Der König von Preußen bezeichnet die „Centralregierung" (Twesten im verfassungber. Reichst. Sten. Ber. S. 103); siehe auch Reichsverfassung Art. 53, wonach das Recht „dem Kaiser" zusteht; Seydel in Hirth's Annalen 1875 S. 1428; von Rönne, Reichsstaatsrecht I. S. 301, IIb. S. 130 ff., 160 ff.; Thudichum S. 408 ff.

[8]) So behauptet Hänel, die organisatorische Entwickelung S. 69.

auf Grund der Bundes- bezw. Reichsverfassung ausgeübt worden.[1])

Dies entsprach auch allein dem Willen der Verfassung.[2])

Ein näheres Eingehen auf den Inhalt der auf dem Gebiete der Reichskriegsmarine ergangenen Verordnungen kann unterbleiben, weil dieselben auf Grund einer (in Artikel 53) speziell[3]) ertheilten Delegation erlassen worden sind.[4])

Was die für das stehende Heer auf Grund der Verfassung erlassenen Verordnungen anlangt, so sind drei Arten derselben zu unterscheiden:

I. Die Verordnungen zur Einführung der vor dem Inkrafttreten der Bundes- (bezw. für die süddeutschen Staaten der Reichs-) Verfassung schon bestandenen Militärgesetzgebung[5]) des preußischen Staates in das übrige Bundes- (bezw. Reichs-) Gebiet.

II. Die Verordnungen zur Einführung der nach dem Inkrafttreten der Bundes- (bezw. für die süddeutschen Staaten der Reichs-) Verfassung erlassenen Verordnungen des Preußischen Staates in das übrige Bundes- (bezw. Reichs-) Gebiet.

III. Die zur Ausführung der Reichsgesetze erlassenen Reichsverordnungen.

Für die **erste** Art findet, dies glaube ich beweisen zu können, Art. 61 Absatz 1, für die zweite Art. 63 letzter Absatz, für die dritte Art. 7 Nr. 2 der Reichsverfassung Anwendung:

I. Artikel 61 der Verfassung des Norddeutschen Bundes bestimmt im ersten Abschnitt:

„Nach Publikation dieser Verfassung ist in dem ganzen Bundesgebiete die gesammte Preußische Militairgesetzgebung

[1]) S. z. B. den Allerhöchsten Erlaß vom 1. Januar 1872 (R.-G.-Bl S. 5). Der König von Preußen als solcher ist überhaupt nicht befugt, irgend welche Anordnungen für die „Kaiserliche Marine" zu treffen.

[2]) Seydel, Kommentar S. 206. „Durch diesen (53) Artikel ist das See-Kriegswesen zur ausschließlichen Reichssache erklärt."

[3]) Speziell, hier wie überall, nur im Gegensatze zu der in Art. 7 Nr. 2 allgemein ertheilten Delegation.

[4]) Vergl. auch Allerhöchsten Erlaß vom 18. Juni 1872 (Marine-Verordnungsblatt S. 147) und die Darstellung bei von Rönne, Reichsstaatsrecht II b. S. 160 ff.

[5]) hier mit Einschluß der Verordnungen s. w. u.

ungesäumt einzuführen, sowohl die Gesetze selbst, als die zu ihrer Ausführung, Erläuterung oder Ergänzung erlassenen Reglements, Instruktionen und Reskripte, namentlich also das Militair-Strafgesetzbuch vom 3. April 1845., die Militair-Strafgerichtsordnung vom 3. April 1845., die Verordnung über die Ehrengerichte vom 20. Juli 1843., die Bestimmungen über Aufhebung, Dienstzeit, Servis- und Verpflegungswesen, Einquartirung, Ersatz von Flurbeschädigungen, Mobilmachung u. s. w. für Krieg und Frieden. Die Militair-Kirchenordnung ist jedoch ausgeschlossen.....

Daß die „ungesäumte" Einführung der Preußischen Militärgesetzgebung im Verordnungswege und nicht durch Gesetz erfolgen sollte, ergiebt sich aus der klaren Absicht der Verfassung[1]) und ganz besonders aus dem folgenden Absatze des angezogenen Artikels, welcher erst nach Durchführung der Bundes-Kriegsorganisation, d. h. nach Einführung der preußischen Militärgesetzgebung den Erlaß eines Bundes-Militärgesetzes vorschreibt.

Nicht unzweifelhaft und jedenfalls sehr streitig ist dagegen, wer zum Erlasse der die preußische Militärgesetzgebung einführenden Verordnungen befugt war, ob der Bund, oder die Einzelstaaten oder Beide.

Hänel[2]) und Laband[3]) schreiben diese Befugniß ausschließlich den Einzelregierungen, Seydel[4]) ausschließlich dem Bunde (Bundespräsidium), die Praxis und insbesondere auch der preußische Bundeskommissar, Geheime Regierungsrath von Puttkamer,[5]) sowohl dem Bundespräsidium wie den Einzelregierungen zu.

---

[1]) Daß nämlich dem Bunde das Recht zustand, die preußische Militärgesetzgebung im Gesetzgebungswege einzuführen, verstand sich schon aus Art. 4 Nr. 14 der Bundesverfassung. Ein Bundesgesetz konnte auch die Einführung nicht „ungesäumt" vornehmen, weil ein solches, da zunächst die Bundesverfassung nach der Annahme durch die Landtage der einzelnen Bundesmitglieder bedurfte, immerhin erst nach einiger Zeit möglich war.

[2]) Organisatorische Entwickelung S. 70.

[3]) Reichsstaatsrecht IIIa. S. 21.

[4]) Kommentar S. 222 ff.; Hirths Annalen 1875 S. 1418.

[5]) Stenogr. Bericht des Reichstages 1869 S. 1131. „Zunächst ist hervorzuheben, daß Artikel 61 weder über das Organ, welchem die Einführung obliegt, noch über den Weg, auf welchem die Einführung zu geschehen hat, eine

Wäre die erste dieser drei Ansichten richtig, so würde Absatz 1 lediglich eine Verpflichtung der Bundesstaaten untereinander, keine verfassungsmäßige, sondern eine vertragsmäßige Bestimmung enthalten. Alsdann aber wäre seine Aufnahme in den Verfassungstext überflüssig gewesen.[1])

Der Auffassung, daß Absatz 1 zunächst nur die Verpflichtung der Einzelregierungen bezweckte, steht ferner entgegen die Erklärung, welche der preußische Kriegsminister und Bundeskommissar von Roon in der Sitzung des verfassungberathenden Reichstages am 5. April 1867 abgab.[2])

„Wir wollen die preußische Gesetzgebung und die preußischen Verordnungen, Reglements und Instruktionen aufgenommen wissen, oder angenommen wissen, in allen denjenigen Armeetheilen, die dem Bundesheere neu zugehen, und wir wünschen, daß sie in volle Geltung durch diese Verfassung gesetzt werden.“

Gegen die Hänel-Laband'sche Auffassung läßt sich noch anführen, daß bald nach Erlaß der Verfassung ohne irgend welchen Widerspruch ein sehr großer Theil der preußischen Militärgesetzgebung durch die Präsidialverordnungen vom 7. November und 29. Dezember 1867[3]) in das ganze Bundesgebiet eingeführt worden ist, und daß auch der deutsche Reichstag bei Gelegenheit der Berathung über die Präsidialverordnung vom 22. Dezember 1868[4]) an sich das Recht des Präsidiums zur Einführung der preußischen Militärgesetzgebung nicht bemängelt hat.[5])

---

positive Bestimmung enthält. Es ist deshalb auch von dem Bundespräsidium niemals behauptet worden, daß es seinerseits allein berechtigt sei, den Artikel 61 der Verfassung in diesem Sinne auszuführen. Die Königlich Sächsische Regierung hat vor Erlaß der Bundes-Verordnung, welche das Militär-Strafgesetzbuch in das ganze Bundesgebiet einführte, ihrerseits ein selbstständig modifizirtes Sächsisches Militär-Strafgesetzbuch eingeführt, und das Bundespräsidium hat wenigstens an der Form dieses Verfahrens keinen Anstand genommen.“

[1]) Artikel 61 ist Artikel 57 des Entwurfs vom 18. Januar 1867. Dieser letztere war allerdings zunächst nur ein Vertrag der Einzelregierungen, der aber durch die Annahme aller betheiligten Faktoren (des Reichstages, der Landesvertretungen) mit den vereinbarten Modifikationen Gesetz geworden ist. Siehe auch die Ausführungen zu Artikel 42 der Reichsverfassung oben § 11.

[2]) Stenogr. Bericht S. 581.

[3]) B.-G.-Bl. 1867 S. 125 ff., 185 ff.

[4]) Bundesgesetzblatt 1868 S. 571.

[5]) Stenogr. Ber. 1869 I. 2. S. 1118 ff. Die Kommission (Anlagen zu

Endlich spricht nicht für, sondern gegen die Hänel-Laband'sche Ansicht der letzte Absatz des Artikels 63, wonach die künftig ergehenden Preußischen Verordnungen nicht ohne Weiteres für die anderen Kontingente gelten, sondern erst den Kommandirenden der übrigen Kontingente mitzutheilen sind. Würde nämlich die Einführung der bei Inkrafttreten der Bundesverfassung schon vorhandenen preußischen Gesetze und Verordnungen wie die Einführung der erst nachher zu erlassenden Verordnungen zunächst nur den Einzelstaaten haben zustehen sollen, so hätte die Verfassung Solches in ähnlicher Weise wie für diese zum Ausdrucke gebracht.

Was die zweite und dritte Ansicht anlangt, so lag, scheint mir, den Schöpfern der Bundesverfassung Nichts daran, wer die preußische Militärgesetzgebung einführen sollte, wenn die Einführung nur ungesäumt vorgenommen wurde. Daher war es zwar in der Absicht der Verfassung begründet,[1]) daß, wenn die Einzelstaaten die Einführung nicht ungesäumt vornahmen oder Mangels nicht genauer Kenntniß des Stoffs nicht vornehmen konnten, der Bund dieselbe vornehmen sollte; Andererseits war den Einzelstaaten durch die Verfassung nicht verboten,[2]) die preußische Militärgesetzgebung selbst bei sich einzuführen.

Aus allgemeinen Rechtsgrundsätzen folgt, daß die Verordnungen zur Einführung der preußischen Militärgesetzgebung nichts der Bundes- bezw. Reichsverfassung Entgegenstehendes enthalten dürfen.[3])

Nicht minder ist zweifellos, daß auf Grund Artikel 61 der Verfassung nur die bei Inkrafttreten dieser Verfassung bereits gültigen,[4]) nicht die erst später

---

den Stenogr. Ber. des Reichstages 1869 Nr. 167 S. 535) sprach sich dahin aus:

„Der Artikel (61) legt also dem Bundespräsidium ebenso das Recht wie die Verpflichtung auf, die gesammte Preußische Militärgesetzgebung ungesäumt für den ganzen Bund einzuführen."

[1]) Siehe oben die Erklärung des Ministers v. Roon und die vorstehende Anmerkung.

[2]) Vergleiche auch die Ausführungen zu Art. 42 der Verfassung oben §. 11.

[3]) Seydel, Kommentar S. 224.

[4]) Für spätere preußische Verordnungen kommt Artikel 63 zur Anwendung.

ergehende Preußische Militärgesetzgebung eingeführt werden durften.[1])

Die Art der Einführung der Preußischen Militärgesetzgebung in die süddeutschen Staaten steht mit den vorstehenden Ausführungen nicht in Widerspruch.

In Baden ist auf Grund Artikel 61 der Reichsverfassung die Präsidialverordnung vom 29. Dezember 1867, die Einführung des Preußischen Militär-Strafrechts betreffend, durch die Kaiserliche Verordnung vom 24. November 1871[2]) eingeführt worden.

Für Württemberg gilt nach der Militärkonvention vom 21./25. November 1870[3]) Artikel 61 mit folgender Beschränkung:

„. . . Ausgenommen sind von der Gemeinsamkeit in den Einrichtungen des Königlich Württembergischen Armeekorps mit denjenigen der Königlich Preußischen Armee: die Militair-Kirchenordnung, das Militair-Strafgesetzbuch und die Militair-Strafgerichtsordnung, sowie die Bestimmungen über Einquartierung und Ersatz von Flurbeschädigungen, worüber in dem Königreiche Württemberg die derzeit bestehenden Gesetze und Einrichtungen vorerst und bis zur Regelung im Wege der Bundesgesetzgebung in Geltung verbleiben.

Die Gradabzeichen, sowie die Benennungen und der Modus der Verwaltung sind in dem Königlich Württembergischen Armeekorps dieselben wie in der Königlich Preußischen Armee. Die Bestimmungen über die Bekleidung für das Königlich Württembergische Armeekorps werden von Seiner Majestät dem Könige von Württemberg gegeben und

---

[1]) Seydel, Kommentar S. 224, Bericht der VI. Kommission des Reichstages über die Präsidialverordnungen vom 22. Dezember 1868, betreffend die Einführung der in Preußen geltenden Vorschriften über die Heranziehung der Militärpersonen zu Kommunalauflagen im ganzen Bundesgebiete (B.-G.-Bl. S. 761). (Anl. zu den Stenogr. Ber. 1869 Nr. 167 S. 534.), von Forkenbeck (in den Stenogr. Ber. 1869 I. 2. S. 1133) u. A. Die preußische Regierung ihrerseits erkannte den oben hingestellten Satz im Prinzip gleichfalls an und folgerte die Zulässigkeit der Einführung einer erst nach Inkrafttreten der Bundesverfassung ergangenen preußischen Verordnung in das übrige Bundesgebiet aus dem Umstande, daß dieselben nur eine Kodifikation des früher bereits bestandenen Rechts enthalte.

[2]) R.-G.-Bl. 1871 S. 401.

[3]) (B.-G.-Bl. 1870 S. 658) und zwar nach der Schlußbestimmung zum XI. Abschnitt.

es soll dabei den Verhältnissen der Bundesarmee die möglichste Rechnung getragen werden."

Soweit im Vorstehenden keine Ausnahmen zugelassen sind, war daher die Preußische Militärgesetzgebung durch Verordnung ungesäumt einzuführen: durch den König von Württemberg oder das Reich.[1])

Allein für Bayern gilt Artikel 61 nicht und daher war weder Bayern rechtlich verpflichtet, noch das Reich befugt,[2]) dort die Preußische Militärgesetzgebung im Verordnungswege ungesäumt einzuführen.

II. Für die Verordnungen zur Einführung der nach dem

---

[1]) Seydel, Hirths Annalen nimmt gleichfalls an, daß die Einführung der Preußischen Militärgesetzgebung gemäß Artikel 61 nicht ausschließlich dem Könige von Württemberg, (sondern nach Seydels Ansicht sogar ausschließlich dem Reiche) zustehe.

Wenn sich Laband für seine Ansicht, daß ausschließlich Württemberg das Einführungsrecht habe, auf Bestimmungen in Artikel 10 und 15 der Militärkonvention beruft, so ist demgegenüber zu bemerken, daß diese Bestimmungen (10. Absatz 4 und 15. Absatz 1) auf die späteren, erst nach der Verfassung ergehenden preußischen Verordnungen, also nicht auf Artikel 61, sondern auf Artikel 63 Bezug haben und daher e contrario in Betreff Artikel 61 gegen die Laband'sche Ansicht streiten.

[2]) Bündnißvertrag vom 23. November 1870 (B.-G.-Bl. 1871 S. 19) III. § 5, wonach Artikel 61 für Bayern nicht gilt und an dessen Stelle folgende Bestimmung tritt:

I. „... Bayern behält zunächst seine Militairgesetzgebung u. s. w. bis zur verfassungsmäßigen Beschlußfassung über die der Bundesgesetzgebung anheimfallenden Materien, resp. bis zur freien Verständigung bezüglich der Einführung der bereits vor dem Eintritte Bayerns in den Bund in dieser Hinsicht erlassenen Gesetze und Verordnungen.

Ueber die Auslegung dieser Bestimmung im Allgemeinen herrscht Streit, (vergl. Seydel, Kommentar S. 227). Daran aber kann kein Zweifel sein, daß Bayern nicht zur ungesäumten Einführung der beim Bündnißvertrage schon bestandenen preußischen Gesetze und Verordnungen verpflichtet ist.

Ich glaube übrigens die sich an Artikel 63 anknüpfende Kontroverse — in Uebereinstimmung mit der Praxis — dahin lösen zu können:

Im Verordnungswege ist Bayern nicht gezwungen (auch ein Dritter nicht berechtigt), die Preußischen und Militärgesetze und Militärorganisationen einzuführen; dagegen muß sich Bayern gefallen lassen, wenn und soweit dies im Wege der Reichsgesetzgebung festgestellt wird (s. z. B. R.-G.-Bl. 1871 S. 398). Vgl. indes Delbrück in den Sten. Ber. d. Reichstages, außerord. Sess. 1870 S. 146.

Inkrafttreten der Bundes- (bezw. für die süddeutschen Staaten der Reichs-) Verfassung erlassenen Verordnungen des Preußischen Staates in das übrige Bundes- (bezw. Reichs-) Gebiet bestimmt Artikel 63 letzter (5.) Absatz:

„Behufs Erhaltung der unentbehrlichen Einheit in der Administration, Verpflegung, Bewaffnung und Ausrüstung aller Truppentheile des Deutschen Heeres sind die bezüglichen künftig ergehenden Anordnungen für die Preußische Armee den Kommandeuren der übrigen Kontingente, durch den Artikel 8. Nr. 1. bezeichneten Ausschuß für das Landheer und die Festungen, zur Nachachtung in geeigneter Weise mitzutheilen."

Hieraus ergiebt sich, daß der Bund bezw. das Reich die nach der Bundes- bezw. Reichsverfassung erlassenen Verordnungen des Preußischen Staates nicht unmittelbar in die übrigen Theile des Bundes bezw. des Reiches einführen darf.

Für den nach Inkrafttreten der Verfassung eingetretenen Rechtszustand hat der König von Preußen formell das Verordnungsrecht für das außerpreußische Bundesgebiet nicht;[1]) wohl aber materiell, weil er den Inhalt der von den Einzelstaaten zu erlassenden Verordnungen feststellt und weil diese verpflichtet sind,[2]) die preußischen Verordnungen auch für ihre Kontingente einzuführen.[3])

Dies, wie Artikel 63 letzter Absatz überhaupt, gilt nicht für Bayern, welches sich vorbehalten hat,[4]) ob es Uebereinstimmung bezüglich der Bewaffnung und Ausrüstung, sowie der Gradabzeichen mit dem Bundesheere eintreten lassen will.[5])

Es gilt dagegen für Württemberg. In Ansehung dieses Staates findet nur die Besonderheit statt, daß die preußischen

---

[1]) Wenigstens zunächst nicht; s. w. unten.

[2]) Wozu sie im Nothfalle durch Bundesexekution von Reichswegen angehalten werden können.

[3]) Siehe auch Laband Reichsstaatsrecht IIIa. S. 21.

[4]) Also verfassungsmäßig nicht verpflichtet ist, siehe auch Seydel, Kommentar S. 240.

[5]) Statt Artikel 63 letzter Absatz gilt für Bayern (III. § 5 Ziffer III 3. des Bündnißvertrages:

„Bezüglich der Bewaffnung und Ausrüstung, sowie der Gradeabzeichen behält sich die Königlich Bayerische Regierung die Herstellung der vollen Uebereinstimmung mit dem Bundesheere vor."

Verordnungen nicht bloß dem Bundesrathsausschusse, sondern vom Preußischen Kriegsministerium unmittelbar dem Württembergischen Kriegsministerium mitzutheilen sind.[1])

III. In Ansehung der zur Ausführung der auf das Heerwesen Bezug habenden Reichsgesetze erforderlichen Verordnungen trifft die Verfassung keine besondere Bestimmung. Es muß daher hier Artikel 7 Nr. 2 der Verfassung Platz greifen, wonach, wenn ein Gesetz nichts Anderes bestimmt, der Bundesrath die zu dessen Ausführungen erforderlichen Verwaltungsvorschriften und Einrichtungen für das ganze Reich (Bayern eingeschlossen) zu treffen hat.[2])

Die Ansicht von Rönne's,[3]) daß dieses Verordnungsrecht dem Kaiser zusteht, widerspricht der Praxis[4]) und läßt sich nicht

---

[1]) Artikel 15 Absatz 1 der Militärkonvention:

„Zur Vermittelung der dienstlichen Beziehungen des Königlich Württembergischen Armeekorps zu dem Deutschen Bundesheer findet ein direkter Schriftwechsel zwischen dem Königlich Preußischen und dem Königlich Württembergischen Kriegsministerium statt und erhält letzteres auf diese Weise alle betreffenden zur Zeit gültigen oder später zu erlassenden Reglements, Bestimmungen u. s. w. zur entsprechenden Ausführung.

[2]) Derselben Ansicht sind Laband, Reichsstaatsrecht IIIa. S. 19; Zorn I. S. 302; Seydel a. a. O., Bundesrathsprotokolle 1875 §. 124.

[3]) Reichsstaatsrecht IIb. S. 136. S. auch Thudichum in v. Holtzendorff's Jahrbuch II. S. 91.

[4]) S. Bekanntmachung vom 22. Februar 1875 zur Ausführung der Militärpensionsgesetze vom 27. Juni 1871 u. 4. April 1874 (Nachtrag dazu vom 9. Mai 1877 Reichs-Centr.-Bl. 1875 S. 142, 1877 S. 252). Mittelbare (oben §. 9) Bundesrathsverordnungen sind z. B. vom 16. Juni 1869 „die Militär-Gesetze des Deutschen Reichs“ V. S. 181 ff.

Die vom Kaiser erlassene Wehrordnung vom 28. September 1875 (Reichs-Centr.-Bl. S. 535) gründet sich auf dem Kaiser im Reichsmilitärgesetze vom 2. Mai 1874 (R.-G.-Bl. S. 45) §§. 6, 7, 8, 17 letzte 71, im Gesetze über den Landsturm vom 12. Februar 1875 (R.-G.-Bl. S. 63) §. 8, im Gesetze vom 15. Februar 1875, betreffend die Ausübung der militärischen Kontrole u. s. w. (R.-G.-Bl. S. 65) §. 8 und in Artikel 53 der Reichsverfassung (Kriegsmarine) ertheilte Ermächtigungen (Militär-Gesetze II. S. 2).

Sie ist eine Reichsverordnung, keine preußische und daher unter Verantwortlichkeit des Reichskanzlers auf dessen und des preußischen Kriegsministers gemeinschaftlichen Bericht erlassen worden. Die Wehrordnung trat an die Stelle der vom Präsidium zur Ausführung des Bundesgesetzes vom 9. November 1867, betr. die Verpflichtung zum Kriegsdienste (B.-G.-Bl. S. 131) §§. 9, 19, unter Verantwortlichkeit des Bundeskanzlers erlassenen Militärersatzinstruktion für den Norddeutschen Bund vom 26. März 1868 (Koller's Archiv des Norddeutschen Bundes I. S. 459 ff.). Vordem galt in

auf Artikel 63 der Verfassung stützen, da dieser ganz andere Verordnungen wie die zur Ausführung der Reichsgesetze erforderlichen, überhaupt nicht Reichs- sondern preußische Verordnungen im Auge hat.[1])

Hervorzuheben ist, daß allerdings in sehr häufigen Fällen das Verordnungsrecht dem Kaiser zur Ausführung der Reichsmilitärgesetze übertragen worden ist.[2])

Ferner ist zu beachten, daß Bundesrathsverordnungen, wenn es dem Kaiser und dem Bundesrath so beliebt,[3]) auch vom Kaiser verkündet werden können,[4]) was dann in der Form geschieht, daß der Kaiser „nach erfolgter Zustimmung des Bundesraths“ die bezügliche Anordnung trifft.

Von besonderer Wichtigkeit ist die Untersuchung, was den Inhalt einer Verordnung im Reichskriegswesen bilden darf, insbesondere ob durch eine solche Verordnung auch Rechtsnormen anbefohlen werden dürfen.

Für die Reichskriegsmarine ist bereits oben dargethan worden, daß die in Ansehung ihrer erlassenen Kaiserlichen Verordnungen auch Rechtsnormen aufstellen dürfen und zwar nach dem Geiste der Reichsverfassung in dem Umfange, wie dies in Preußen hergebracht ist, also auch über Gegenstände, welche, abgesehen von Artikel 53, noch in keinem Gesetze geregelt sind.[6])

Für das stehende Heer ergiebt sich aus den früher entwickelten Rechtsgrundsätzen,[7]) daß die vom Bundesrathe zur Ausführung der Reichsgesetze auf Grund Artikel 7 Nr. 2 der Verfassung erlassenen Verordnungen, Rechtsverordnungen intra

Preußen die Militärersatzinstruktion vom 9. Dezember 1858 (in den Amtsblättern bekannt gemacht). S. hierzu Militär-Gesetze II. S. 2.

[1]) Oben unter II., s. auch Militärgesetze II. S. 2 unter „Heerordnung“.

[2]) S. z. B. Wehrgesetz §§. 18, 19, Militärgesetz §§. 71, 72, Kontrolgesetz §§. 8, 9, siehe auch Laband IIIa. S. 25 Anm. 2; Zorn I. S. 302.

[3]) Siehe unten §. 20.

[4]) z. B. die auf Grund Art. 7 Nr. 2 der Reichsverfassung vom Bundesrath erlassene Verordnung vom 1. April 1876 (R.-G.-Bl. S. 137) zur Ausführung des Gesetzes über Kriegsleistungen vom 13. Juli 1873 (s. Militärges. III. S. 124).

[5]) Siehe auch oben §. 10 die vom Bundesrath erlassenen Aus- und Einfuhrverbote.

[6]) Ein selbstständiges Verordnungsrecht (ein Verordnungsrecht praeter legem) liegt aber nicht vor, weil dasselbe aus einer Verfassungsvorschrift — Artikel 53 — hergeleitet ist.

[7]) Oben §. 9.

legem in dem Umfange sein dürfen, wie dies bei Gesetzen solcher Art hergebracht oder auch aus anderen Umständen als die muthmaßliche Absicht des Gesetzes anzusehen ist.

Die zur Ausführung des Artikels 61 erlassenen Verordnungen sind zweifellos Rechtsverordnungen, materielle Gesetze; denn sie befehlen den nichtpreußischen Unterthanen des Reichs die Befolgung der Preußischen Militärgesetzgebung.

Die Preußische Militärgesetzgebung umfaßt aber nicht bloß formelle Gesetze, sondern Verordnungen der mannigfachsten Art.

Hierbei ist nun unstreitig, daß die Vorschriften der Preußischen Militärgesetzgebung weder durch ihre nähere Aufführung in Artikel 61, noch durch die Ausdehnung ihrer Geltung auf das übrige Bundesgebiet ihre ursprüngliche Natur verloren haben, daß sie insbesondere nicht Verfassungsrecht geworden sind, daß sie, wenn sie in Preußen Gesetze waren, im Reiche Gesetze geblieben sind, und wenn in Preußen Verordnungen, im Reiche Verordnungen geblieben sind.[1])

> „Es hat," so erklärte der Kriegsminister von Roon im verfassungberathenden Reichstage,[2]) „keine andere Absicht vorgelegen, als diejenige, die eben der Herr Vorredner[3]) als zweckmäßig bezeichnet hat. Wir wollen die preußischen Gesetze und die preußischen Verordnungen, Reglements und Instruktionen aufgenommen wissen, in allen denjenigen Armeetheilen, die dem Bundesheere neu zugehen, und wir wünschen, daß sie in volle Geltung durch diese Verfassung gesetzt werden; natürlich auch insoweit es Instruktionen, Vorschriften und Reglements sind, selbstverständlich immer nur insoweit, als es zweckmäßig ist, sie für die Folge immerhin beizubehalten. Natürlich muß dem Bundesfeldherrn in Bezug auf Vorschriften und Reglements die Hand frei erhalten werden. Es geht

---

[1]) Ebenso Seydel Kommentar S. 225. Derselbe in Hirths Annalen 1875 S. 1418. Laband, Reichsstaatsrecht III a. S. 18. Es gilt hier, was oben in §. 10 für die Bestimmungen der Zollvereinigungs-Verträge ausgeführt worden ist.

[2]) Stenogr. Bericht S. 581.

[3]) Dieser, Forkel (Stenogr. Ber. S. 581) sprach sich dahin aus, daß die Vorschriften der Preußischen Militärgesetzgebung nicht integrirende Theile der Verfassung werden sollten.

nicht an, daß diesem Artikel die Deutung beigelegt werde, daß mit seiner Annahme nun alle Reskripte auf einmal Bundesgesetz wären. Das war nicht die Absicht."

Daß in Preußen Verordnungen auf dem Gebiete des Militärwesens bestanden haben, welche Rechtssätze enthielten, und daß durch die Annahme des Artikels 61 und bezw. des letzten Absatzes von Artikel 63, auch für die Zukunft — wenigstens so lange wie kein Reichsgesetz über einen solchen Gegenstand erlassen werden wird — diese Rechtssätze im Verordnungswege weiter fortgebildet werden können, erhellt auch aus den Gründen, welche die Gegner jener Verfassungsvorschriften zur Bekämpfung derselben anführten.[1])

Aus dem Angeführten folgt, daß, soweit bisher thatsächlich in Preußen der Verordnungsweg im Gebiete des Militärwesens zulässig war, derselbe auch noch nach Emanation der Bundes- und Reichsverfassung — bis zur gesetzlichen Regelung des Gegenstandes — statthaft geblieben ist, daß also auch noch später Königlich Preußische Verordnungen auf diesem Gebiete statthaft sind, welche Rechtssätze aufstellen und daß die Aufstellung von Rechtssätzen in Preußischen Verordnungen keinen Grund bildet, dieselben nicht gemäß Artikel 63 in das übrige Reichsgebiet einzuführen, d. h. sie zu materiellen, nicht formellen Reichsverordnungen werden zu lassen.

Hiermit stimmt allerdings die Ansicht der meisten Staatsrechtslehrer, insbesondere diejenige von Laband[2]) und von Rönne[3]) nicht überein;[4]) dagegen deckt sich die oben von mir

---

[1]) Vergl. z. B. die Ausführungen Wigand's im verfassungberathenden Reichstage (Stenogr. Ber. 1867 S. 582) der u. A. sagte, daß in der Preußischen Militärgesetzgebung „auch Bestimmungen enthalten seien, die eigentlich keine Gesetzeskraft zu beanspruchen berechtigt sind —" (nämlich weil sie nicht in Gesetzesform erlassen sind), „doch als Gesetze gehandhabt werden."

[2]) Reichsstaatsrecht IIIa. S. 18.

[3]) Reichsstaatsrecht IIb. S. 134, S. 138. ff.

[4]) Die richtige Ansicht findet sich dagegen bei Zorn I. S. 301. Indes ist die Unterscheidung zwischen dem Kommando und der Verordnung m. E. für die im Texte behandelte Frage ohne Belang; denn jenes steht in demselben Verhältniß zum „Gesetze" wie dieses. Vergl. hierzu Zorn I. S. 302; Thudichum in von Holtzendorffs Jahrbuch II. S. 92 ff. Laband Reichsstaatsrecht IIIa. S. 35 und unten §. 22.

aufgestellte Theorie mit der Praxis, was u. A. folgende Beispiele beweisen:

A. Das Disziplinarwesen für die Armee war in Preußen dem Verordnungs-, nicht aber dem Gesetzgebungswege unterworfen gewesen, was daraus erhellt, daß alle Ergänzungen und Abänderungen der Allerhöchsten Kabinets-Ordre vom 21. Oktober 1841, betreffend die Disziplinarbestrafung im stehenden Heere,[1]) nicht mit Zustimmung der Landesvertretung, sondern durch Königliche Verordnungen erfolgt sind.[2])

Gleichwohl enthalten diese Bestimmungen sämmtlich Rechtssätze, mindestens in demselben Umfange wie die Disziplinargesetze für richterliche[3]) und nicht richterliche[4]) Beamten solche enthalten.[5])

Die preußischen Vorschriften über die Disziplinarbestrafung sind, soweit sie beim Inkrafttreten der Bundesverfassung schon bestanden, auf Grund Artikel 61 der Bundesverfassung in das übrige Bundesgebiet — außer Bayern — eingeführt worden.

Die späteren Preußischen Verordnungen über die Disciplinarbestrafungen für das stehende Heer sind gleichfalls im Wege der Verordnung ergangen und gemäß Artikel 63 letzter Absatz in das übrige deutsche Reich — außer Bayern — gleichfalls im Verordnungswege eingeführt worden.[6])

Die Verordnung vom 31. Oktober 1872 ist übrigens nicht auf Grund §. 8 des Reichs-Militärgesetzes vom 2. Mai 1874 erlassen worden, — wie Zorn[7]) und Hänel[8]) anzunehmen scheinen — und zwar schon deshalb nicht, weil sie älter ist als dieses Gesetz. Sie ist auch formell betrachtet keine Reichsver-

---

[1]) Gesetzs. S. 325; von Helldorf, Dienstvorschriften III. S. 446.

[2]) Oben §. 7. Allerhöchste Kabinets-Ordre vom 28. Dezbr. 1850 (Militärwochenblatt 1851 S. 21), 29. Mai 1852 (Gesetzs. S. 441) u. s. w.

[3]) Vom 7. Mai 1851 (Gesetzs. S. 218).

[4]) Vom 21. Juli 1852 (Gesetzs. S. 465).

[5]) Siehe auch Laband IIIa. Seite 166 7.

[6]) Siehe die Disziplinarverordnungen für das Heer vom 31. Oktober 1872 (Armee-Verordnungsbl. S. 330), ferner Württemberg. Verordnung vom 27. November 1872, Württemb. V.-Bl. Seite 368; Militär-Gesetze II. S. 108, Laband IIIa. S. 167.

[7]) Reichsstaatsrecht I. S. 310.

[8]) Organisatorische Entwickelung S. 79.

ordnung, sondern eine Preußische, zunächst für die preußische Armee erlassene Verordnung; und deshalb war es keine „anomale Wendung" oder „Inkorrektheit",[1]) daß sie in einem Preußischen Verordnungsblatte veröffentlicht worden ist, und daß nicht der Reichskanzler, sondern der Preußische Kriegsminister dieselbe unterzeichnet hat.[2])

Die Disziplinar-Verordnung dagegen für die Kaiserliche Kriegsmarine ist auf Grund Artikel 53 der Reichsverfassung vom Kaiser erlassen, sie ist eine Reichsverordnung und keine preußische Verordnung und daher ist sie auch in einem Organ des Reichs veröffentlicht worden.[3])

B. Die Allerhöchste Verordnung über die Ehrengerichte vom 20. Juli 1843[4]) ist in Preußen als Verordnung angesehen worden, was darin zu Tage tritt, daß sie, auch nachdem Preußen in die Reihe der konstitutionellen Staaten eintrat, stets ohne Zustimmung des Landtages ergänzt und abgeändert wurde.[5])

Sie enthält aber zweifellos Rechtssätze.[6]) Die preußischen Vorschriften über die Ehrengerichte sind zunächst auf Grund Artikel 61 in das übrige Deutsche Reich — außer Preußen — eingeführt worden.

Da diese Vorschriften in Preußen als Verordnungen galten, sind sie auch im Verordnungswege in Preußen, nämlich durch die Königliche Verordnung über die Ehrengerichte der Offiziere im Preußischen Heere vom 2. Mai 1874, geändert worden, welche erst auf Grund des letzten Absatzes in Artikel 63 der Reichsverfassung in das übrige Reichsgebiet — außer Bayern — eingeführt wurde.

---

[1]) Wie das Hänel, organisatorische Entwickelung S. 78/9 und Zorn I. 310 Anm. 26 behaupten.

[2]) Der Tadel, welchen Hänel (organisatorische Entwickelung S. 79) hierüber auszusprechen scheint, möchte daher ebenso ungerechtfertigt sein, wie seine Bezugnahme auf Art. 61 statt 63.

[3]) Die Bemerkung Zorn's I. 310 in Anm. 26 dürfte hiernach auf einem Irrthum beruhen.

[4]) Gesetzs. S. 299; von Helldorf III. S. 522.

[5]) S. Kabinets-Ordres vom 22. Juli 1852 (Militärgesetz-Sammlung Bd. V. S. 212), 26. Februar 1857 (von Helldorf V. S. 484), 15. Juni 1858 (das. V. S. 485), 15. Juni 1858 (das. V. S. 486), 29. Juni 1858 (das. V. S. 483), 17. März 1859 (das. V. S. 487), 10. Mai 1860 (das. V. S. 435).

[6]) z. B. darüber, wer sich der Entscheidung des Ehrengerichts unterwerfen muß, wie dasselbe zu besetzen ist, welche Rechtswirkungen sich an die Aussprüche des Ehrengerichts anknüpfen u. s. w.

Die Verordnung vom 2. Mai 1874 ist eine Preußische und keine Kaiserliche[1]) Verordnung.[2])

Dagegen ist die Verordnung über die Ehrengerichte der Offiziere in der Kaiserlichen Marine vom 2. November 1875 eine Kaiserliche Verordnung und von Reichswegen veröffentlicht.[3])

C. Die Kriegsartikel vom 9. Dezember 1852, obwohl Rechtssätze enthaltend, waren in Preußen im Verordnungswege aufgestellt.[4])

Sie konnten daher auch noch nach Errichtung des Deutschen Reiches in Preußen im Verordnungswege abgeändert bezw. ersetzt werden. Letzteres geschah durch die Königliche, unter Gegenzeichnung des Preußischen Kriegsministers erlassene Verordnung[5]) vom 31. Oktober 1872,[6]) welche auf Grund Artikel 63 der Reichsverfassung in das übrige Reichsgebiet eingeführt wurde.

D. An die Stelle der Preußischen Verordnungen vom 5. September 1867, betreffend die Organisation der Landwehrbehörden und die Dienstverhältnisse der Offiziere des Beurlaubtenstandes,[7]) vom 4. Juli 1868, betreffend die Dienstverhältnisse des Beurlaubtenstandes[8]) und anderer preußischer Verordnungen, ist die Königlich Preußische[9]) Heerordnung vom 28. September 1875[10]) getreten. Das Recht zum Erlasse derselben gründete sich nicht auf eine dem Kaiser im Reichs-

---

[1]) Dies scheint Zorn I. S. 380 Anm. 54 anzunehmen.

[2]) Sie ist veröffentlicht in v. Helldorf's Dienstvorschriften IV. Abthlg. 4. S. 228 ff.

[3]) Marine-Verordnungsbl. 1875, Beilage zu Nr. 21.

[4]) Eingeführt auf Grund Artikel 61 der Bundesverfassung durch Präsidial-Verordnung vom 20. Dezember 1867 (B.-G.-Bl. S. 185) in das übrige Bundesgebiet.

[5]) Wie sich diese vom Könige, nicht vom Kaiser erlassene Verordnung auf das jüngere Reichs-Militärgesetz vom 2. Mai 1874 stützen soll — so behauptet Hänel, organisatorische Entwickelung S. 79 — ist nicht erfindlich.

[6]) Veröffentlicht ist diese Preußische Verordnung im Preußischen Armee-Verordnungsblatt 1872 S. 330.

[7]) Militär-Wochenblatt 1867 S. 175.

[8]) Besonders in von Deckers Verlag erschienen.

[9]) und zwar zu dem Zwecke, um die spezifisch militärischen Ergänzungen zur Deutschen Wehr-Ordnung zu bringen.

[10]) S. auch II. S. 2. Militärgesetze des Deutschen Reichs. Berlin 1877 II. S. 246 ff.

militärgesetze vom 2. Mai 1874 ertheilte Delegation,[1]) sondern auf die dem Könige von Preußen, als König und Kontingentsherrn des Preußischen Heeres nach Preußischem Staatsrechte zustehende (selbstständige) Verordnungsgewalt.[2])

Erst auf Grund des letzten Absatzes in Artikel 63 der Reichsverfassung wurde sie in die übrigen deutschen Staaten eingeführt und so materiell, nicht aber formell, eine Reichsverordnung.

Dagegen ist die Wehrordnung vom 28. September 1875, wie oben nachgewiesen, eine auf Grund reichsgesetzlicher Ermächtigung erlassene Reichsverordnung, und daher nicht vom Könige von Preußen, sondern vom Kaiser erlassen und nicht allein vom Preußischen Kriegsminister, sondern auch vom Reichskanzler gegengezeichnet.[3])

Vorstehende Ausführungen beweisen, wie schließlich bemerkt werden darf, daß im Gegensatze zu den Behauptungen namhafter Staatsrechtslehrer, mit hoher Sorgfalt das Verordnungsrecht auf dem Gebiete des Militärwesens ausgeübt worden ist.

§. 14.

Verordnungen betreffend Seewesen.

Art. 54 der Reichsverfassung schreibt vor:

„Die Kauffahrteischiffe aller Bundesstaaten bilden eine einheitliche Handelsmarine.

Das Reich hat das Verfahren zur Ermittelung der Ladungsfähigkeit der Seeschiffe zu bestimmen, die Ausstellung der Meßbriefe, sowie der Schiffscertifikate zu regeln und die Bedingungen festzustellen, von welchen die Erlaubniß zur Führung eines Seeschiffes abhängig ist . . . . ."

Auf Grund dieser Verfassungsbestimmung hat der Bundesrath

[1]) Wie dies Hänel, die organisatorische Entwickelung S. 79 zu behaupten scheint.

[2]) Sie ist daher in korrekter Weise vom Preußischen Kriegsminister und nicht vom Reichskanzer gegengezeichnet. Militär-Gesetze II. S. 2, 246 ff.

[3]) S. Militär-Gesetze II. S. 2, 122 ff.; v. Rönne, Reichsstaatsrecht IIb. S. 195.

die Schiffsvermessungs-Ordnung vom 5. Juli 1872 (R.-G.-Bl. S. 270) erlassen, welche insbesondere vorschreibt, welche Schiffsgefäße der Vermessungspflicht unterliegen, nach welchem System die Vermessung zu erfolgen hat und welche Gebühren dafür zu entrichten sind. Die Schiffsvermessungs-Ordnung ist mithin zweifellos eine Rechtsverordnung[1]) und aus diesem Grunde wird behauptet,[2]) daß der Bundesrath zu ihrem Erlasse nicht befugt gewesen sei. Dieser Grund erscheint indes nicht stichhaltig, da das dem Bundesrathe in Artikel 7 Ziffer 2 der Verfassung ertheilte Recht, die zur Ausführung der Reichsgesetze erforderlichen Verwaltungsvorschriften zu erlassen, nach dem Sprachgebrauche der Verfassung das Recht zum Erlasse von Rechtsverordnungen nicht ausschließt, sondern einschließt, wenn der Inhalt derselben sich als Ausführungsverordnung in dem nach deutschem Rechte hergebrachten Umfange darstellt. Dies ist der Fall.

Die Vermessungspflicht der Schiffe im Allgemeinen stand bereits auf Grund der landesrechtlichen Vorschrift fest.[3]) Das Vermessungsverfahren ebenso wie die Höhe der für die Vermessung zu zahlenden Gebühren, wie auch die nähere Bestimmung des Begriffs „Schiff" war nach dem hergebrachten Staatsrechte nicht im Gesetze normirt und dem Verordnungswege um so mehr vorbehalten, weil es sich dabei nur um die Ausführung bereits gegebener gesetzlicher Bestimmungen handelte.[4])

---

[1]) So auch Laband, Reichsstaatsrecht II. S. 450; Hänel, organisatorische Entwickelung S. 81.

[2]) Laband, Hänel, an den angezogenen Stellen, ebenso auch Hiersemenzel, das Verfassungs- und Verwaltungsrecht des Norddeutschen Bundes und des Deutschen Zoll- und Handelsvereins I. S. 148; dagegen indes ohne Begründung seiner Ansicht Zorn, Reichsstaatsrecht II. S. 559.

[3]) In Preußen Allerhöchste Kabinets-Ordre, betreffend die Vermessung der Schiffe und die darnach zu regulirenden Abgaben, vom 25. September 1815 (Gesetzs. S. 205). Die Kabinets-Ordre lautet: „Es soll Behufs der Vermessung der Schiffe und der darnach zu regulirenden Abgaben hinführo in den gesammten Häfen der Monarchie eine gleiche Schiffslasten-Größe angenommen werden, welche zu Vier Tausend Berliner Pfund, oder Funfzig Berliner Scheffel Roggen, zu Achtzig Pfund der Scheffel, festgestellt wird. . . ." Vergl. auch Romberg in von Holtzendorf's Jahrbuch I. S. 364.

[4]) In Preußen wäre also eine der Schiffsvermessungsordnung v. J. 1872 entsprechende Verordnung unter allen Umständen — da ein Gesetz nicht entgegenstand — statthaft gewesen, mag man eine solche eventuell als eine unselbstständige oder als eine selbstständige Verordnung angesehen haben.

Die Schiffsvermessungs-Ordnung bewegt sich mithin innerhalb des der Verordnung thatsächlich gewährten Spielraums. Die Maaßeinheit war durch das Gesetz, die Maaß- und Gewichtsordnung für den Norddeutschen Bund vom 17. August 1868 (B.-G.-Bl. S. 473) normirt und ist durch die Schiffsvermessungs-Ordnung vom 5. Juli 1872 nicht verändert worden. Diese Ordnung enthält auch sonst keine Bestimmung, welche vordem anderweitig im Gesetzgebungswege geregelt war. Sonach war der Bundesrath nach dem Sinne und der Absicht der in Art. 7 Nr. 2 der Reichsverfassung enthaltenen Bestimmungen in Verbindung mit der Vorschrift in Art. 54 so befugt wie verpflichtet, das Verfahren zur Messung der Schiffe ohne Mitwirkung des Reichstages zu regeln.[1])

Dies ist auch seiner Zeit gar nicht bestritten worden. Insbesondere hatte das Bundespräsidium bei dem Bundesrath bereits drei Jahre vorher den Erlaß einer solchen Verordnung in Anregung gebracht.[2])

Bei der Aufstellung der bezüglichen Vorschrift in Art. 54 hat die Verfassung das Bedürfniß im Auge gehabt, die verschiedenen Messungsmethoden der deutschen Staaten durch ein gleichmäßiges System zu ersetzen,[3]) nicht aber die hergebrachte Grenze zwischen Gesetzgebung und Verordnung zu verändern.

Was insbesondere die Normirung der Gebühren anlangt, so ist es nach Landesrecht wie nach Reichsrecht hergebracht und in sich gerechtfertigt, die Erstattung der Kosten für eine von den Staatsbehörden zu übernehmende Leistung — das sind die Gebühren[4]) — durch diese Behörden selbst oder die denselben vorgesetzten Dienststellen auch ohne besondere gesetzliche Delegation bestimmen[5]) zu lassen.[6])

---

[1]) Die Zulässigkeit der Bundesrathsverordnung nehmen an Seydel's Kommentar S. 208. „Mindestens weist also Art. 54 Abs. 2 die dort genannten Aufgaben nicht ausdrücklich der Gesetzgebung, also der Mitwirkung des Reichstages zu. Mangels einer solchen Bestimmung aber fallen sie den Trägern der Souveränitätsrechte und in Folge dessen dem Bundesrathe zu"; und Zorn, Reichsstaatsrecht II. S. 559.

[2]) Romberg in von Holtzendorff's Jahrbuch I S. 364.

[3]) Siehe auch Romberg in von Holtzendorff's Jahrbuch I. S. 362.

[4]) Vergl. Ad. Wagner, Finanzwissenschaft 2. Thl. S. 5.

[5]) Hierfür lassen sich zahlreiche Beispiele anführen:

a. Bekanntm. betr. die Prüfung der Aerzte u. s. w. vom 25. Sept. 1869

In Gemäßheit des nämlichen Art. 54 der Reichsverfassung erging auch das Gesetz, betreffend die Nationalität der Kauffahrteischiffe und ihre Befugniß zur Führung der Landesflagge vom 25. Oktober 1867 (B.-G.-Bl. S. 35) ergänzt und theilweise abgeändert durch das Gesetz, betreffend die Registrirung und die Bezeichnung der Kauffahrteischiffe vom 28. Juni 1873 (R.-G.-Bl. S. 184).

Hier wäre eine Verordnung des Bundesraths unstatthaft gewesen, weil die diesbezügliche Materie hergebrachter Weise im Gesetzgebungswege geregelt war[1]) und weil ferner das Gesetz, um wirksam zu sein, Strafnormen aufstellen mußte,[2]) solche aber im Wege selbstständiger Verordnung nicht und vielmehr nur durch Gesetz oder in Gemäßheit eines Gesetzes erlassen werden dürfen.

Zur Ausführung der erwähnten Gesetze vom 25. Oktober 1867 und 28. Juni 1873 erging auf Grund Art. 7 Nr. 2 der Reichsverfassung eine Verordnung des Bundesraths, welche durch Bekanntmachung vom 13. November 1873 im Reichsgesetzblatt

---

(B.-G.-Bl. S. 635) I. §. 43, II. §. 5 — vergl. §. 29 der Gewerbeordnung. —

b. Bekanntmachung betr. die Prüfung der Seeschiffer und Seesteuerleute u. s. w. vom 30. Mai 1874 (B.-G.-Bl. S. 314) § 17 — vergl. §. 31 der Gewerbeordnung. —

c. Bekanntmachung betr. die Prüfung der Apotheker u. s. w. vom 5. März 1875 (R.-G.-Bl. S. 174, Reichs-Centr.-Bl. S. 167) §. 18 — vergl. §. 29 der Gewerbeordnung. —

d. Bekanntmachung betr. die Prüfung der Thierärzte vom 27. März 1878 (R.-G.-Bl. S. 10, Reichs-Centr.-Bl. S. 160) — vergl. §. 29 der Gewerbeordnung. —

Vergl. dagegen Maaß- und Gewichts-Ordnung vom 17. August 1868 (B.-G.-Bl. S. 473) Art. 18 Abs. 3. Vereinszollgesetz vom 1. Juli 1869 (B.-G.-Bl. S. 317), §. 10, welche letzteren beiden Gesetze indes gleichfalls beweisen, daß die Normirung der Gebühren im Gesetzgebungswege nicht üblich ist.

[6]) Daß für gewisse Fälle die Gebührensätze in der Schiffsvermessungsordnung verdoppelt sind, ist (im juristischen Sinne) wohl keine Strafe (wie Hänel, organisatorische Entwickelung §. 81 meint), noch eine polizeiliche Ordnungsstrafe (Laband, Reichsstaatsrecht II. S. 455); sondern nur Bezahlung der den Behörden durch Unfolgsamkeit des Schiffers erwachsenden besonderen Bemühungen.

[1]) Nämlich in Preußen durch Art. 53 des Einführungsgesetzes zum Handelsgesetzbuch vom 24. Juni 1861 (Gesetzs. S. 449).

[2]) §§. 13, 14, 15 des Bundesgesetzes vom 25. Oktober 1867.

(S. 367) veröffentlicht ist und Rechtssätze aufstellt, insbesondere darüber, was zum Erwerbe durch „Seefahrt" bestimmte Schiffe sind, in welcher Weise der Name auf dem Schiffe anzubringen ist u. s. w. Die übrigens bisher unangefochtene Rechtsgültigkeit dieser Verordnung ergiebt sich aus dem Umstande, daß sie über den Rahmen der Ausführungsverordnung nicht hinaustritt.

Das Nämliche gilt für die vom Bundesrath gleichfalls auf Grund Art. 7 Nr. 2 der Reichsverfassung angeordnete Instruktion vom 24. November 1875[1]) zur Strandungsordnung vom 17. Mai 1874 (R. G. Bl. S. 73).

An dieser Stelle ist endlich noch die zur Ausführung des Artikels 55 der Norddeutschen Bundesverfassung ergangene Präsidial-Verordnung vom 25. Oktober 1867, betreffend die Bundesflagge für Kauffahrteischiffe (B. G. Bl. S. 39) zu erwähnen.

Artikel 55 lautet: „Die Flagge der Kriegs- und Handelsmarine ist schwarz-weiß-roth," enthält also keine Delegation zum Erlaß einer Ausführungsverordnung. Der letzteren bedurfte es, wenn die Absicht der Verfassung, eine gemeinschaftliche und als solche unverkennbare Nationalflagge einzuführen, in Wirklichkeit erreicht werden sollte.

Die Verordnung vom 25. Oktober 1867 enthält einen Rechtsbefehl an Alle, welche an ihren zum Erwerb durch die Seeschifffahrt bestimmten Schiffen (Kauffahrteischiffen) die Nationalflagge führen und die damit verbundenen Vortheile genießen[2]) wollen. Nur die mit einer der Präsidialverordnung entsprechenden Flagge ausgerüsteten Schiffe können auf den Schutz deutscher Kauffahrteischiffe rechnen.

Zum Erlasse dieser Verordnung würde seit Geltung der Reichsverfassung nach Art. 7 Nr. 2 nicht das Präsidium, sondern der Bundesrath als befugt erscheinen. Wenn dieselbe vom Bundespräsidium erlassen ist, so beweist dies, daß durch die Einschaltung dieser Verfassungsbestimmung in der That eine Verstärkung des föderativen Elementes verbunden war.[3])

Für das Verordnungsrecht des Kaisers läßt sich — wenn man kein allgemeines nach der Norddeutschen Bundesverfassung

[1]) Centralblatt für das Deutsche Reich 1875. S. 750.

[2]) Vergl. Gesetz betreffend die Nationalität der Kauffahrteischiffe und ihre Befugniß zur Führung der Bundesflagge, vom 25. Oktober 1867 (B.-G.-Bl. S. 35).

[3]) Siehe oben S. 52.

annehmen will — lediglich der Umstand anführen, daß der Kaiser nach Artikel 53 Absatz 1 zur näheren Bestimmung der Flagge für die Kriegsschiffe befugt war, diese aber nach dem muthmaßlichen Willen der Verfassung mit derjenigen für die Kauffahrteischiffe übereinstimmen sollte. [1])

§. 15.

Organisatorische Verordnungen in Preußen und im Deutschen Reiche.

Aus dem früher entwickelten Satze, daß die Krone in Preußen alle diejenigen Befugnisse hat, welche ihr durch die Verfassung nicht entzogen worden sind, folgt, daß sie, soweit die Verfassung nicht entgegensteht, jede Besetzung und Aenderung in den Organen des Staates anordnen und die Kompetenzen dieser Organe im Verhältniß zu einander und zu den Unterthanen feststellen darf. Die Verfassung steht diesem Recht der Krone zum Erlasse organisatorischer Verordnungen unmittelbar entgegen, wenn sie ausdrücklich den Gesetzgebungsweg für gewisse Behörden vorschreibt, oder wenn es sich um Abänderung von Behördenorganisationen handelt, welche schon auf einem — nach Erlaß der Verfassung — ergangenen Gesetze beruhen, und mittelbar, soweit das verfassungsmäßige Budgetrecht des Landtages in Frage steht.

---

[1]) So erklärte in der Sitzung des verfassungberathenden Reichstages am 4. März 1867 der Preußische Kriegsminister und Bundeskommissar von Roon (Hahn, zwei Jahre preußisch-deutscher Politik S. 549 Sten. Ber. S. 526):

„Was aber die Kriegsflagge anbelangt, so versteht es sich ja von selbst, daß um die Zusammengehörigkeit der Kriegs- und Handelsschiffe zu bekunden, die Farben, die für die Handelsmarine angenommen werden, in der Kriegsflagge sich wiederholen müssen. Das schließt indeß keineswegs aus, daß das in der Weise geschehe, wie das Seine Majestät für angemessen befinden wird. Die genannten Farben werden sich in der Kriegsflagge wiederholen müssen, aber in welcher Gestalt, das ist eine Sache, worüber hier kein Beschluß herbeigeführt zu werden braucht.“

Vorstehendes folgt auch aus einem argumentum e contrario, welches Artikel 89 der Preußischen Verfassungsurkunde liefert. Denn wenn die Organisation der Behörden stets und allgemein nur auf Gesetz beruhen kann, so wäre dieser Artikel überflüssig, da er nur vorschreibt: „Die Organisation der Gerichte wird durch das Gesetz bestimmt.“

Wie klar hiernach auch das Recht der Krone zum Erlasse organisatorischer Verordnungen erscheint, gleichwohl ist dasselbe seit Jahrzehnten auf das heftigste bestritten worden.

Die Gegner der Organisationsgewalt der Krone [1]) stützen sich in erster Reihe auf die Vorschrift des Artikels 96 der Preußischen Verfassung, [2]) welcher lautet:

> „Die Kompetenz der Gerichte und Verwaltungsbehörden wird durch das Gesetz bestimmt....“

Allein die Motive zu dieser Vorschrift, in welchen es wörtlich heißt: [3])

> „Im Artikel 92 hat die Nothwendigkeit einer gesetzlichen Grenzscheidung zwischen der Wirksamkeit der Gerichte und der Verwaltungsbehörden angedeutet — — werden sollen,“

ergeben, daß nicht die Organisation der Verwaltungsbehörden, sondern daß nur die Kompetenzbestimmung zwischen Gerichts- und Verwaltungsbehörden im Wege des Gesetzes geregelt werden sollte. [4])

---

[1]) Hänel, organisatorische Entwickelung S. 63, rechnet die organisatorischen allgemein zu den gesetzvertretenden Verordnungen und er behauptet (S. 63, 64), daß die Befugniß zum Erlasse derselben „wenigstens streng genommen“ ausdrücklich in einem Gesetze ertheilt werden müsse, worin die Behauptung eingeschlossen liegt, daß die Krone aus eigenem Rechte nicht zum Erlasse organisatorischer Verordnungen befugt sei.

[2]) So Lasker in der Sitzung des Abgeordnetenhauses am 16. Dezember 1867 (Sten. Berichte 1867/68 Bd. I. S. 472). S. auch Windhorst (Meppen) am 27. März 1878 (Sten. Berichte des Abgeordnetenhauses 1877/78 S. 1993 ff.)

[3]) Motive zu dem entsprechenden Artikel 92 des Verfass.-Entwurfs vom 20. Mai 1848 in Rauer S. 134.

[4]) S. hierzu die vorzüglichen Bemerkungen: Graf zu Eulenburg am 30. Januar 1869 im Herrenhause (Sten. Ber. 1868/9 I. S. 188, 189); Achenbach in der Sitzung des Abgeordnetenhauses am 4. Dezember 1868 (Sten. Ber. S. 436); Graf zu Eulenburg am 14. Dezember 1867 (das. S. 426); s. auch von Rönne, Preuß. Staatsrecht 4. Aufl. I. S. 423.

Jedenfalls ergeben die Thatsachen, daß — innerhalb der oben bezeichneten Schranken — die Krone in Preußen die Organisationsgewalt von jeher ausgeübt hat.

Die Klarlegung dieser Thatsachen ist mit einigen Schwierigkeiten verbunden. Zunächst ist, was die Reden einzelner Landtagsmitglieder und was Resolutionen der Häuser des Landtages anlangt, auseinander zu halten, was darin als Postulat des positiven Rechts oder als bloßer Wunsch für das Verfahren der Staatsregierung aufzufassen ist.

Sodann ist zu beachten, daß, da das Budgetrecht des Landtages, wenigstens für Neuorganisationen, ein formell unbegrenztes ist, aus diesem Budgetrechte heraus der Landtag die Krone häufig wird zwingen können, solche Neuorganisationen im Gesetzgebungswege entstehen zu lassen und daß aus diesem Standpunkte seines Budgetrechtes heraus der Landtag sich beschweren kann, wenn die Krone Organisationen, die mit Kosten verknüpft sind, vornehmen läßt, ehe sie sich der hinterher nicht gut zu versagenden Zustimmung des Landtages zu den dazu erforderlichen Ausgaben versichert hat.

I. Im Jahre 1852 ist die gesammte Verwaltungsorganisation in den Hohenzollernschen Landen durch eine Verordnung (vom 7. Januar 1852) geregelt worden. [1])

II. Im Jahre 1853 hat die Staatsregierung eine Generalkommission in Merseburg errichtet, eine Behörde, welche Verwaltungs- und Justizangelegenheiten zu bearbeiten hat. Als sie die dafür erforderlichen Mittel vom Landtage forderte, beschloß die zweite Kammer auf Antrag ihrer Budgetkommission am 31. März 1854 (Sten. Ber. S. 731):

> „daß das Verfahren der Staatsregierung, wonach dieselbe mit der Errichtung der General-Kommission zu Merseburg vorgegangen sei, ohne diese Angelegenheit zur rechten Zeit zur Kenntniß der Kammern zu bringen, und deren vorgängige Genehmigung zu den dadurch entstehenden Mehrausgaben zu extrahiren, mit den verfassungsmäßig den Kammern zustehenden Rechten nicht vereinbar sei."

Indeß diese Resolution gründet sich allein und kann sich

---

[1]) Sten. Ber. des Abgeordnetenhauses 1867 S. 446.

allein gründen auf das Budgetrecht. Wäre die Errichtung der Generalkommission ohne Kosten verknüpft gewesen, so wäre die Resolution des Landtages gegenstandslos gewesen.[1])

III. Die Organisation der Verwaltungsbehörden (Regierungen, Landdrosteien u. s. w.) in den 1866 erworbenen Provinzen ist durch Verordnungen erfolgt.[2])

IV. Im Jahre 1872 bemängelte der Abgeordnete Virchow, daß die Abtrennung der Thierarznei-Schulen aus der Verwaltung des Ministers der geistlichen, Unterrichts- und Medizinal-Angelegenheiten in diejenige des Ministers für Landwirthschaft im Verordnungswege erfolgt war. Zur Begründung seiner Ansicht berief er sich hauptsächlich darauf,[3]) daß diese Abtrennung eine Verletzung der vom Könige erlassenen und in der Gesetzsammlung veröffentlichten, also als Gesetz aufzufassenden Ordre vom 10. Dezember 1847[4]) enthalte. Allein abgesehen davon, daß diese Bemerkung das Organisationsrecht der Krone im Prinzip gar nicht trifft, so beruht sie auf der später als unrichtig nachzuweisenden Annahme, daß jede vor der Verfassung ergangene und in der Gesetzsammlung veröffentlichte Königliche Verordnung seit Inkrafttreten der Verfassung nur im Gesetzgebungswege geändert werden könne.[5])

Für die Organisationsgewalt der Exekutive, insbesondere deren Recht zur Abgrenzung der Thätigkeit bestehender Behörden traten

---

[1]) Wenn Rönne (Preuß. Staatsrecht 4. Aufl. I. S. 426) an diesen Fall die Bemerkung knüpft, daß die Krone in Preußen vermöge ihrer Organisationsgewalt keineswegs das Recht besitzt, — ohne Genehmigung des Abgeordnetenhauses Veränderungen in der bisherigen Organisation der Verwaltungsbehörden — anzuordnen, insofern hierdurch Mehrkosten entstehen, so glaube ich dieser Bemerkung widersprechen zu dürfen. Die Krone ist formell befugt, auch solche Organisationen vorzunehmen, durch welche Mehrkosten entstehen. Der Landtag ist seinerseits formell befugt, diese Mehrkosten abzulehnen.

[2]) S. hierüber die Erklärungen des Ministers Graf zu Eulenburg vom 14. Dezember 1867 (Sten. Ber. des Abgeordnetenhauses 1867 S. 426); des Regierungskommissars von Wolff am 16. Dezember 1867 (Sten. Ber. des Abgeordnetenhauses S. 447); des Abgeordneten Achenbach am 4. Dezember 1868 (das. S. 436).

[3]) Am 6. Juni 1872 (Sten. Ber. des Abgeordnetenhauses S. 1558).

[4]) Gesetzs. 1848 S. 19.

[5]) Auch der Abgeordnete von Kardorff behauptete damals (Sten. Ber. S. 1553), daß die Allerhöchste Kabinets-Ordre vom Jahre 1847 durch Verordnung nicht geändert werden könne.

damals — unter Anerkennung der indirekten Beschränkung durch das Budgetrecht — hauptsächlich ein, die Minister v. Selchow[1]) und Dr. Falk[2]) und der Abgeordnete Dr. Windhorst[3]) (Meppen).

V. Die eingehendsten Verhandlungen fanden in den Jahren 1878 und 1879 in beiden Häusern des Landtages statt, veranlaßt durch mehrfache Aenderungen in der Organisation der Ministerien.[4])

Ein großer Theil der Landtagsmitglieder und das Haus der Abgeordneten hielten diese Umgestaltung in den Ministerien nur durch Gesetz, also nur unter Mitwirkung des Landtages, statthaft, wohingegen die Krone nur, soweit sie Geldmittel brauchte, die Zustimmung des Landtages für erforderlich hielt.[5])

Wenn bei dieser Gelegenheit die Krone dem Verlangen des Abgeordnetenhauses nachgebend sich die Mitwirkung des Landtages gefallen ließ, so folgt hieraus indeß Nichts gegen die prinzipielle Richtigkeit der vorstehend entwickelten Theorie. Denn, abgesehen davon, daß die Krone ihren prinzipiellen Standpunkt wahrte,[6]) so waren für das eingeschlagene Verfahren nachfolgende andere Rücksichten leitend:

---

[1]) Sten. Ber. des Abgeordnetenhauses 1872 S. 1553.

[2]) Daselbst S. 1556.

[3]) Daselbst S. 1557.

[4]) Wenn bei dieser Gelegenheit der Abgeordnete Windhorst (Meppen) am 27. März 1878 (Sten. Ber. S. 1993) bemerkte: „nach meiner Ueberzeugung können wir nach Maßgabe der Bestimmungen der Verfassung neue Ministerien und wesentliche Aenderungen in der Vertheilung der Geschäfte derselben nur auf dem Wege des Gesetzes machen", so dürfte sich damit schwer vereinigen lassen, daß er sich im Jahre 1872 mit den hiervon abweichenden Erklärungen des Ministers Falk ganz übereinstimmend erklärte (s. Anm. 3).

[5]) Den Regierungsstand vertraten am 27. März 1878 hauptsächlich Graf Bethusy (Sten. Ber. des Abgeordnetenhauses 1877/78 S. 1975); Gneist, (das. S. 2001), am 28. März 1878; Gneist (das. S. 2027), am 2. Dezember 1878; Gneist (Sten. Ber. 1878/79 S. 143); v. Zedlitz-Neukirch (das. S. 148); im Herrenhause am 12. Februar 1879; Graf zur Lippe (Berichterstatter), Sten. Ber. des Herrenhauses 1878/79 II. S. 521, dessen Bericht, obwohl nicht überall mit demselben einverstanden, ich wagen möchte, fast als das Beste zu bezeichnen, was im Preuß. Staatsrecht überhaupt über das Verordnungsrecht bisher geleistet worden ist.

[6]) Vergl. die Erklärung des Regierungskommissars von Heyden-Rynsch am 12. Februar 1879 in der Kommission des Herrenhauses (Sten. Ber. II. S. 524)

1. Die bisherige Organisation der Ministerien beruhte auf einer Königlichen, in der Gesetzsammlung veröffentlichten Anordnung. Schon aus diesem Grunde aber wurde — allerdings nicht mit Recht — gefordert, daß eine Abänderung der Ministerien nur durch Gesetz erfolgen könne. [1])

2. In vielen seit der Verfassung ergangenen Gesetzen waren dem „Handelsminister" oder dem „Minister für Handel, Gewerbe und öffentliche Arbeiten" Befugnisse der mannigfachsten Art beigelegt worden. Aus diesem Grunde nahm man an, daß bei Theilung des Handelsministeriums auch eine gesetzliche Bestimmung darüber erforderlich sei, was von diesen Befugnissen dem einen oder dem anderen Minister zufallen sollte. [2])

3. Die Mitwirkung des Landtages war schon des Geldpunktes halber nicht zu umgehen.

VI. Andere als die im Vorstehenden unter IV. und V. angeführten Veränderungen in der Ministerialverfassung übergehe ich, da sie aus der unter V. besprochenen Veranlassung zur allgemeinen Kenntniß gelangt sind. [3])

VII. Auf den Gebieten des Kriegswesens, der Eisenbahn-, Post- und Telegraphen-Verwaltung ist die Organisationsgewalt der Krone in Preußen an sich, wenigstens soweit es die Behördenorganisation anlangt, noch nie angezweifelt

---

und des Vize-Präsidenten des Staatsministeriums Grafen zu Stolberg-Wernigerode am 3. Dezember 1878 (Sten. Ber. des Abgeordnetenhauses 1878/79 S. 158) im Abgeordnetenhause.

[1]) So z. B. Rede des Abgeordneten Reichensperger am 3. Dezember 1878 (Sten. Ber. des Abgeordnetenhauses 1878/79 I. S. 160); Hänel am gleichen Tage S. 154, bes. S. 156). Analog gehen die Ausführungen von Virchow am 6. Juni 1872 (Sten. Ber. des Abgeordnetenhauses S. 1558): — — — — — — „will ich konstatiren, daß von dem ersten Augenblicke an, wo in Preußen verfassungsmäßig regiert worden ist, auch die am meisten reaktionären Minister immer anerkannt haben, daß eine (Königliche) Ordre, die in der Gesetzsammlung bis zum Jahre 1849 publizirt ist, ein wirkliches Gesetz war."

[2]) S. die Reden von Miquel am 23. März 1878 (Sten. Ber. des Abgeordnetenhauses 1877/78 II. S. 1957), 3. Dezember 1878 (Sten. Ber. des Abgeordnetenhauses 1878/79 S. 153); Lasker am 23. März 1878 (Sten. Ber. des Abgeordnetenhauses II. S. 1981). Gegen diesen „speciösen Grund" s. auch die Rede des Fürsten von Bismarck am 23. März 1878 (Sten. Ber. des Abgeordnetenhauses 1877/78 S. 1963) u. w. u.

[3]) Siehe dieselben in der Schrift von Gneist „Gesetz und Budget" S. 43 ff.

worden. Die in diesen Verwaltungen bestehenden Behörden beruhen denn auch thatsächlich nicht auf Gesetzen, sondern auf Verordnungen.

Die vorentwickelten Sätze ergeben mit Gewißheit als das thatsächlich in Preußen geltende Recht:

Die Krone in Preußen hat aus eigenem Recht oder doch Kraft der ihr in Artikel 45[1]) der Verfassung übertragenen Befugniß die Macht, Behörden zu errichten, aufzuheben und zu verändern, soweit die Verfassung nicht entgegensteht.[2])

Da aber die Krone ihrem eigenen Zugeständniß gemäß[3]) für Aenderungen in der Organisation oder für Neuorganisationen nur Geld ausgeben darf, wenn sie die verfassungsmäßige Ermächtigung hierzu vom Landtage durch das Etatsgesetz erlangt hat, so ist die Organisationsgewalt der Krone in der Praxis allerdings nicht unwesentlich beschränkt.[4])

---

[1]) Vergl. die Rede des Regierungskommissar von Wolff im Herrenhause am 30. Januar 1869 (Sten. Ber. S. 171).

[2]) S. auch Gneist, Verwaltung, Justiz, Rechtsweg S. 74; Rosin, Polizeiverordnungsrecht S. 124; H. Schulze, Preußisches Staatsrecht II. S. 122 u. a. m.

[3]) Vergl. Reden der Regierungsvertreter im Herrenhause am 30. Januar 1869 von Wolff (Sten. Ber. S. 171); Graf zu Eulenburg (das. S. 189); derselbe im Abgeordnetenhause am 14. Dezember 1867 (Sten. Ber. S. 426); Minister Falk am 6. Juni 1872 (Sten. Ber. des Abgeordnetenhauses 1872 S. 1556). Vergl. ferner die Reden von Kleist-Retzow am 30. Januar 1869 (Sten. Ber. des Herrenhauses 1869 S. 173); Achenbach am 4. Dezember 1868 (Sten. Ber. des Abgeordnetenhauses S. 436 f.); Graf Bethusy (das. S. 444); Miquel am 3. Dezember 1878 (Sten. Ber. des Abgeordnetenhauses 1878/79 S. 152); von Zedlitz-Neukirch am 2. Dezember 1878 (das. S. 149) und Graf zur Lippe am 12. Februar 1879 (Sten. Ber. des Herrenhauses II. S. 522). Im weiteren Sinne gehören hierher die Thronrede vom 5. August 1866, vergl. die Motive zum Indemnitäts-Gesetze vom 14. Septbr. 1866 (Gesetzs. S. 563) in den Drucksachen des Abgeordnetenhauses 1866/67 Bd. I. Nr. 16.

[4]) Da, was das Zustandekommen des Etatsgesetzes anlangt, das Haus der Abgeordneten an Machtfülle das Herrenhaus weit überragt, indem dieses den Etat nur im Ganzen annehmen oder ablehnen kann, so hat das Abgeordnetenhaus wegen seines Budgetrechtes einen erheblich höheren — allerdings nur mittelbaren — Einfluß auf die Organisationen als das Herrenhaus. Hieraus erklärt sich, daß und warum das Herrenhaus am 30. Januar 1869

Es fragt sich hierbei ferner, ob die Organisationsgewalt der Krone nicht auch durch die in Artikel 110 der Verfassungsurkunde enthaltene Vorschrift beschränkt wird, welche dahin lautet:

„Alle durch die bestehenden Gesetze angeordneten Behörden bleiben bis zur Ausführung der sie betreffenden organischen Gesetze in Thätigkeit."

Diese Frage ist indeß, wie mir scheint, zu verneinen. Die Vorschrift in Artikel 110 wollte meines Erachtens weiter Nichts besagen, als daß alle durch die bestehenden Gesetze angeordneten Behörden, also auch diejenigen, in Ansehung derer die Verfassung den Erlaß organischer Gesetze in Aussicht gestellt hat, so lange diese Gesetze noch nicht erlassen sind, in Kraft bleiben sollen; nicht aber, daß jede auf Gesetz (im Sinne des absoluten Staates) beruhende Behördenorganisation nur im Wege der Gesetzgebung geändert werden dürfe.[1]) Wollte der Gesetzgeber Letzteres vorschreiben, so würde er dies, wie bei dem vorhergehenden Artikel[2]) und so vielen anderen Artikeln, ausdrücklich befohlen haben. Er beabsichtigte aber lediglich der Meinung entgegenzutreten, als ob bestehende Behörden um deswegen beseitigt seien, weil die Verfassung organische Gesetze über ihre Zuständigkeitsverhältnisse in Aussicht gestellt hat.[3])

---

die Erwartung aussprach: „daß die Königl. Staatsregierung die Organisation neuer Landes-Polizei-Behörden fernerhin durch spezielle, dem Landtage der Monarchie vorzulegende Gesetze, und nicht durch den Etat regele." Bestimmend war für das Herrenhaus die Erwägung (Rede von Kleist-Retzow in den Sten. Ber. S. 173), daß praktisch (wegen des Budgetrechtes des Abgeordnetenhauses) das Organisationsrecht der Krone „nicht durchsetzbar" sei.

[1]) Vergl. auch Verhandlungen der II. Kammer 1849, S. 547, 627 a. a. O.

[2]) Art. 109: „Die bestehenden Steuern und Abgaben werden forterhoben, und alle Bestimmungen der bestehenden Gesetzbücher, einzelnen Gesetze und Verordnungen, welche der gegenwärtigen Verfassung nicht zuwiderlaufen, bleiben in Kraft, bis sie durch ein Gesetz abgeändert werden."

[3]) Im Wesentlichen dieselbe Auffassung findet sich in der Rede des Grafen zu Eulenburg im Herrenhause am 30. Januar 1869 (Sten. Ber. S. 188) und des Dr. Achenbach im Abgeordnetenhause am 4. Dezember 1868 (Sten. Ber. S. 436). Vergl. dagegen die Reden des Regierungskommissar von Wolff am 30. Januar 1869 im Herrenhause (Sten. Ber. S. 171), und des Dr. Windhorst am 27. März 1878 im Abgeordnetenhause (Sten. Ber. 1877/78 S. 1993). S. auch in letzterem Sinne von Rönne, Preuß. Staatsrecht 4. Aufl. I. S. 425, 429 a. a. O. S. zur Auslegung von Art. 109 unten §. 21.

Jedenfalls ist der Artikel 110 durch die Praxis genau so ausgelegt worden, wie hier ausgeführt ist.

Im Sinne des absoluten Staates war jede Königliche Anordnung, welche in der Gesetzsammlung erschien, Gesetz. Gesetze waren daher in diesem Sinne alle Königlichen in der Gesetzsammlung veröffentlichten Ordres, z. B. über Postbehörden, Beamtenrangklassen, militärische Ehrengerichte u. s. w. Solche Ordres sind aber nach der Verfassung ohne Mitwirkung des Landtages abgeändert worden. Gesetz im Sinne des Artikel 62 der Preußischen Verfassungsurkunde ist nur ein gemäß dieser Verfassungsurkunde zu Stande gekommenes Gesetz, niemals ein Gesetz der absoluten Monarchie.

Indem ich mir die nähere Beweisführung dieser, wie ich anerkenne, noch nicht aufgestellten Behauptung für eine spätere Stelle [1]) vorbehalten muß, will ich noch darauf hinweisen, daß die Organisationsgewalt wie in Preußen so auch in den übrigen Staaten der Exekutive als Regel zusteht. [2])

Was das deutsche Reich anlangt, so ergiebt sich allerdings aus den oben im §. 3 enthaltenen Ausführungen, [3]) daß Organe mit behördlichen Funktionen, d. i. mit dem Rechte zu gebieten und verbieten, [4]) nicht durch bloße Verordnung, sei es des Bundesrathes, oder des Kaisers, oder des Reichskanzlers, sondern stets nur durch die Verfassung oder durch Verfassungsänderungen, also

---

[1]) unten §. 21.

[2]) S. hierüber Gneist, Gesetz und Budget S. 50—61 a. a. O. S. auch für die Niederlande Kemper, Handleiding §. 58: „De koning stelt ministeriele departementen in, benvemt er de hoofden van en outslaat die naar welgevallen (art. 73 der niederländischen Verfassung); für England Fischel I. S. 129. S. ferner Zachariä, Deutsches Staatsrecht 2. Aufl. II. S. 169; Ducrocq I nr. 43 p. 38. „C'est au moyen des règlements — — — — — que les services publics ont été organisés en France;" La Pegna, p. 123 (art. 6 der italienischen Verfassung); für Oesterreich siehe Ullrich S. 392.

[3]) Vergl. auch Art. 2 der Reichsverfassung: „Innerhalb dieses Bundesgebietes übt das Reich das Recht der Gesetzgebung nach Maßgabe des Inhalts dieser Verfassung — aus...."

[4]) Dazu gehört nicht ein bloß konsultativer Volkswirthschaftsrath, der den Unterthanen Nichts gebieten und Nichts verbieten kann, dessen Anhörung rein fakultativ und dessen Beschlüsse ohne jede rechtliche Bedeutung sind.

stets nur durch Gesetze,[1]) geschaffen und abgeändert werden können.[2])

Es folgt hieraus, wie ich glaube, aber nicht, daß, wenn ein Gesetz eine Behörde, deren Wirkungskreis und denjenigen, der sie bestellen soll, vorgeschrieben hat, die Ausführung einer solchen Vorschrift nur wieder in der Form des Gesetzes statthaft ist.

Wenn die Bundesverfassung die Einsetzung eines Bundeskanzlers bestimmte und die Ernennung desselben dem Bundespräsidium überließ,[3]) so ist m. E. anzunehmen, daß das Letztere auch ermächtigt sein sollte, das Bundeskanzleramt in das Leben zu rufen und dessen innere Organisation zu bestimmen, mit der Maßgabe, daß einmal rechtlich und nach außen der Kanzler für die Anordnungen des Kanzleramts der einzig Verantwortliche bleibt, und daß ferner die dem Kanzler zugewiesenen Befugnisse nicht über die ihm in der Verfassung oder in späteren Gesetzen ertheilten hinausgehen.

So rechtfertigen sich, scheint mir, die Verordnungen des Bundespräsidiums bezw. des Kaisers vom 12. August 1867, betreffend die Errichtung des Bundeskanzleramts (B.-G.-Bl. S. 29)[4]) und vom 12. Mai 1871, betreffend die Abänderung der

---

[1]) Oder was dem gleichsteht (s. §. 4) durch Verordnung, wenn dazu Ermächtigung in einem Gesetze ertheilt worden ist.

[2]) Beispiele:

a. Reichsverfassung (Art. 15) Reichskanzler.
b. Reichsverfassung Art. 53 (Kaiserliche Admiralität).
c. Gesetz vom 19. Juni 1868 (B.-G.-Bl. S. 339, Reichsschulden-Kommission),
d. Gesetz vom 4. Juli 1868 (B.-G.-Bl. S. 433, Rechnungshof des Norddeutschen Bundes),
e. Maaß- und Gewichtsordnung vom 17. August 1868 (B.-G.-Bl. S. 473, Normal-Eichungs-Kommission),
f. Gesetz vom 12. Juni 1869 (B.-G.-Bl. S. 201, Reichsoberhandelsgericht),
g. Gesetz vom 27. Juni 1873 (R.-G.-Bl. S. 164, Reichseisenbahnamt), u. s. w.

[3]) Artikel 15.

[4]) Vergl. dagegen Hänel, die organisatorische Entwickelung S. 74, 75. Die von Hänel vermißte Ermächtigung finde ich in Art. 15: — „dem Reichskanzler —, welcher vom Bundespräsidium zu ernennen ist;" siehe ferner die Verhandlungen im konstituirenden Norddeutschen Reichstag vom 26. März 1867 (Sten. Ber. S. 375 ff.); Bezold, Materialien der Deutschen Reichsverfassung, Berlin 1873. I. S. 713—723.

bisherigen Bezeichnung „Bundeskanzleramt" in „Reichskanzleramt." (R.-G.-Bl. S. 102) und vom 24. Dezember 1879 (R.-G.-Bl. S. 321), betreffend die Abänderung der bisherigen Bezeichnung „Reichskanzleramt" in „Reichsamt des Innern" u. s. w. [1])

So dürften sich auf Grund des Artikel 50 der Bundes- und beziehungsweise der Reichsverfassung auch rechtfertigen die Präsidialverordnung vom 18. Dezember 1867, betreffend die Verwaltung des Post- und Telegraphenwesens des Norddeutschen Bundes (B.-G.-Bl. S. 328), die Kaiserliche Verordnung vom 22. Dezember 1875, betreffend die Verwaltung des Post- und Telegraphenwesens (R.-G.-Bl. S. 379) und die zahlreichen Präsidial- und Kaiserlichen Verordnungen, betreffend Einrichtung, Veränderung und Aufhebung von Ober-Postdirektionen, [2]) obwohl eine ausdrückliche Ermächtigung, z. B. Ober-Postdirektionen einzurichten, nirgends ausgesprochen ist. [3])

Unzweifelhaft gerechtfertigt auf Grund des klaren Wortlautes in Artikel 53 der Reichsverfassung [4]) sind ferner die Kaiserlichen Verordnungen vom 15. April 1871, betreffend die Geschäftsführung

---

[1]) Auf den Artikeln 15 und 18 beruht auch m. E. die Errichtung des Reichsschatzamts (Allg. Erlaß vom 14. Juli 1879, R.-G.-Bl. S. 196), des Reichsjustizamts u. a. Behörden, welche staatsrechtlich nur Theile des Amts des Reichskanzlers sind. S. auch w. u.

[2]) Ebenso auch Hänel, S. 69.

[3]) Artikel 50 der Bundesverfassung:

„Dem Bundespräsidium gehört die obere Leitung der Post- und Telegraphenverwaltung an. Dasselbe hat die Pflicht und das Recht, dafür zu sorgen, daß Einheit in der Organisation der Verwaltung und im Betriebe des Dienstes, sowie in der Qualifikation der Beamten hergestellt und erhalten wird."

„Das Präsidium hat für den Erlaß der reglementarischen Festsetzungen und allgemeinen administrativen Anordnungen, sowie für die ausschließliche Wahrnehmung der Beziehungen zu anderen Deutschen und außerdeutschen Post- und Telegraphenverwaltungen Sorge zu tragen."

(Absatz 3, Pflicht der Post- und Telegraphenbeamten.)

(Absatz 4, Anstellung gewisser Beamten der Post- und Telegraphenbehörden durch das Präsidium) u. s. w.

Da übrigens in Preußen die Organisation der Post- und Telegraphenverwaltung der Exekutive, der Verwaltung, unterstand, die preußischen Verhältnisse in Ansehung des Post- und Telegraphenwesens aber auch für das Reich maßgebend sind (Reichsverfassung Art. 48, Abs. 2), so rechtfertigen sich die oben vorgetragenen Verordnungen auch noch aus einem anderen Grunde.

[4]) Die Organisation und Zusammensetzung derselben (der Kriegsmarine) liegt dem Kaiser ob."

der oberen Marinebehörden (R.=G.=Bl. S. 5) und vom 23. Mai 1876, betreffend das oberste Militärgericht für Marinesachen (R.=G.=Bl. S. 165).[1])

In dieselbe Kategorie fallen m. E. die durch das Bundespräsidium zur Ausführung der Art. 2 und 17 der Bundesverfassung erlassenen Verordnungen, betreffend die Einführung des Bundesgesetzblattes für den Norddeutschen Bund vom 26. Juli 1867 (B.=G.=Bl. S. 24),[2]) wie auch die auf Grund des Art. 18 der Bundesverfassung erlassenen Verordnungen, betreffend den Diensteid der unmittelbaren Bundesbeamten vom 3. Dezember 1867 (B. G. Bl. S. 327)[3]) und 29. Juni 1871 (R.=G.=Bl. S. 303).

Sind die Einsetzung einer Behörde und der Umfang ihrer Zuständigkeit in einem Gesetze normirt, es ist aber nicht angegeben die nähere Einrichtung derselben, noch wer dieselbe vorzunehmen hat, so ist nach Art. 7 Nr. 2 der Reichsverfassung der Bundesrath das hierzu zuständige Organ.

Hierauf gründet sich, daß der Bundesrath die Dienstanweisung, betreffend die Einziehung und Berechnung der für die Geschäfte des Reichsgerichts in Ansatz zu bringenden Kosten, vom 21. Juni 1879 erlassen hat.[4])

Die Geschäftsordnung für das Oberseeamt vom 3. Mai 1878[5]) nebst Nachtrag dazu vom 10. Mai 1879,[6]) das Regulativ

---

[1]) Derselben Ansicht ist Hänel, die organisatorische Entwickelung S. 69.

[2]) Die von Hänel S. 65 vermißte Ermächtigung finde ich Art. 2 und 17 der Bundesverfassung — die ausdrückliche ist allerdings nicht vorhanden.

Art. 2. .....„Die Bundesgesetze erhalten ihre verbindliche Kraft durch die Verkündigung von Bundes wegen, welche vermittelst eines Bundesgesetzblattes geschieht....."

Art. 17. „Dem Präsidium steht die Ausfertigung und Verkündigung der Bundesgesetze — zu....."

[3]) Art. 18. „Das Präsidium ernennt die Bundesbeamten, hat dieselben für den Bund zu vereidigen und erforderlichen Falles ihre Entlassung zu verfügen." Vergl. dagegen Hänel, S. 75. Eine Bestimmung über den Inhalt des Eides war in der Verfassung nicht enthalten; daraus folgte aber m. E. nicht nur das Recht, sondern auch die Pflicht des Präsidiums, den Eid bis zum Erlasse eines Gesetzes selbst zu normiren. Art. 18 (Art. 19 des Entwurfs) war in der Berathung durch den Norddeutschen Reichstag ohne Debatte angenommen. (Bezold I. S. 772.)

[4]) Reichs=Centralblatt 1879 S. 473.

[5]) das. 1878 S. 276.

[6]) das. 1879 S. 371.

für das Eisenbahnamt vom 13. März 1876 [1]) stützen sich dagegen auf dem Bundesrathe in besonderen Gesetzen ertheilte Ermächtigung. [2])

Zum Schlusse möchte ich noch der Ansicht widersprechen, als ob jemals durch den Etat eine Behördenorganisation geschaffen wird. [3])

Obgleich die Unterscheidung zwischen formellen und materiellen Gesetzen nach den früher gemachten Ausführungen nicht als richtig anzuerkennen ist, obgleich somit auch das Etatsgesetz als ein Gesetz und nicht als ein bloßer Verwaltungsakt in Gesetzesform aufgefaßt werden darf, [4]) so scheint mir die Annahme gleichwohl unstatthaft, daß eine Behörde jemals auf dem Etatsgesetz beruhe. Das Etatsgesetz ermächtigt die Staatsregierung, das Geld für eine Behörde auszugeben, verpflichtet sie aber nicht, eine solche Behörde einzurichten.

Die Beamten können aus dem Grunde allein, daß für ihre Behörde Geld im Etat bewilligt ist, nicht auf Gehalt gegen den Staat klagen. Sie können dies vielmehr nur aus dem Grunde, daß sie durch die Exekutive angestellt worden sind. Werden für eine Behörde die erforderlichen Ausgaben im Etatsgesetz nicht bewilligt, so besteht die Behörde gleichwohl rechtlich fort und die Beamten können ihr Gehalt gegen den Staat einklagen. Es richten sich ferner die amtlichen Rechte und Pflichten einer Behörde nicht nach dem Etat, sondern nach dem Errichtungsakte. Sodann giebt es Organisationen, welche erheblich älter sind als die Etats, welche für sie ausgeworfen sind, z. B. die General-

---

[1]) Reichs-Centralblatt 1876 S. 197.

[2]) Dies scheint Hänel, Organisatorische Entwickelung S. 80 zu übersehen. So sind die Geschäftsordnung für das Oberseeamt ausdrücklich auf §. 33 des Gesetzes, betreffend Seeunfälle vom 27. Juli 1877 (R.-G.-Bl. S. 549) und das Regulativ für das Eisenbahnamt auf §. 5 Nr. 4 des Gesetzes vom 27. Juni 1873 (R.-G.-Bl. S. 164) gestützt.

[3]) Dies behauptet Zorn, Reichsstaatsrecht II. S. 337/38, vergl. dagegen im Allgemeinen Gneist, Gesetz und Budget S. 127; Fricker in der Tübinger Zeitschrift XVII. S. 465 ff.

[4]) Die Argumentation Laband's in dessen Preußischem Budgetrecht und seiner Nachfolger, welche sich auf der oben verworfenen Ansicht über das Etatsgesetz stützt, ist bereits oben in §. 4 d. W. bekämpft worden. Laband geräth mit den Thatsachen in Widerspruch und seine Theorie ist in der Praxis ebenso resultatlos geblieben, wie sie in der Theorie Erfolg gehabt hat; vergl. auch hierüber Zorn im Reichsstaatsrecht II. S. 327 ff.; von Martitz in der Tübinger Zeitschrift XXXVI. S. 207.

Kommission zu Merseburg, der Volkswirthschaftsrath, welche also jedenfalls nicht erst durch das Etatsgesetz geschaffen sein können. Endlich ist das Etatsgesetz etwas Vorübergehendes, es erschöpft sich in dem Maße, als es zur Ausführung gelangt; der Fortbestand der Behörden aber ist dauernd und zwar mittelbar, aber nicht unmittelbar, abhängig von Jahresbewilligungen. [1])

Dies gilt für das Preußische ebenso wie für das Reichsrecht und es ist m. E. nicht zutreffend, [2]) daß das Reichsjustizamt, das Auswärtige Amt, das Reichsamt des Innern auf dem Etatsgesetze beruhen, vielmehr beruhen diese Behörden sämmtlich auf den Artikeln 15 und 18 der Reichsverfassung und den auf Grund derselben erlassenen Kaiserlichen Verordnungen. [3])

§. 16.

Strafverordnungen.

Die Preußische Verfassungsurkunde vom 31. Januar 1850 bestimmt in Artikel 8: „Strafen können nur in Gemäßheit des

[1]) Im Allgemeinen treffende Bemerkungen hierüber von Graf zur Lippe in dem Bericht vom 12. Februar 1879 (Sten. Ber. des Herrenhauses S. 522 II.). Derselbe hob hervor, daß, sobald eine Vermehrung der Ausgaben in dem Etat durch organisatorische Verordnungen veranlaßt wird, das der Landesvertretung aus Art. 99 der Verfassung und §. 18 des Oberrechnungskammergesetzes vom 27. März 1872 hierbei zustehende Recht bewirke, „daß eine von der Krone beabsichtigte Veränderung in den Ressorts der Ministerien nicht eher mit Erfolg durchgeführt werden kann, (Dies kann aber m. E. nur heißen, daß die Staatsregierung nicht eher Geld dafür ausgeben darf) als bis der Etat zu Stande gekommen ist." Er fuhr sodann fort: Der Etat sei kein Organisationsgesetz. „Der Etat, d. h. der Voranschlag der Staatseinnahmen nnd Staatsausgaben für ein bestimmtes Jahr, hat nicht die Kraft, ein bestehendes Gesetz zu ändern oder ein neues Gesetz oder eine neue Organisation für die Dauer zu schaffen; seine Kraft erlischt, sobald sich Einnahmen und Ausgaben für das bestimmte Jahr im Wege der Rechnungslegung erledigt haben." — — — — „Die Unterlage für die nächstjährige Etatsbewilligung bildet also nicht die voraufgegangene Bewilligung; denn diese könnte ja versagt werden, sondern die Königliche Verordnung."

[2]) Was Zorn, Reichsstaatsrecht II. S. 338 Anmerk. 26 behauptet.

[3]) Vergl. Präsidial-Erlaß vom 12. August 1867, betreffend die Errichtung des Bundeskanzleramtes (B.-G.-Bl. S. 29) u. s. w.

Gesetzes angedroht oder verhängt werden." Diese Bestimmung wird von Laband[1]) dahin ausgelegt, daß hier Gesetz soviel wie Recht, geschriebenes oder ungeschriebenes, sein solle. Diese Auslegung dürfte jedoch unzutreffend sein. Vielmehr bedeutet Gesetz im Sinne des Artikels 8, daß Strafen (fortan) nicht (mehr) allein vom Könige, sondern nur noch mit Uebereinstimmung beider Häuser des Landtages, d. i. im Wege der Gesetzgebung bezw. durch Verordnung nur alsdann angedroht werden können, wenn hierzu in einem Gesetze Ermächtigung ertheilt worden ist.[2]) Dies ergiebt sich aus der Analogie aller übrigen Verfassungen[3]) und

---

[1]) Preußisches Budgetrecht S. 4.

[2]) Daher „in Gemäßheit des Gesetzes," s. oben §. 2. Vergl. auch v. Rönne, die Gemeinde-Ordnung und die Kreis-, Bezirks- und Provinzial-Ordnung für den Preußischen Staat nebst dem Gesetze über die Polizeiverwaltung vom 11. März 1850 S. 405, Sten. Bericht der I. Kammer (1850) S. 2331.

[3]) Block, Dictionnaire de l'administration française s. m. décret nr. 13. „aucune peine, aucun impôt ne peuvent être établis par décret. Il faut une délegation expresse du législateur." S. a. Batbie, Précis du cours de droit publique, Paris 1876 p. 42 a. a. O. und gleichfalls für das französische Recht Erkenntniß des Reichs-Oberhandelsgericht vom 2. Juni 1876 (Entscheidungen Bd. XXI. S. 60 ff., insbesondere S. 63). S. ferner Polizeistrafgesetzbuch für das Königreich Bayern vom 10. November 1861 Art. 2, 38; Luxemburgische Verfassung vom 9. Juli 1848 (Zachariä I. S. 456) Art. 15: „Nulle peine ne peut être établie ni appliquée qu'en vertu de la loi" (das Wort loi hat bekanntlich einen rein formellen Sinn, Laband, Deutsches Staatsrecht II. S. 61); Belgische Verfassung art. 8: „Nulle peine ne peut être établie ni appliquée qu'en vertu de la loi," hierzu La Constitution Belge annotée par J. J. Thonissen 1876 nr. 47. Verfassungsurkunde für das Großherzogthum Hessen vom 17. Dezember 1820 (Zachariä I. S. 421). §. 33: „Kein Hesse darf anders als in den durch das Recht (d. i. das damalige allgemeine Landrecht) und die Gesetze (d. h. mit Zustimmung der Stände getroffenen Anordnungen s. §. 72) bestimmten Fällen und Formen verhaftet oder bestraft werden. Aehnlich: Landesverfassungsgesetz für Hannover vom 6. August 1840 (§. 30 Abs. 2); revidirtes Grundgesetz über die Verfassung des Großherzogthums Sachsen-Weimar-Eisenach vom 15. Oktober 1850 (Zachariä I. S. 502) §. 4 Nr. 2: „Das Recht, an der Gesetzgebung in der Art Theil zu nehmen, daß Landesgesetze, welche entweder die Landesverfassung betreffen oder die persönliche Freiheit, die Sicherheit und das Eigenthum der Staatsbürger zum Gegenstande haben, nicht ohne Zustimmung des Landtages erlassen oder authentisch interpretirt werden dürfen"; badische Verfassungsurkunde vom 22. August 1818 (Zachariä I. S. 33) §§. 15, 65; Verfassungsurkunde für Kurhessen vom 13. April 1852 (Zachariä S. 360) §. 89: „Niemand darf anders, als in den durch die Gesetze bestimmten

der m. E. unzweifelhaften Absicht des Gesetzgebers; [1]) andernfalls wäre Artikel 8 überflüssig, denn daß Strafen nur in Gemäßheit eines Rechtssatzes angedroht oder verhängt werden können, versteht sich ganz von selbst.

Der in den Verfassungsurkunden aufgestellte Satz, daß Strafen nur in Gemäßheit des Gesetzes angedroht oder verhängt werden können, ist durchaus verschieden [2]) von dem in den Strafgesetzbüchern enthaltenen Satze, daß „eine Handlung nur dann

---

Fällen und Formen zur gerichtlichen Untersuchung gezogen, zu gefänglicher Haft gebracht, darin zurückgehalten oder gestraft werden, s. auch §. 75; Grundgesetz für die vereinigte landschaftliche Verfassung des Herzogthums Sachsen-Meiningen vom 23. August 1829 (Zachariä I. S. 336) §. 85, Verordnungen und Gesetze, durch welche, ... Eigenthum und Freiheit der Unterthanen getroffen wird ..... wird, können ohne Beirath und Zustimmung der Stände nicht gegeben oder aufgehoben werden.

Aehnlich Grundgesetz für Sachsen-Altenburg vom 29. April 1831 (Zachariä I. S. 574) §. 201.

Spanische Verfassung vom 18. Juni 1837 (bei Rauch, Parlamentarisches Handbuch, Lieferung X. und XI. S. 371) Art. 9: „Kein Spanier kann anders als von dem kompetenten Richter oder Tribunal, kraft eines vor dem Vergehen erlassenen Gesetzes und in der gesetzlich vorgeschriebenen Form vor Gericht geführt und verurtheilt werden."

Verfassungsurkunde für den Preußischen Staat vom 5. Dezember 1848: Art. 7 zum Schluß" ...... Strafen können nur in Gemäßheit des Gesetzes angedroht oder verhängt werden."

Verfassung der französischen Republik vom Jahre 1848 (Rauch I. S. 158) Art. 2: „Niemand kann anders verhaftet oder festgehalten werden, als gemäß den Vorschriften des Gesetzes."

Schwedische Verfassung vom Jahre 1866 (Rauch X. und XI. S. 293 ff.) §. 87: „Der Reichstag hat in Uebereinstimmung mit dem Könige die Befugniß, bürgerliche und peinliche Gesetze zu erlassen, sie abzuändern und abzuschaffen ....." u. s. w.

[1]) Man wollte die Kabinetsjustiz wie die selbstständige Androhung und Verhängung von Strafen ohne Zustimung der Landesvertretung verhindern. S. auch Gneist in v. Holtzendorff's Rechtslexikon III. S. 1108: „Die Verfassungsbestimmung (Preuß. Verfassungs-Urkunde Art. 8): „„Strafen können nur in Gemäßheit des Gesetzes angedroht oder verhängt werden,"" welche in Deutschen wie außerdeutschen Verfassungen den Fundamentalsatz ausspricht, daß die Strafjustiz wie die Civiljustiz nur nach Gesetzesnormen, nicht nach Verordnungen gehandhabt werden darf." S. indeß hiergegen auch weiter unten §. 21.

[2]) Dies wird häufig verkannt, z. B. von Rüdorff in Anmerk. 2 seines Kommentars zu §. 2 des Strafgesetzbuchs; Rosin, Polizeiverordnungsrecht S. 189 Anmerk. 11b.

mit einer Strafe belegt werden kann, wenn diese Strafe gesetzlich bestimmt war, bevor die Handlung begangen wurde." [1]) Jener Satz hat staatsrechtliche, dieser strafrechtliche Bedeutung, jener bezieht sich auf die Qualifikation der Stelle, von welcher eine Strafnorm ausgehen kann, dieser auf den Zeitpunkt, in welchem die Strafnorm schon vorhanden sein muß. [2]) Jener Satz stellt eine Beschränkung der vollziehenden Gewalt dar, indem er vorschreibt, daß dieselbe nicht aus eigenem Rechte, sondern nur Kraft Delegation von Seiten der Gesetzgebung Strafnormen aufstellen kann; dieser Satz stellt eine Beschränkung der Gerichte dar, indem er vorschreibt, daß diese nur solche Strafnormen zur Anwendung bringen sollen, welche bereits bei Begehung der zur Untersuchung gestellten That von der zuständigen Seite aufgestellt waren. [3]) Jener Satz betrifft die Frage, wer Strafnormen aufstellen darf, dieser betrifft nur die Frage, wann sie, um Anwendung finden zu können, schon angedroht sein müssen. Jener Satz läßt dahin gestellt bleiben, ob eine Strafnorm rückwirkende Kraft hat, dieser läßt dahin gestellt bleiben, welches Organ des Staates zum Erlasse einer Strafnorm befugt ist. [4])

Der im Artikel 8 der Preußischen Verfassungs-Urkunde enthaltene Satz, daß Strafverordnungen nur in Gemäßheit des Gesetzes, also nur unter unmittelbarer oder mittelbarer Zustimmung der Landesvertretung rechtsgültig erlassen werden dürfen, [5]) hat

---

[1]) Reichsstrafgesetzbuch §. 2.

[2]) Motive zu §. 2. „Der Paragraph stellt den anerkannten Rechtsgrundsatz auf, daß nur diejenige Handlung als eine strafbare gelten könne, die bereits zur Zeit der Begehung mit Strafe bedroht war —"

[3]) Der im ersten Absatze des §. 2 des Reichsstrafgesetzbuchs aufgestellte Satz ist der alte Satz: „nulla poena nullum, crimen sine lege"; s. über denselben auch F. von Liszt, das deutsche Reichsstrafrecht. S. 48/9.

[4]) Richtig werden die beiden Sätze im französischen Rechte auseinandergehalten:

Art. 8 der Preuß. Verf. = „aucune peine — ne peut être établie qu'en vertu de la loi. Il faut une délégation espresse du législateur," Block, s. m. décret nr. 13.

Nullum crimen sine lege = „nulle contravention, nul délit, nul crime, ne peuvent être punis de peines qui n'étaient pas prononcées par la loi avant qu'ils fussent commis" Code pénal. art. 4, Block, s. m. peine nr. 9.

[5]) So auch Rosin, Polizeiverordnungsrecht S. 42. Wenn daselbst bemerkt wird, daß der Erlaß einer jeden Rechtsverordnung nur auf Grund ge-

indeß keine rückwirkende Kraft. Wenn daher Verwaltungsbehörden bereits vor der Verfassung die Befugniß zum Erlasse von Strafverordnungen besessen haben, so haben sie dieselbe durch Artikel 8 nicht verloren. Dies ist bei der Berathung des Artikels 106 der Verfassung ausdrücklich anerkannt worden.[1]) Deshalb ist anzunehmen,[2]) daß bis zum Gesetze über die Polizeiverwaltung vom 31. März 1850 z. B. die Bezirksregierungen auf Grund des Publikandum vom 26. Dezember 1808 wegen verbesserter Einrichtung der Provinzialbehörden u. s. w.[3]) und der Geschäftsinstruktion vom 17. Oktober 1817[4]) Polizeistrafverordnungen mit höherer Genehmigung erlassen durften. Indeß ergeben die Thatsachen nicht, daß auch noch nach der Verfassung die Ministerien die ihnen — gleichviel ob mit Recht[5]) oder rechtsirrthümlich[6]) — schon vor der Verfassung zugestandene Strafverordnungsgewalt zur Ausübung gebracht haben.[7])

Eine dem Artikel 8 der Preußischen Verfassung entsprechende Vorschrift ist zwar in der Reichsverfassung nicht enthalten, indeß ist es unbestritten und m. E. unbestreitbar, daß nach deutschem Reichsrecht weder Bundesrath, noch Kaiser, noch Reichskanzler, noch eine andere Behörde Strafandrohungen ohne gesetzliche Ermächtigung rechtsgültig erlassen können.[8]) Dies folgt schon daraus, daß dieselben überhaupt keine Befugniß irgend welcher Art rechtswirksam, d. h. mit erzwingbarer Wirkung den Unterthanen gegen-

---

setzlicher Delegation beruhen kann, so ist diese Bemerkung für das Preußische Recht bereits früher als nicht zutreffend nachgewiesen worden. Wäre diese Bemerkung richtig, so würde die besondere Vorschrift des Art. 8 der Verfassung auch durchaus überflüssig sein.

[1]) Siehe oben S. 68, Sten. Ber. der II. Kammer 1489 S. 544.

[2]) Und m. E. auch in der Praxis nirgends bezweifelt worden.

[3]) Gesetzs. 1806/10. S. 464 a. a. O.

[4]) Gesetzs. S. 248, 382.

[5]) S. Staatsministerialbeschluß vom 7. Januar 1845 (Gesetzs. S. 34); die Erkenntnisse des Ober-Tribunals vom 6. März 1856 (Justizministerialbl. S. 153 16. Juli 1857 (das. S. 378) und vom 28. Mai 1864 (Oppenhoff's Rechtsprechung IV. S. 545).

[6]) S. gegen die Gültigkeit Förstemann S. 153 ff.; Rosin S. 120.

[7]) So ist z. B. das Eisenbahnpolizei-Reglement vom 15. Dezember 1858 von der Bezirksregierung erlassen (oben §. 11).

[8]) Eine mittelbare Verordnung des Bundesraths v. 13. Juli 1879 s. im Min.-Bl. f. d. i. Verw. 1879 S. 269.

über, ausüben können, welche ihnen nicht durch das Verfassungs- oder ein anderes Gesetz verliehen worden ist.

Das Gleiche ergiebt sich auch aus dem Wortlaute des Art. 4 der Reichsverfassung:

„Der Beaufsichtigung Seitens des Reichs und der Gesetzgebung desselben unterliegen... 13) die gemeinsame Gesetzgebung über das — Strafrecht —,"

weil das Wort „Gesetzgebung" von der Reichsverfassung stets — und jedenfalls in Art. 4 — im formellen Sinne gebraucht wird.[1])

Ausdrückliche Ermächtigungen zum Erlasse allgemeiner Anordnungen, deren Uebertretung mit Strafe bedroht ist, sind indeß in zahlreichen Fällen durch Reichsgesetze ertheilt worden: dem Bundesrathe, dem Kaiser, dem Reichskanzler, der Normal-Eichungskommission, den Konsuln, den Landesregierungen, den Central-, Provinzial- und Lokalbehörden der Einzelstaaten und sogar den Thierärzten:

a. im Reichsstrafgesetzbuch §§. 145, 327, 328 u. a.;
b. im Gesetze, betreffend die Erhebung einer Abgabe von Salz vom 2. Oktober 1867 (B.-G.-Bl. S. 41) §. 15;
c. im Gesetze wegen Besteuerung des Braumalzes 2c. vom 4. Juli 1868 (B.-G.-Bl. S. 375) §§. 36, 38;
d. Gesetz, betreffend die Besteuerung des Branntweins 2c. vom 8. Juli 1868 (B.-G.-Bl. S. 384) §§. 65, 69;
e. Maaß- und Gewichtsordnung für den Norddeutschen Bund vom 17. August 1868 (B.-G.-Bl. S. 473) Art. 18 in Verbindung mit §. 369 Nr. 2 des Strafgesetzbuches;
f. Gesetz, Maßregeln gegen die Rinderpest betreffend, vom 7. April 1869 (B.-G.-Bl. S. 105) §§. 1, 7, 8, 12 in Verbindung mit §§. 327, 328 des Strafgesetzbuches und dem Gesetze, betreffend Zuwiderhandlungen 2c. vom 21. Mai 1878 (R.-G.-Bl. S. 95);
g. Gesetz, betreffend die Wechselstempelsteuer vom 10. Juni 1869 (B.-G.-Bl. S. 193) §§. 13, 14, 15, 28;
h. Gewerbe-Ordnung für den Norddeutschen Bund (B.-G.-Bl. S. 245) §. 16 in Verbindung mit §. 147 Nr. 2, §. 24 Abs. 2 in Verbindung mit §. 147 Nr. 2, §§. 64 bis 69

---

[1]) S. w. unten §. 19; und für Art. 4 ferner Zorn, in der Tübinger Zeitschrift für die gesammten Staatswissenschaften Jahrg. XXXVI. S. 28, und Laband, Reichsstaatsrecht 3a. S. 17.

in Verbindung mit §. 149 Nr. 6, §§. 72 bis 80 in Verbindung mit §. 148 Nr. 8 u. s. w.;

i. Vereinszollgesetz vom 1. Juli 1869 (B.=G.=Bl. S. 317) §. 2 in Verbindung mit §. 134, §§. 2, 52, 59, 73, 90, 106, 109, 118, 119, 121, 124, 125, 167 u. a. m., insbesondere in Verbindung mit §. 152;

k. Gesetz wegen Erhebung der Brausteuer vom 31. Mai 1872 (R.=G.=Bl. S. 153) §§. 4, 6, 22, 23 letzter Absatz, 43 u. a. m., insbesondere in Verbindung mit §. 35;

l. Gesetz über die Kriegsleistungen vom 13. Juni 1873 (R.=G.=Bl. S. 129) §. 27;

m. Münzgesetz vom 9. Juli 1873 (R.=G.=Bl. S. 233) Art. 13;

n. Impfgesetz vom 8. April 1874 (R.=G.=Bl. S. 31) §. 7 letzter Absatz in Verbindung mit §§. 10 und 15;

o. Gesetz über die Presse vom 7. Mai 1874 (R.=G.=Bl. S. 65) §. 5 in Verbindung mit §. 148 der Gewerbeordnung, §. 15 in Verbindung mit §. 18;

p. Reichsbankgesetz vom 14. März 1875 (R.=G.=Bl. S. 177) §. 8 in Verbindung mit §. 59 Nr. 1;

q. Gesetz, betreffend die Beseitigung von Ansteckungsstoffen bei Viehbeförderungen auf Eisenbahnen vom 25. Februar 1876 (R.=G.=Bl. S. 163) §§. 4, 5;

r. Gesetz über die Schonzeit für den Fang von Robben vom 4. Dezember 1876 (R.=G.=Bl. S. 233);

s. Gesetz, betreffend den Spielkartenstempel vom 3. Juli 1878 (R.=G.=Bl. S. 133) §§. 5, 6 a. a. O. in Verbindung mit §§. 14 und 16;

t. Gesetz, betreffend Abänderung der Gewerbeordnung vom 17. Juli 1878 (R.=G.=Bl. S. 191) Art. I. §. 120 Absatz 3 in Verbindung mit Art. II. (§. 147 Nr. 4) und Art. I. §. 139a in Verbindung mit Art. II. §. 146;

u. Gesetz, betreffend die Konsulargerichtsbarkeit vom 10. Juli 1879 (R.=G.=Bl. S. 197) §. 4 Abs. 3;

v. Gesetz, betreffend die Besteuerung des Tabacks vom 16. Juli 1879 (R.=G.=Bl. S. 245) §§. 9, 16, 18 u. a. m., insbesondere in Verbindung mit §. 40;

w. Gesetz, betreffend die Steuerfreiheit des Branntweins zu gewerblichen Zwecken vom 19. Juli 1879 (R.=G.=Bl. S. 259) §. 3;

x. Gesetz, betreffend die Abänderung der Gewerbeordnung ꝛc. vom 23. Juli 1879 (R.=G.=Bl. S. 267) Art. III. §. 38 in Verbindung mit Gesetz, betreffend den Wucher, vom 24. Mai 1880 (R.=G.=Bl. S. 109) Art. 2;

y. Gesetz, betreffend die Abwehr und Unterdrückung von Viehseuchen vom 23. Juni 1880 (R.=G.=Bl. S. 153) §§. 2, 4, 8, 19 bis 28, 38, 50, 66 und den Thierärzten in §§. 12 Abs. 2, 17 Abs. 2 in Verbindung mit §. 66 Nr. 3;

z. Gesetz, betreffend die Schiffsmeldungen ꝛc. vom 25. März 1880 (R.=G.=Bl. S. 181) §§. 3, 4 Abs. 2

u. s. w.

Gesetze der eben angeführten Art charakterisiren sich dadurch, daß das Verbot, dessen Uebertretung oder das Gebot, dessen Nichtbefolgung mit Strafe bedroht sind, nicht vom Gesetzgeber, sondern von einem Andern ausgehen.[1]) Diese Gesetze zerfallen in zwei Arten:

Die einen sind die, wo sowohl die Strafbarkeit, wie die Strafe vom Gesetzgeber selbst ausgesprochen, die zu bestrafenden Handlungen dagegen von einem Andern bestimmt werden.[2]) Bei

[1]) Dies sind die von Binding, die Normen und ihre Uebertretung I. S. 75 sogenannten Blankettstrafgesetze; von Heinze S. 56 sogen. blinden Strafdrohungen.

[2]) Dahin gehören mit alleiniger Ausnahme von §. 4 des Gesetzes über die Konsulargerichtsbarkeit alle vorerwähnten Reichsgesetze.

Ein Preußisches Gesetz, in welchem für die Uebertretung der von einer Behörde erlassenen Verordnungen nicht nur die Strafbarkeit, sondern auch die Strafe selbst im Gesetze ausgesprochen sind, ist das Allgemeine Berggesetz vom 24. Juni 1865 §§. 197, 208, 207.

Die für das deutsche Reichsstrafrecht geltende Gewohnheit, daß die Strafe vom Gesetzgeber ausgesprochen und nicht der zur Ausfüllung des Blanketts ermächtigten Behörde überlassen wird, gilt auch für das französische Recht. (Block, Dictionnaire de l'administration française s. m. décret nr. 13; Batbie, Précis p. 42: „la peine étant essentiellement dans la domaine de la loi, toute autre sanction serait vraiment prononcée par une disposition expresse du règlement;" s. ferner Erkenntniß des Reichsoberhandelsgerichts Bd. XXI. S. 60 ff. Allgemeine Blankettstrafgesetze finden sich insbesondere im Code pènal art. 471: „Seront punis d'amende depuis un franc, jusquà cinq francs — nr. 15. Ceux qui auront négligé ou refusé d' exercer les règlements ou arrêtés concernant la petite voirie ou d'obéir à la sommation émanée de l'autorité administrative de reparer ou démolir les édifices;" und Loi des mines (vom 21. April 1810) Art. 96: „Les peines (für Uebertretungen der Gesetze und der Reglements) seront d'une amende de 500 francs au plus et de 100 francs au moins" ꝛc. Die ein=

den andern hingegen überläßt der Gesetzgeber auch noch die Sanktion der Strafbarkeit und die Androhung der Strafe demjenigen, der zu dem Erlasse des Gebots oder Verbots von ihm ermächtigt ist [1]) und begnügt sich seinerseits damit, daß er das Maximum [2]) der Strafe festgesetzt. [3])

---

zige Annahme, wo die Strafe nicht ausdrücklich im Gesetze selbst normirt ist, bildet nach einer allerdings bestrittenen Theorie für das französische Recht das „règlement d'administration publique," s. hierüber Batbie, Précis p. 42, 43 und Block, Dictionn. s. m. règlement d'administration publique.

[1]) Dies ist, abgesehen vom Strafgesetzbuch vom 14. April 1851, Gewohnheit in Preußen. Z. B. Gesetz über die Polizeiverwaltung vom 11. März 1850 (Gesetzs. S. 265); Gesetz über die Organisation der inneren Verwaltung vom 26. Juli 1880 (Gesetzs. S. 291) §§. 72 ff.

So lautet §. 5 des Gesetzes vom 11. März 1850:

„Die mit der örtlichen Polizeiverwaltung beauftragten Behörden sind befugt . . . . . . für den Umfang der Gemeinde gültige Vorschriften zu erlassen und gegen die Nichtbefolgung derselben Geldstrafen bis zum Betrage von 3 Rthlr. anzudrohen."

Dies ist ferner der Fall im schon erwähnten §. 4 des Reichsgesetzes über die Konsulargerichtsbarkeit (R.-G.-Bl. S. 197), Absatz 3: „Der Konsul ist befugt, für seinen Gerichtsbezirk oder einen Theil desselben polizeiliche Vorschriften mit verbindlicher Kraft für die seiner Gerichtsbarkeit unterworfenen Personen zu erlassen und die Nichtbefolgung derselben mit Geldstrafen bis zum Betrage von 150 Mark zu bedrohen."

Daß das Reichsgesetz über die Konsulargerichtsbarkeit, abweichend von den sonst im Reichsrecht üblichen Grundsätzen, die Strafandrohung dem Konsul überläßt, erklärt sich daraus, daß es einem Preußischen Gesetze, nämlich dem Gesetz über die Gerichtsbarkeit der Berufskonsuln vom 29. Juni 1865 (im Bundesgesetzblatt 1867 S. 41), (vergl. §. 17 Absatz 2) nachgeahmt ist. Umgekehrt erklärt sich, daß im Unterschiede von dem in Preußen üblichen Rechte (wonach die Strafandrohung sonst der die Polizeiverordnung anordnenden Behörde überlassen ist), ausnahmsweise im Berggesetze selbst die Strafe für Uebertretungen der Bergpolizeiverordnungen ausgesprochen worden ist; daraus, daß diesem Gesetze das französische Berggesetz vom 21. April 1810 zum Muster gedient hat; vergl. Art. 93 und 96 des letzteren.

[2]) In solchem Falle kann die mit Erlaß der Verordnung beauftragte Behörde ihrerseits also ein geringeres als das gesetzliche Maximum als Maximum festsetzen, z. B. im Falle des §. 5 des Gesetzes vom 11. März 1850 auf eine Mark.S. w. unten.

[3]) Rosin, S. 49 ff. a. a. O. Eine besondere Eigenthümlichkeit bildet das Eisenbahnpolizeireglement (s. oben §. 11), welches Strafen normirt, ohne daß die Höhe derselben in irgend einer Weise, auch nicht in Höhe des Maximums, vom Gesetzgeber ausdrücklich vorgeschrieben worden ist.

Die von den Behörden auf Grund genereller [1]) oder spezieller [2]) Ermächtigung erlassenen Strafverordnungen pflegen in gewissen Fällen nach ihrem Inhalte als Polizeiverordnungen [3]) bezeichnet zu werden.

Verschieden von den Strafverordnungen und insbesondere auch von den Polizeiverordnungen sind diejenigen Strafandrohungen, durch welche eine mit Exekutivbefugnissen ausgerüstete Behörde die Befolgung ihrer Befehle in einem bestimmten Falle zu erzwingen sucht. [4]) Solche Strafandrohungen heißen im Gegensatze zu den Polizeiverordnungen, Polizei- (Straf-) Verfügungen und die in Ausführung dieser Verfügungen vollstreckten Strafen Exekutivstrafen. [5])

Die Polizeiverfügungen unterscheiden sich von den Polizeiverordnungen insbesondere dadurch, daß erstere konkrete Fälle betreffen, letztere dagegen auch einen allgemeinen oder abstrakten Inhalt haben können, [6]) daß erstere denjenigen, an welche sie gerichtet sind, individuell mitzutheilen sind, [7]) letztere dagegen auch öffentlich [8]) bekannt gemacht werden dürfen, [9])

[1]) Konsulargerichtsbarkeitsgesetz vom 10. Juli 1879 (R.-G.-Bl. S. 197) §. 4 Absatz 3; Preußisches Gesetz vom 11. März 1850 (Gesetzs. S. 265) §§. 6, 11; Preuß. Organisationsgesetz vom 26. Juli 1880 (Gesetzs. S. 291) §§. 72 bis 81.

[2]) z. B. Strafgesetzbuch §. 368 Nr. 1.

[3]) S. hierzu Förstemann, Prinzipien des Preuß. Polizeirechts, Berlin 1869 S. 206 ff. a. a. O.; Oppenhoff, Kommentar zu §. 360 des Strafgesetzbuches; Laband, Deutsches Staatsrecht II. S. 217; von Rönne, Preußisches Staatsrecht 4. Aufl. S. 380 ff.

[4]) S. z. B. Tabacksteuergesetz vom 16. Juli 1879 (R.-G.-Bl. S. 245) §. 40 Abs. 2; Preuß. Verordnung vom 26. Dezember 1808 wegen verbesserter Einrichtung ꝛc. §. 48; Preuß. Ges. über die Polizeiverwaltung vom 11. März 1850 (Gesetzs. S. 265) §. 20 Abs. 1; Preuß. Organisationsgesetz vom 26. Juli 1880 (Gesetzs. S. 291) §. 68; Th. F. Oppenhoff, Ressortverhältnisse. S. 130, 131.

[5]) Gneist, in von Holtzendorff's Rechtslexikon III. S. 1106 ff.

[6]) S. oben Anmerk. 3. Es ist dagegen m. E. nicht nothwendig, daß die Polizeiverordnung stets eine abstrakte Thatbestandseinheit normiren muß. Ich m. E. halte eine Polizeiverordnung für gültig, in der gesagt ist, daß die Besitzer der Häuser Nr. 1 bis 10 in einer bestimmten Straße dieses oder jenes thun oder unterlassen sollen.

[7]) S. oben Anmerk. 3 und Hänel, die organisatorische Entwickelung S. 64.

[8]) Es ist m. E. nicht richtig, daß Polizeiverordnungen oder Strafverordnungen überhaupt stets öffentlich bekannt zu machen sind. Da nämlich die

daß ferner erstere nach Preußischem Staatsrecht [1]) regelmäßig von allen mit Exekutivbefugnissen ausgerüsteten, [2]) letztere dagegen nur von ganz bestimmten Behörden [3]) erlassen werden können, [4]) daß daß sodann stets über Zuwiderhandlungen gegen letztere, [5]) nicht

---

Art der Verkündigung im Zweifel dem freien Ermessen der betreffenden Behörde überlassen ist, so kann auch die individuelle Mittheilung durch Vorlesen (z. B. im Falle des §. 361 Nr. 6 des Strafgesetzbuchs) statthaft sein; s. auch Ges., betreffend die Erhebung einer Abgabe von Salz vom 12. Oktober 1867 (B.=G.=Bl. S. 41), §. 15.

„...... die Uebertretung ..... der erlassenen und öffentlich oder den Salzwerksbesitzern und Fabrikanten, welche Salz als Nebenprodukt gewinnen, oder solches steuerfrei gegen Kontrolegebühr beziehen, besonders bekannt gemachten Ausführungsvorschriften wird mit einer Ordnungsstrafe (d. i. eine Kriminalstrafe) von 1 bis 10 Thalern geahndet." Vergl. auch Brausteuergesetz vom 31. Mai 1872 (R.=G.=Bl. S. 152) §. 35; Tabacksteuergesetz vom 16. Juli 1879 (R.=G.=Bl. S. 245) §. 40, Abs. 1; Spielkartenstempelgesetz vom 3. Juli 1878 (R.=G.=Bl. S. 133) §. 16; s. auch weiter unten §. 18 ff.

[9]) Reichsgesetz über die Konsulargerichtsbarkeit vom 10. Juli 1879 (R.=G.=Bl. S. 197) §. 4. Abs. 3; Vereinszollgesetz vom 1. Juli 1869 (B.=G.=Bl. S. 317) §. 152; Gesetz, betr. die Branntweinsteuer &c. vom 8. Juli 1868 (B.=G.=Bl. S. 384) §. 65; Preußisches Gesetz über die Polizeiverwaltung vom 11. März 1850 (Gesetzs. S. 265) §. 5; Preußisches Organisationsgesetz vom 26. Juli 1880 (Gesetzs. S. 291) §. 76; Allgemeines Preußisches Berggesetz vom 24. Juni 1865 (Gesetzs. S. 705) §. 197; Hänel, die organisatorische Entwickelung S. 64; Block, Dictionn. s. m. règlement administratif nr. 7.

[1]) Aber nicht nach Reichsrecht. S. oben §. 3.

[2]) Preuß. Gesetz über die Polizeiverwaltung vom 11. März 1850 (Gesetzs. S. 265) §. 20 Abs. 1; Preuß. Organisationsgesetz vom 26. Juli 1880 (Gesetzs. S. 191) §. 68; Preuß. Verordnung vom 26. Dezember 1808 wegen verbesserter Einrichtung &c. §. 48; s. ferner Förstemann, S. 206/7 a. a. O.; Gneist, in von Holtzendorff's Rechtslexikon III. S. 1106 ff.; Th. F. Oppenhoff, Ressortverhältnisse S. 130, 131.

[3]) Förstemann, S. 206/7, Preuß. Organisationsgesetz vom 26. Juli 1880 §§. 72 ff. u. a. m.

[4]) Insoweit glaube ich, daß der Satz von Gneist (in Holtzendorff's Rechtslexikon III. S. 1059) „was die Obrigkeit im einzelnen Falle zu gebieten oder zu verbieten befugt ist, mag sie auch für alle Fälle gleicher Art gebieten und verbieten," nur mit einer gewissen Beschränkung zu verstehen sein möchte.

[5]) Preußisches Gesetz über die Polizeiverwaltung vom 11. März 1850 §. 17; Preuß. allgemeines Berggesetz vom 24. Juni 1865 (Gesetzs. S. 705) §. 209 Abs. 3; Reichsstrafprozeßordnung §§. 447 ff.; Reichsgerichtsverfassungsgesetz §. 27 Nr. 1; Reichsstrafgesetzbuch §. 1 Abs. 3; Oppenhoff, Kommentar zu §. 361 des Reichsstrafgesetzbuchs; Förstemann S. 206/7 a. a. O.; Block, Dictionn. s. m. décret nr. 14.

aber stets über Zuwiderhandlungen gegen erstere [1]) durch die ordentlichen Gerichte entschieden werden kann. [2])

In der Praxis liegen die Grenzen der Polizeiverordnung und der Polizeiverfügung sehr nahe bei einander. So z. B. können gemäß §. 197 des Allgemeinen Berggesetzes vom 24. Juni 1865 (Gesetzs. S. 705) die Oberbergämter Polizeiverordnungen über die in §. 196 aufgeführten Gegenstände erlassen. Ueber genau dieselben Gegenstände — über nicht mehr und nicht weniger — können sie auch Polizeiverfügungen erlassen. Ueber die Gesetzmäßigkeit jener wie dieser entscheidet der Richter; der Richter hat für die Uebertretung jener wie dieser innerhalb des gleichen Strafrahmens die Strafen auszusprechen. Die Unterscheidung zwischen einer Bergpolizeiverordnung und einer bergpolizeilichen Verfügung ist daher rein formell juristisch. Erstere liegt vor, wenn das Oberbergamt seine Gebote oder Verbote im Amtsblatt bekannt machen, letztere, wenn es dieselben denjenigen, an die sie gerichtet sind, zustellen läßt. Wann es dieses oder jenes thun will, hängt von seinem Ermessen ab. Regelmäßig wird das Oberbergamt den ersteren Weg einschlagen, wenn die Angelegenheit Viele betrifft und zur allgemeinen Kenntniß gelangen soll, und den letzteren Weg, wenn sie nur bestimmte einzelne Bergwerke betrifft und sich zur Bekanntmachung nicht eignet. [3])

---

[1]) Preuß. Ges. vom 11. Mai 1842 (Gesetzs. S. 192). Französischer Code pénal vom Jahre 1810 art. 127: „Seront coupables de forfaitures et punis de dégradation civique . . . . . 2, les juges, les procureurs généraux . . . qui auraient excédé leur pouvoir en s'immisceant dans les matières attribuées aux autorités administratives, ou qui ayant permis ou ordonné de citer les administrateurs pour raison de l'exercise des leurs fonctions, auraient persisté dans l'exécution de leurs jugements ou ordonnances . .;" s. auch Gneist, der Rechtsstaat, 2. Aufl. S. 344 Anmerk. 5: „Les juges ne peuvent à peine de forfaiture troubler de quelque manière que ce soit les operations des corps administratifs, ni citer devant eux les administrateurs pour raison de leurs fonctions."

[2]) Fälle, in denen die Gerichte auch über die Gesetzmäßigkeit polizeilicher Verfügungen zu entscheiden haben, liefert in Preußen u. A. das Allgemeine Berggesetz vom 24. Juni 1865 (Gesetzs. S. 705) §. 207 Abs. 3; Entscheidung des Kammergerichts vom 9. Oktober 1882 gegen Ziervogel u. Gen.

[3]) Vergl. indessen auch die Bemerkungen von Rosin, S. 40 ff. S. auch weiter unten §. 22.

Eine materielle Verschiedenheit zwischen Gesetzesstrafrecht und Verordnungsstrafrecht besteht nicht. Es hängt lediglich vom Ermessen des Gesetzgebers ab, inwieweit er seine Gewalt, Strafnormen aufzustellen, selbst ausüben oder einem Dritten übertragen will. Regelmäßig wird er sich die Setzung der schwereren Strafen selbst vorbehalten, nothwendig ist es nicht. [1])

Das Unrecht gegen Strafverordnungen ist ebenso schuldhafte Normwidrigkeit wie das Unrecht gegen Strafgesetze. [2]) Wann die Uebertretung einer Verordnung unter Strafe zu stellen ist, erscheint ebenso rein als eine Frage der „sozialen Politik", [3]) wie es eine solche ist, wann auf die Uebertretung eines Gesetzes Strafe anzudrohen ist

Es ist bezeichnend, daß nach französisch-belgischem Recht auf Grund allgemeiner gesetzlicher Vorschriften [4]) bei ganzen Kategorien von Verordnungen eine jede Uebertretung generell mit Strafe bedroht ist; wohingegen nach Preußischem und Deutschem Recht die Strafe für eine Normwidrigkeit stets speziell angedroht sein muß.

§. 17.

Subdelegation der Verordnungsbefugniß.

Es ist oben gezeigt worden, daß der Satz der herrschenden Doktrin, es müsse jede Delegation des Verordnungsrechts aus-

[1]) Wo das Interesse des Staates an der Bestrafung größer ist, wo also die angedrohte Strafe eine höhere sein wird, da wird, wenn sie irgend kann, die gesetzgebende Gewalt, als die oberste Staatsgewalt, die Strafe selbst festsetzen. Einen Fall, in dem auf die Uebertretung von Verordnungen Zuchthausstrafe bis zu zehn Jahren angedroht ist, liefert das Gesetz, betreffend Zuwiderhandlungen gegen die zur Abwehr der Rinderpest erlassenen Vieh-Einfuhrverbote vom 21. Mai 1878 (R.-G.-Bl. S. 99) §. 4.

[2]) Vergl. hierzu Binding, Die Normen und ihre Uebertretung I. S. 132—234.

„Alles Unrecht ist schuldhafte Normwidrigkeit, jede Norm ist öffentlich rechtlicher Natur, jede Normverletzung eine Verletzung des öffentlichen Rechts."

[3]) Vergl. Ihering, Der Zweck im Recht I. S. 474 ff.

[4]) Code pénal art. 471 nr. 15, 475 nr. 10 a. a. O.

drücklich und speziell sein dem geltenden Staatsrecht nicht entspricht. Hiermit steht es in Einklang, daß auch eine Uebertragung der Verordnungsbefugniß ohne ausdrückliche und spezielle Ermächtigung von Seiten der Gesetzgebung statthaft ist.

So ist es im belgischen Staatsrecht anerkannt, daß der König die ihm verfassungsmäßig zustehende Reglementirungs-Befugniß [1]) den ihm unterstellten Beamten, insbesondere also den Ministern, auch ohne besondere gesetzliche Ermächtigung übertragen kann. [2])

Was das französische Staatsrecht anlangt, so stellt dasselbe allerdings den Satz auf, daß jeder Funktionär des Staates die ihm übertragene Macht selbst ausüben muß. [3]) Es soll indeß damit nur eine willkürliche Uebertragung der Amtsfunktionen an beliebige Personen ausgeschlossen werden. Dagegen wird die Subdelegation insbesondere der Befugniß Verordnungen zu erlassen in der französischen Praxis in vielen Fällen als statthaft angesehen. So gilt jeder Minister in seinem Departement als der unmittelbar und ausschließliche Subdelegirte des Präsidenten. [4])

Daher können die Minister in Frankreich in Vertretung des Präsidenten für diesen, auf Grund eines von demselben ergangenen Reglements, Verordnungen erlassen. [5]) Ebenso werden die Prä-

[1]) Art. 67 der Constitution Belge:

„le roi fait les règlements et arrêtés nécessaires pour l'exécution des lois.“

[2]) Giron, le droit administratif de la Belgique, nr. 79: „Le roi peut à son tour déléguer son pouvoir réglementaire à des agents qui lui sont subordonnés.“

[3]) Block, d. m. Délégation de pouvoirs nr. 1: „Tout fonctionnaire public doit remplir lui-même les devoirs de sa charge.“

[4]) Ducrocq I. nr. 50 p. 43. „Chaque ministre, dans son département, est le délégue immédiat et exclusif du chef de l'État.“

S. auch Ducrocq I. nr. 47 p. 41. „La répartition des divers branches de l'administration publique en départements ministerielles dans toutes les constitutions monarchiques, excepté celle de 1791, a toujours été placée dans les attributions du pouvoir exécutif.“

[5]) Block s. m. ministère nr. 21: — „les ministres ont le pouvoir réglementaire — lorsqu'ils y sont autorisé par une disposition de loi ou un règlement d'administration publique.“

„A la différence des instructions, ces règlements sont obligatoires pour les citoyens et pour les tribunaux.“

Sonst haben die Minister noch die Kontrole über die Verordnungen

fekten und Maires auch in Betreff ihrer Verordnungsbefugniß durch ihre Unterstellten vertreten. [1])

Nicht minder feststehend ist nach österreichischem Staatsrecht, daß — abgesehen von den sogenannten Nothverordnungen — die Staatsbehörden legitimirt erscheinen, das dem Monarchen allgemein zustehende Verordnungsrecht innerhalb der ihnen verfassungsmäßig zustehenden Befugnisse auszuüben. [2])

In Preußen ist es gleichfalls thatsächlich Rechtens, daß (allgemeine) Verordnungen, Verfügungen und Entscheidungen, welche nach den Gesetzen der Minister, der Oberpräsident, der Regierungspräsident zu erlassen haben, von den mit der Stellvertretung derselben beauftragten Beamten, vom Unterstaatssekretär, Ministerialdirektor, Oberpräsidialrath, Oberregierungsrath mit dem Zusatze „im Auftrage" oder „in Stellvertretung" erlassen werden können. Fast jede Nummer eines Ministerialverordnungs- oder eines Regierungs-Amtsblattes liefert den Beweis für diese Behauptung.

Nicht minder ist in Preußen hergebracht, [3]) daß die zu den Gesetzen erforderlichen Ausführungsverordnungen anstatt vom Könige von den Ministern und zwar dem jeweiligen Ressortminister ergehen. Auch erscheint es nicht unstatthaft, daß der König die ihm in einem Gesetze sogar besonders übertragene Verordnungsgewalt einem Dritten, z. B. dem Ressortminister, subdelegirt, welcher seinerseits sich eine Provinzialbehörde substituirt. Ein Beispiel der letzteren Art liefert das Gesetz, betr. die Aufhebung des Salzmonopols 2c. vom 9. August 1867 (Gesetzs. S. 1313). In §. 1 dieses Gesetzes wird der Staatsregierung die Ermächtigung

---

der Präfekten und Maires. Siehe auch über die Verordnungsgewalt der Minister in den Eisenbahn-Polizei-Angelegenheiten. Erk. des Kassationshofes vom 2. Mai 1873 bei Ducrocq II. nr. 793 p. 95/6; und Block l. c.

[1]) S. auch Block s. m. délégation de pouvoirs nr. 3.

[2]) Joseph Ulbrich, Lehrbuch des Oesterreichischen Staatsrechts, Berlin 1883 S. 394: „Subjekt des staatsrechtlichen Verordnungsrechts ist der Monarch. Allein nur bei Nothverordnungen ist eine kaiserliche Verordnung, d. h. ein direkter Willensakt des Kaisers, der auch als solcher kund gemacht wird, erforderlich. In anderen Fällen erscheinen die Staatsbehörden legitimirt, im Namen des Monarchen Verordnungen zu erlassen. (Art. XI. des Staatsgesetzes über Regierungs- und Vollzugsgewalt.)"

[3]) K.-O. v. 27. Okt. 1810 (Gesetzs. S. 3), 3. Nov. 1817 (Gesetzs. S. 289) u. v. 4. Juli 1832 (Gesetzs. S. 181), Entsch. d. Ober-Verwaltungsg. I. S. 181.

zur Einführung einer Salzabgabe ertheilt. Auf Grund dieser Ermächtigung erfolgte die Allerhöchste Verordnung vom 9. August 1867 (Gesetzs. S. 1320), welche in §. 21 den Finanzminister beauftragt, die zur Ausführung derselben nothwendigen Verordnungen zu erlassen.

Für einzelne Fälle hat sodann der Finanzminister sich die Provinzialsteuerdirektoren substituirt. [1])

Artikel 49 der Preußischen Verfassung überträgt bezw. beläßt dem Könige das Recht der Begnadigung und Strafmilderung. Daß der König dieses Recht etwa wie das der Sanktion eines Gesetzes stets in Person vornehmen sollte, lag nicht in der Absicht der Verfassung. Demgemäß stehen die Subdelegationen des Begnadigungsrechtes, welche der König vor und nach Erlaß der Verfassung z. B. bei Uebertretungen gegen die Zoll-, Steuer- und Stempelgesetze vorgenommen hat, in rechtlich unbezweifelter Wirksamkeit. [2]) Eine Verletzung des Artikels 49 ist hierin so wenig gefunden worden, wie man es für eine Verletzung des Art. 45 angesehen hat, daß der König sein verfassungsmäßiges Recht, die Beamten anzustellen, in vielen Fällen Ministern, Regierungspräsidenten u. s. w. subdelegirt hat. Was für das Preußische Staatsrecht gilt, läßt sich auch für das Reichsstaatsrecht behaupten. In Ansehung dieses ist noch die Besonderheit zu bemerken, daß der Inhaber der Befugniß, Rechtsverordnungen zu erlassen, die Ausübung derselben auch einer Landesbehörde übertragen darf.

Alles dies gilt nur salva lege, d. h. nur so weit und nicht weiter als die Ausübung bezw. Uebertragung der Verordnungsbefugniß mit dem ausgesprochenen oder in anderer Weise ersichtbaren Absichten des Gesetzes übereinstimmt. [3])

---

[1]) S. den Aufsatz von Arndt in der Zeitschrift für Bergrecht 1883 S. 34 ff.

[2]) Vergl. hierzu von Kamptz Jahrbücher Bd. 50 S. 233; von Kamptz Annalen Bd. 21 S. 633; Preuß. Justizministerialblatt 1845 S. 32, 1876 S. 209; und v. Rönne, Preuß. Staatsr. 4. Aufl. I. S. 545 ff.

[3]) So z. B. dürfte es nicht der Absicht des Gesetzgebers entsprechen und unstatthaft sein, wenn der Bundesrath das ihm gemäß §. 16 der Gewerbeordnung zustehende Verordnungsrecht etwa dem Reichskanzler allgemein subdelegiren würde. Nicht minder, scheint mir, würde es gegen den Willen des delegirenden Gesetzes verstoßen und daher unstatthaft sein, wenn der Kaiser in den Fällen, wo ihm der Erlaß einer Verordnung nur mit Zustimmung oder im Einver-

Wesentlich anders wird die Frage nach der Zulässigkeit der Subdelegation der Verordnungsbefugniß von Laband beantwortet. Derselbe verneint dieselbe im Allgemeinen. Insbesondere bezweifelt er, ob dem Bundesrath die Befugniß zusteht, den ihm durch Gesetz übertragenen Erlaß von Ausführungsbestimmungen dem Reichskanzler zu überlassen.[1]) Er bestreitet,[2]) daß eine Vertretung des Reichskanzlers durch den Chef einer ihm untergeordneten Reichsbehörde oder durch einen ihm zur Unterstützung beigegebenen Beamten bei dem Erlasse von Rechtsverordnungen zulässig sei,[3]) weil die dem Kanzler delegirte Gesetzgebungsbefugniß nicht die Befugniß zur Subdelegation enthalte.[4]) Endlich erachtet Laband für unstatthaft, daß eine vom Kaiser zu erlassende Verordnung vom Reichskanzler „ausgefertigt" werde.[5]) Diese Ansichten Laband's stehen im Einklang mit seiner Auffassung des Verordnungsrechts überhaupt; und in der That, wenn dieses, wie Laband annimmt, nur ausdrücklich und speziell ertheilt werden darf, so wird auch eine Subdelegation wiederum nur ausdrücklich und speziell (wie beim civilrechtlichen

---

nehmen mit dem Bundesrath übertragen ist, seine Befugniß hierzu dem Vorsitzenden des Bundesraths, dem Reichskanzler, ein- für alle mal überlassen wollte.

Eine Stellvertretung des Ministers in der Gegenzeichnung ist gleichfalls nicht hergebracht; daß sie ungültig sei, läßt sich dagegen nicht behaupten. Aus Vorsicht empfahl es sich, eine solche Stellvertretung für den Reichskanzler durch besondere gesetzliche Vorschrift für statthaft zu erklären. Ges. vom 17. März 1878 (R.-G.-Bl. S. 8) §. 1.

[1]) Laband, Reichsstaatsrecht II. S. 82 Anmerkung 1.

[2]) Daselbst S. 85 Anmerkung 3.

[3]) M. E. kommt es, wenn nach der Absicht des delegirenden Gesetzes der Reichskanzler nicht selbst die Verordnungen erlassen soll, auf die interne Einrichtung der Behördenorganisation an. Wenn nach derselben innerhalb gewisser Grenzen, z. B. der Sekretär des Generalpostamts oder der Chef der Admiralität, ohne Zustimmung des Reichskanzlers selbstständige Amtsbefugnisse ausüben können, so dürfen sie m. E. insoweit — wenn ihnen Solches in der Geschäftseintheilung nicht besonders verboten sein sollte — auch Rechtsverordnungen erlassen. Die scharfe Scheidung zwischen Rechts- und Verwaltungsverordnungen im Sinne der Theorie besteht nur in der Theorie und ist dort auch nur allein möglich. — Siehe auch weiter unten §. 22.

[4]) Warum nicht, wenn der Reichskanzler nach wie vor die politische Verantwortlichkeit zu tragen hat?

[5]) Noch strenger ist die Ansicht Hensel's (Hirth's Annalen 1882 S. 26), wonach stets nur dasjenige Organ zum Erlaß von Rechtsverordnungen berechtigt sei, welches hierzu im Reichsgesetze ermächtigt wurde.

Mandat) ertheilt werden dürfen. Allein diese Auffassung des Verordnungsrechts ist, wie früher gezeigt worden, nicht dem Reichsstaatsrechte entsprechend. Auch widerspricht die Laband'sche Theorie über die Unstatthaftigkeit nicht ausdrücklicher und spezieller Subdelegation den Thatsachen.

Dem Kaiser steht gemäß Art. 48 und 50 der Reichsverfassung das Verordnungsrecht für das Telegraphenwesen im weitesten, nämlich in dem den preußischen Verhältnissen entsprechenden Umfange zu. Organ des Kaisers ist der von ihm ernannte Kanzler (Art. 15). Nun übertrug das Präsidium die ihm nach den Art. 48 und 50 zustehende obere Leitung der Post- und Telegraphenverwaltung dem Bundeskanzler durch die Allerhöchste Präsidialverordnung vom 18. Dezember 1867 (B.-G.-Bl. S. 328). Hierin lag nach dem mit dem Worte „Verwaltung" hergebrachten Sprachgebrauche,[1]) wie nach der Analogie des Preußischen Staatsrechts, zugleich die Uebertragung des dem Präsidium zustehenden Verordnungsrechts. In Ausübung dieses letzteren erließ der Reichskanzler die Telegraphenordnung vom 21. Juni 1872[2]) (aufgehoben) und vom 13. August 1880[3]) und die Reglements vom 11. Mai 1873[4]) (aufgehoben) und 7. März 1876.[5])

Das Gesetz über das Paßwesen vom 12. Oktober 1867 (B.-G.-Bl. S. 33) — §. 9 — gestattet, daß, wenn die Sicherheit des Bundes oder eines einzelnen Bundesstaates, oder die öffentliche Ordnung durch Krieg, innere Unruhen oder sonstige Ereignisse bedroht erscheint, durch Anordnung des Bundespräsidiums die Paßpflichtigkeit vorübergehend eingeführt werden kann. Auf Grund dieser Bestimmung erließ der Kaiser am 2. Februar 1879 (R.-G.-Bl. S. 9) die Verordnung, betreffend die Paßpflichtigkeit der aus Rußland kommenden Reisenden und ermächtigte den Reichskanzler (§. 4) die zur Ausführung der Verordnung er-

---

[1]) S. Sten. Ber. des Reichstages 1869 S. 880.

[2]) Reichs-Gesetzblatt 1872 S. 213.

[3]) Reichs-Centralblatt 1880 S. 560.

[4]) Daselbst 1873 S. 177.

[5]) Daselbst 1876 S. 155. Ebenso wie in Frankreich und Preußen der allgemeine oder besondere Vertreter des Ministers (Unterstaatssekretär oder Abtheilungsdirektor) im Namen des Ministers dessen Reglements erlassen kann, so kann auch der allgemeine Vertreter des Reichskanzlers — auch wenn er sonst Botschafter ist — für ihn Telegraphenordnungen erlassen. (Dagegen Zorn II. S. 3.)

forderlichen allgemeinen Anordnungen zu treffen. Letzteres geschah durch Bekanntmachung, betreffend die Bedingungen der Zulassung von Reisenden aus Rußland zum Eintritt über die Reichsgrenze vom 3. Februar 1879 (R.=G.=Bl. S. 10).

Durch §. 22 des Gesetzes über die Wechselstempelsteuer vom 10. Juni 1869 ist das Bundespräsidium ermächtigt, wegen der Anfertigung und des Debits der Bundesstempelmarken und gestempelten Blankets, sowie wegen der Bedingungen, unter welchen für verdorbene Stempelmarken und Blankets Erstattung zulässig ist, die erforderlichen Anordnungen zu treffen. Diese Reichsvorschriften enthaltende Anordnung hat indeß der Bundes- bezw. Reichskanzler getroffen.[1])

Gemäß Art, 7 Nr. 2 der Reichsverfassung hat der Bundesrath zur Ausführung des Art. 54 der Reichsverfassung die Schiffsvermessungsordnung vom 5. Juli 1872 (R.=G.=Bl. S. 270) erlassen. In §. 35 übertrug derselbe dem Reichskanzler nach Anhörung der Bundesrathsausschüsse für das Seewesen und für Handel und Verkehr den Erlaß der zur Ausführung der Vermessungsordnung erforderlichen Bestimmungen. Auf Grund dieser Ermächtigung hat der Reichskanzler die Instruktion vom 23. November 1872[2]) und die Anweisung, betreffend die Eintragung der nach der Schiffsvermessungsordnung vom 5. Juli 1872 ermittelten Vermessungsergebnisse in die Schifffahrtscertifikatsformulare vom 5. Januar 1873[3]) erlassen.

Ein anderer Fall der Subdelegation der dem Bundesrath gemäß §. 5 a. a. O. des Gesetzes, betreffend die Inhaberpapiere mit Prämien vom 8. Juni 1871 (R.=G.=Bl. S. 210) zustehenden Verordnungsbefugniß ist in §. 10 der Bekanntmachung, betreffend die Vorschriften zur Ausführung des Reichsgesetzes vom 8. Juni 1871 über die Inhaberpapiere mit Prämien vom 19. Juni 1871 (R.=G.=Bl. S. 257) enthalten.[4])

Gemäß Artikel 7 Nr. 2 der Reichsverfassung ergingen vom

---

[1]) S. B.=G.=Bl. 1869 S. 695, 1870 S. 36, 1871 S. 823 u. s. w.

[2]) Vergl. von Rönne, Reichsstaatsrecht II. S. 213, Anm. 3.

[3]) Reichs=Centralblatt 1873 S. 156.

[4]) §. 10. „Das Reichskanzler=Amt wird ermächtigt, Ergänzungen der unter A. und B. anliegenden Verzeichnisse, die sich etwa als nothwendig ergeben sollten, vorzunehmen, auch nach Anhörung des Ausschusses für Rechnungswesen Ergänzungen zu vorstehenden Vorschriften zu erlassen."

Bundesrath zur Ausführung des §. 20 des Gesetzes, betreffend die Erhebung einer Abgabe von Salz, vom 12. Oktober 1867 (B.=G.=Bl. S. 41), am 21. Juni 1872 „Bestimmungen, betreffend die Befreiung des zu landwirthschaftlichen und zu gewerblichen Zwecken bestimmten Salzes von der Salzabgabe."[1]) In diesen Bestimmungen wurden die Landesfinanzbehörden ermächtigt, nach ihrem Ermessen noch gewisse andere als die vom Bundesrath bestimmten Denaturirungsmittel nicht bloß für den einzelnen gegebenen Fall, sondern allgemein zu gestatten. Demgemäß erfolgte die Zulassung noch anderer Denaturirungsmittel in Preußen durch das Reskript des preußischen Finanzministers vom 18. Juli 1872,[2]) welches nach seinem Inhalte zweifellos ein materielles Gesetz ist.[3])

Es muß hierbei die Frage berührt werden, ob an Stelle einer dem Reichskanzler oder einer anderen Reichsbehörde gesetzlich obliegenden Verordnung eine solche des Kaisers eintreten kann. Die Frage ist meines Erachtens ebenso unbedingt zu bejahen, wie es zu verneinen ist, daß an ihre Stelle eine Bundesraths=Verordnung treten kann.[4])

Aus dem Gesammtinhalte des hier Vorgetragenen beantwortet sich auch die mehrfach[5]) aufgeworfene Frage, ob es eine Verfassungsänderung in sich schließt, wenn ein Spezialgesetz den Erlaß von Ausführungsverordnungen dem Reichskanzler überträgt, während die Verfassung das Verordnungsrecht auf dem betreffenden Gebiete ganz allgemein dem Kaiser übertragen hat.

Bekanntlich ertheilt Artikel 50 der Reichsverfassung dem Kaiser das Recht, auf dem Gebiete des Postwesens die reglemen=

---

[1]) Centralblatt der Preuß. Abgaben=Gesetzgebung 1872 S. 316; Arndt, in der Zeitschrift für Bergrecht 1883. S. 55.

[2]) Centralblatt der Preuß. Abgaben=Gesetzgebung 1872 S. 316.

[3]) Vergl. auch Arndt, Zeitschrift für Bergrecht 1883 S. 59.

[4]) Vergl. Laband, Reichsstaatsrecht II. S. 82, dessen Ausführungen ich beitrete; Hensel (Hirth's Annalen 1882 S. 26) verwirft dagegen die Ansicht, daß eine Delegation zu Gunsten des Reichskanzlers gleichzeitig als eine Delegation zu Gunsten des Kaisers aufzufassen sei. Gegen Hensel spricht m. E. der Umstand, daß, da der Reichskanzler die Kaiserliche Anordnung gegenzeichnen muß, eine Verordnung des Kaisers zugleich auch als eine Verordnung des Reichskanzlers anzusehen ist.

[5]) Hensel (Hirth's Ann. 1882 S. 28); Held, d. Verf. d. Deutsch. Reichs S. 89.

tarischen Festsetzungen und allgemeinen administrativen Anordnungen zu erlassen. Dagegen bestimmt §. 50 des Postgesetzes vom 28. Oktober 1871, daß der Reichskanzler ein Reglement zu erlassen hat, wodurch die bei Benutzung der Postanstalt zu beobachtenden Vorschriften getroffen werden. Es wird hieraus gefolgert,[1]) daß §. 50 des Postgesetzes die Verfassung abändere und, da das Postgesetz nicht als ein verfassungänderndes Gesetz vom Bundesrath behandelt worden ist, die Verfassung verletze, mithin ungültig sei.

Dieser Annahme dürfte aber zu widersprechen sein.

Der Kaiser hatte bereits vor Erlaß des Postgesetzes vom Jahre 1871, nämlich schon durch Erlaß vom 18. Dezember 1867 (B.-G.-Bl. S. 328) das ihm in Postangelegenheiten auf Grund der Verfassung zustehende Verordnungsrecht dem Kanzler übertragen. Der §. 50 des Postgesetzes hält sich daher durchaus im Einklang hiermit. Als die Verfassung dem Kaiser das Verordnungsrecht in Post- und Telegraphenangelegenheiten zusprach, wollte sie lediglich die Zuständigkeit des Präsidiums gegenüber dem Bundesrathe und sodann die Zuständigkeit der „Gesetzgebung" gegenüber der „Verwaltung" festsetzen.[2]) Die Absicht, den Kaiser zum unmittelbaren und persönlichen Erlaß der Verordnungen in Post- und Telegraphenangelegenheiten zu zwingen, hat der Verfassung ganz gewiß fern gelegen. Würde sie diese Absicht in der That gehabt haben, so hätte sie dieselbe jedenfalls in klaren Worten zum Ausdrucke gebracht, weil in Preußen, dessen Rechtszustand in Ansehung der Abgrenzung des Gesetzesrechts von dem Verordnungsrecht auf diesem Gebiete zum Bundesrecht erhoben werden sollte, die diesbezüglichen Verordnungen nicht vom Könige, sondern vom Ressortminister, dem Minister für Handel, Gewerbe und öffentliche Arbeiten, erlassen worden sind.[3])

Es enthält daher auch im Zweifel keine Verfassungsveränderung nach Preußischem, Belgischem Staatsrechte u. s. w., wenn der König sein verfassungsmäßiges Recht, die Beamten zu ernennen, für ganze Kategorien von Beamten Dritten

[1]) So Hensel, dagegen Held.

[2]) S. oben §. 12.

[3]) S. z. B. Telegraphen-Reglement vom 10. Dezember 1858 (Ministerialblatt f. d. innere Verwaltung 1859 S. 17).

überläßt; oder wenn ein Gesetz, die Befugniß Ausführungsverordnungen zu erlassen (anstatt dem Könige) einem Minister überträgt.

Gesetze, welche derartige Bestimmungen treffen, — und solche Gesetze sind überaus häufig, — sind auch in der Praxis niemals als verfassungändernde Gesetze angesehen oder behandelt worden.

Der hier aufgestellten Theorie gegenüber läßt sich allerdings die Frage aufwerfen, welche Bedeutung es denn noch haben könne, wenn ein Gesetz den Erlaß einer Vollzugsverordnung einem bestimmten Ministerium zuweist, da ja nach dieser Theorie auch ohne solche Gesetzesklausel der Inhaber der Verordnungsgewalt dieselbe für den vorliegenden Fall an jenes Ministerium subdelegiren könne. Diese Bedeutung kann eine mehrfache sein:

Was zunächst das Reichsstaatsrecht anlangt, so behält die Verfassung in Art. 7 Nr. 2 jedem Gesetze vor, die Verordnungsgewalt einem Anderen als dem Bundesrathe, auch einem solchen Dritten zu übertragen, den der Bundesrath sich selbst nicht zum Substituten wählen würde. Eine solche Klausel kann also nach Reichsrecht bedeuten, daß der Gesetzgeber im Reiche den Erlaß der Vollzugsverordnung durch einen Andern als den Bundesrath wünscht.

Was das Preußische, Belgische u. s. w. Staatsrecht betrifft, so ergiebt die Thatsache, daß die wohl ausnahmslose Uebertragung der Vollzugsverordnung gerade an den betreffenden Ressortminister erfolgt, daß dem Gesetze die Absicht fern gelegen hat, das Oberhaupt der vollziehenden Gewalt in seiner Befugniß, sich auch in seinem Verordnungsrechte vertreten zu lassen, irgendwie zu beeinträchtigen; denn das Staatsoberhaupt würde diese Befugniß auch seinerseits gerade durch den Ressortminister ausüben lassen.

Es kann aber auch nicht die Absicht eines solchen Gesetzes sein, den König zu zwingen, sich seines Verordnungsrechtes zu Gunsten eines Ministers zu begeben; denn dieser Zwang, wenn er als solcher gewollt ist, würde eine Verfassungsänderung in sich schließen, da er ein der Krone verfassungsmäßig zustehendes Recht in einem gegebenen Falle beseitigen wollte.

Auch das dürfte nicht die Absicht eines solchen Gesetzes sein, den König besonders zu ermächtigen, seine Verordnungsbefugniß an einen bestimmten Minister zu übertragen.[1]) Denn, wenn der König dies nicht schon aus eigenem Rechte thun dürfte, so könnte ihm eine solche Ermächtigung nur in einem verfassungändernden Gesetze übertragen werden.

Nach alledem, und zumal, wenn berücksichtigt wird, daß jede Delegation zu Gunsten eines Ministers die Delegation zu Gunsten des Staatsoberhauptes in sich schließt,[2]) muß man annehmen, daß die Ueberweisung der Vollzugsverordnung an einen Minister das Anerkenntniß des Gesetzgebers enthält, daß hier das Gesetz eine Lücke habe, deren Ausfüllung der vollziehenden Gewalt zustehe. Die Vollzugsverordnung steht ja nur intra legem, sie darf nichts festsetzen, was der Absicht des Gesetzgebers entgegen ist. Deshalb ist es von großer Wichtigkeit, wenn der Gesetzgeber zu verstehen giebt, hier verbiete er es nicht nur nicht, sondern hier liege es innerhalb seiner eigenen Intention, daß eine Vollzugsverordnung ergehen dürfe. So allein erklärt es sich auch, daß in demselben Gesetze, z. B. dem Vereinszollgesetze, der nämlichen Stelle, dem Bundesrath, nicht nur im Allgemeinen der Erlaß der Vollzugsverordnungen übertragen wird,[3]) sondern daß noch außerdem demselben Bundesrath an besonderen Stellen[4]) die Ermächtigung ertheilt wird, Ausführungsverordnungen ergehen zu lassen.[5])

So wenig aber ist die Subdelegation des Verordnungsrechts als Regel ausgeschlossen, daß es der Gesetzgeber nöthig hält, den Ausschluß der Subdelegation, wenn er ihn wünscht, besonders erkennbar zu machen. Wenn in einem Spezialgesetze der Erlaß der Vollzugsverordnung gerade durch den König gefordert wird, wie

[1]) Solches ist die Ansicht L. v. Stein's, Verwaltungslehre S. 30. „Die Vollzugsklausel im Gesetze ist nicht die Berechtigung zur Vollzugsordnung überhaupt, sondern nur die Ueberweisung des Vollzugs an ein bestimmtes Ministerium."

[2]) Weil, wie oben analog für das Verhältniß zwischen Kaiser und Reichskanzler gezeigt ist, an Statt des Ministers stets der König die Verordnung zu erlassen befugt ist.

[3]) §. 167 Abs. 2.

[4]) §. 118 a. a. O.

[5]) Auf Ausführungsverordnungen wird im Vereinszollgesetze u. A. in den §§. 12, 16 letzt. Abs., 17, 19 zu den §§. 22—32, 40 letzt. Abs., 58, 73, 90, 91 letzt. Abs., 109 zu den §§. 97—108, 110, 111 letzt. Abs., 118 zu den §§. 111—118 u. s. w. hingewiesen.

z. B. beim preußischen Ausführungsgesetze zum Gerichtsverfassungsgesetze vom 24. April 1878 (Gesetzs. S. 230) §. 21, so erklärt sich dies aus der Absicht des Gesetzgebers, die — an sich statthafte — Subdelegation der Verordnungsbefugniß an das gesammte Staatsministerium oder an den Ressortminister auszuschließen.

Die zu Gunsten des Bundesraths erfolgte Vollzugsklausel in einem Reichsgesetze bedeutet hiernach das vom Gesetzgeber gegebene Zeichen, daß gerade hier der Erlaß einer Vollzugsverordnung vom Gesetzgeber für erforderlich erachtet wird und enthält zugleich das Anerkenntniß, daß der Erlaß derselben durch einen Dritten nicht gewünscht wird. Die zu Gunsten eines Ressortministers in einem Preußischen Gesetze ertheilte Verordnungsbefugniß bedeutet das vom Gesetze gegebene Zeichen, daß hier der Erlaß einer Vollzugsverordnung für erforderlich erachtet wird und enthält zugleich das Anerkenntniß, daß dem Gesetzgeber hier die Absicht nicht innegewohnt hat, die Vollzugsverordnung gerade unmittelbar durch den König erlassen zu sehen.[1])

[1]) Ein Gesetz, welches den König zwingen würde, seine Befugniß Ausführungsverordnungen zu erlassen, auch wider seinen Willen durch einen Dritten ausüben zu lassen, würde gegen Artikel 45 der Preuß. Verfassung verstoßen und daher nur als verfassungänderndes Gesetz erlassen werden dürfen.

Auf der andern Seite hat der König kein verfassungsmäßiges Recht darauf, daß er sich in seiner Verordnungsbefugniß vertreten lassen darf. Ein Gesetz also, welches die Subdelegation der Verordnungsbefugniß ausschließt, indem es speziell nur den König zum Erlasse von Ausführungsverordnungen ermächtigt, ist nicht gegen die Verfassung und braucht daher nicht als verfassungänderndes Gesetz erlassen zu werden.

Fälle, in welchem nach preußischem und französischem Staatsrecht einer Weiterübertragung des Verordnungsrechtes außer an den amtlichen Stellvertreter, also an eine andere Amtsstelle, sei es nach unten, sei es nach oben hin, unstatthaft sein würde — nach dem unzweideutigen Willen des Gesetzgebers — sind die sogen. Polizeiverordnungen. Die Polizeiverordnungsgewalt des Oberpräsidenten, des Regierungspräsidenten oder Landraths (Präfekten), darf daher nicht auf den Amtsvorsteher (Maire) übertragen werden, ebenso würde es unstatthaft sein, wenn jene Polizeiverordnungen nur für denjenigen örtlichen Kreis erlassen würden, für welchen diese Polizeiverordnungen erlassen können. Vergl. §§. 5 und 11 des Gesetzes über die Polizeiverwaltung vom 11. März 1850 (Gesetzs. S. 265) in Verbindung mit §. 62 der Kreisordnung vom 13. Dezember 1872 in der Fassung des Gesetzes vom 19. März 1881 (Gesetzs. S. 179), §§. 73 bis 78 des Ges. über die Organisation u. s. w. vom 26. Juli 1880 (Gesetzs. S. 291); Ducrocq nr. 165 I. p. 15: „Le maire règlemente pour la commune — comme le préfet pour le département et le pouvoir exécutif pour toute la France."

Die im Vorstehenden entwickelte Theorie, nach welcher im Zweifel die Subdelegation des Verordnungsrechtes statthaft ist, hat eine theilweise Bestätigung gefunden in dem Reichsgesetze, betreffend die Stellvertretung des Reichskanzlers vom 17. März 1878 (R.-G.-Bl. S. 7). Nach diesem Gesetze — §. 2 — ist anzunehmen, daß in den Fällen, in welchen der Reichskanzler zum Erlasse einer Verordnung ermächtigt ist, diese Verordnung außer durch den Kanzler selbst auch an seiner Statt und in seinem Namen durch seinen für den gesammten Umfang der Geschäfte ernannten Stellvertreter oder durch den Vorstand der das betreffende Ressort verwaltenden obersten Reichsbehörde erlassen werden darf.[1]) Etwas Neues, was die Subdelegation der Verordnungsbefugniß anlangt, enthält das Gesetz vom 17. März 1878 nach den vorstehenden Ausführungen nicht.[2])

Die höhere Instanz hat nur eine indirecte Einwirkung auf die Polizeiverordnungsbefugniß der unteren: einmal, indem, sobald die Verordnung der höheren Instanz zugleich mit räumlicher Geltung für den Geschäftsumfang der unteren Instanz ergangen ist, diese eine der Verordnung jener widersprechende Verordnung nicht erlassen darf (Ges. vom 11. März 1850 §. 15; Ducrocq l. c.), und sodann, indem die höhere Verwaltungsinstanz die Verordnung der unteren Instanz in vielen Fällen sogar unmittelbar aufheben kann (Ges. vom 11. März 1850 §§. 9, 16, Ducrocq l. c.). Unmittelbar durch eine eigene Verordnung ersetzen, d. h. ersetzen durch eine nur für den Umfang des Geschäftskreises der Unterinstanz (z. B. nur für den Amtsbezirk, die Kommune) erlassene Verordnung kann die höhere Instanz eine Verordnung der Unterinstanz nicht. S. Block, Dictionn. de l'adm. franc. s. m. police a. a. O. Um Ausführungsverordnungen auf Grund der allgemeinen in Art. 45 ertheilten Befugniß, handelt es sich hierbei nicht, sondern nur um eine in einem Spezialgesetze besonders ertheilte Delegation. Daher verstoßen die im Vorstehenden gezogenen Schlußfolgerungen m. E. nicht gegen die Vorschrift, daß dem Könige in Preußen verfassungsmäßig das Recht zum Erlasse von Ausführungsverordnungen zusteht.

[1]) Vergl. hierzu die Ausführungen von Max Joel in Hirth's Annalen 1878 S. 402 ff. 761 ff.

[2]) §. 2 des Ges. vom 17. März 1878: „Es kann ein Stellvertreter allgemein für den gesammten Umfang der Geschäfte und Obliegenheiten des Reichskanzlers ernannt werden. Auch können für diejenigen einzelnen Amtszweige, welche sich in der eigenen und unmittelbaren Verwaltung des Reiches befinden, den Vorstand der dem Reichskanzler untergeordneten obersten Reichsbehörden mit der Stellvertretung desselben im ganzen Umfang oder in einzelnen Theilen ihres Geschäftskreises beauftragt werden."

§. 18.

Bedürfen Reichsverordnungen zu ihrer Rechtsverbindlichkeit der Veröffentlichung vermittelst des Reichsgesetzblattes?

Laband[1]) ist der Ansicht, daß die Verkündigung solcher Reichsverordnungen, welche zugleich Rechtsverordnungen sind, d. h. welche einen Rechtssatz enthalten und also Gesetze im materiellen Sinne dieses Wortes sind, rechtswirksam nur durch das Reichsgesetzblatt erfolgen kann.[2]) Diese Ansicht stützt er auf die allgemeine Behauptung, daß der Begriff der Verkündigung derselbe sei bei der Rechtsverordnung wie beim Gesetze, und daß nur diejenige Veröffentlichung Verkündigung sei, welche zugleich eine staatsrechtliche Gewähr für die Authenticität der veröffentlichten Verordnung biete, d. h. welche unter amtlicher Verantwortlichkeit geschehe, welchem Erfordernisse aber nur genügt werde durch die Veröffentlichung im Reichsgesetzblatte. Einen besonderen Grund nimmt Laband aus Art. 2 der Reichsverfassung, dessen einschlägige Bestimmung lautet:

„Innerhalb dieses Bundesgebietes übt das Reich das Recht der Gesetzgebung nach Maßgabe des Inhalts dieser

---

[1]) Deutsches Staatsrecht II. S. 90, 91.

[2]) Ebenso Thudichum, Verfassungsrecht des Norddeutschen Bundes S. 93. „Die Bundesgesetze, einschließlich der Staatshaushaltsgesetze, sowie die Bundesverordnungen erhalten ihre verbindliche Kraft durch ihre Verkündigung."

„Daß auch die Bundesverordnungen ihre verbindende Kraft erst durch die Verkündigung erlangen, versteht sich nach allgemeinen Rechtsgrundsätzen von selbst; es kann aber auch aus Art. 2 hergeleitet werden, da hier der Ausdruck „Bundesgesetze" in ganz allgemeinem Sinne genommen sein kann."

„Die Verkündigung geschieht vermittelst eines Bundesgesetzblattes. Diese Art der Verkündigung ist die einzig rechtswirksame."

Hänel (organisatorische Entwickelung S. 90) verlangt zur Rechtsverbindlichkeit unmittelbarer Reichsverordnungen die Verkündigung vom Kaiser im Reichsgesetzblatt und findet in der hergebrachten — wie sich unten zeigen wird — korrekten Praxis der Verkündigung von Reichsverordnungen einen „grundsatzlosen, willkürlichen und bunten Wechsel."

Auch Hensel in Hirth's Annalen 1883 S. 27 hält für sämmtliche Rechtsverordnungen des Reichs die Verkündigung im Reichsgesetzblatt erforderlich. S. auch Zorn, Reichsstaatsrecht I. S. 134; G. Meyer, Staatsrecht S. 433.

Verfassung und mit der Wirkung aus, daß die Reichsgesetze den Landesgesetzen vorgehen."

Hier sind nach Laband die Ausdrücke Reichsgesetze und Landesgesetze nicht auf formelle Gesetze beschränkt, vielmehr besage Art. 2, daß alle vom Reiche sanktionirten Rechtsvorschriften den von den Einzelstaaten sanktionirten Rechtsvorschriften vorgehen. Zu den vom Reiche sanktionirten Rechtsvorschriften gehören aber auch die in den Reichsverordnungen enthaltenen Rechtsregeln. Wenn nun der zweite Satz des Artikels fortfahre: „Die Reichsgesetze erhalten ihre verbindliche Kraft durch ihre Verkündigung von Reichswegen, welche vermittelst eines Reichsgesetzblattes geschieht," so würde es gegen die Regeln der Auslegungskunst verstoßen, in diesem zweiten Satze das Wort Reichsgesetze in einem anderen (nämlich nur formellen) Sinne zu verstehen. Mit anderem Worte: Alles was den Landesgesetzen vorgeht, muß nach Laband auch im Reichsgesetzblatt verkündet werden. Die Subjekte der beiden oben angeführten Sätze des Art. 2 müssen unbedingt und absolut identisch sein, sonst begeht man — nach Laband — einen Verstoß gegen die Regeln der Auslegungskunst.

Es empfiehlt sich, die allgemeinen Gründe, welche Laband für seine Ansicht aufstellt, später zu beleuchten. Für jetzt soll zunächst der aus Artikel 2 der Reichsverfassung hergenommene auf seine Richtigkeit geprüft werden.

Zunächst ein Beispiel:

Artikel 11 der Reichsverfassung, welcher lautet:

„Das Präsidium des Bundes steht dem Könige von Preußen zu, welcher den Namen Deutscher Kaiser führt. Der Kaiser hat das Reich völkerrechtlich zu vertreten u. s. w."

läßt sich umschreiben:

„Der König von Preußen führt das Präsidium des Bundes. Der König von Preußen führt den Namen Deutscher Kaiser. Der König von Preußen hat das Reich völkerrechtlich zu vertreten."

und Niemand wird diese Umschreibung als sprachlich oder sachlich unrichtig bezeichnen.[1]) Nach Laband würde es nun gegen die

---

[1]) Vergl. auch Hänel, die organisatorische Entwickelung S. 68, wo gesagt wird, daß die Bezeichnung „Präsidium", „König von Preußen", „Bundesfeldherr" Identisches bedeuten.

Regeln der Auslegungskunst verstoßen, unter dem Worte „König von Preußen“ nicht in allen Sätzen das Nämliche zu verstehen. Und doch wird man dies thun müssen: dann, wenn anstatt des Königs von Preußen ein Regent die Königlichen Befugnisse in Preußen ausübt. Der Regent von Preußen würde zwar das Präsidium des Bundes führen, das Reich völkerrechtlich vertreten, im Namen des Reichs Krieg erklären und Frieden schließen können u. s. w.,[1]) aber er würde nicht den Titel „Deutscher Kaiser“ führen.[2]) Der Regent von Preußen tritt in Ansehung der thatsächlichen Ausübung der Kronrechte an die Stelle des Königs von Preußen; man darf daher, soweit es sich um die thatsächliche Ausübung dieser Rechte handelt, dem Könige von Preußen überall den Regenten von Preußen substituiren. Man wird aber die Substitution nicht auf die Titulatur ausdehnen dürfen und jedenfalls nicht auszudehnen brauchen.

Das gewählte Beispiel zeigt, daß, wenn man demselben Subjekte für zwei Sätze in dem einen dieser Sätze einen erweiterten Sinn unterlegen darf, diese Unterlegung im zweiten Satze noch nicht unbedingt statthaft ist. Ziehen wir von diesem Beispiele, welches sich beliebig vervielfältigen läßt, die Nutzanwendung auf Art. 2 der Reichsverfassung, so gelangt man zu der Annahme, daß auch folgende Auslegung möglich ist: „Die Reichsgesetze im formellen Sinne dieses Wortes gehen den Landesgesetzen vor. Sie erlangen ihre verbindliche Kraft durch ihre Verkündigung von Reichswegen, welche vermittelst eines Reichsgesetzblattes geschieht. Den Reichsgesetzen im formellen Sinne stehen in Ansehung ihrer Wirksamkeit die Reichsverordnungen gleich; auch diese haben legis vicem, folglich gehen auch sie den Landesgesetzen vor.[3]) Die Reichsverordnungen haben nun zwar legis vicem, sie sind aber in Ansehung der Form keine Gesetze und es ist also auch

---

[1]) Laband II. S. 216.

[2]) Laband II. S. 217; Seydel, Kommentar S. 114/5.

[3]) S. auch Thudichum S. 97; Seydel in Hirth's Annalen 1874 S. 1143 ff.; Riedel, die Reichsverfassungsurkunde ꝛc. Nördlingen 1871, §. 8; Hänel, Vertragsmäßige Elemente ꝛc. S. 263; R. v. Mohl, das deutsche Reichsstaatsrecht S. 168; G. Meyer §. 167 S. 248/9; dagegen ohne nähere Begründung Heinze, das Verhältniß des Reichsstrafrechts zum Landesstrafrecht S. 241.

nicht unbedingt nöthig, daß sie in derselben Form, wie diese, nämlich vermittelst des Reichsgesetzblattes, veröffentlicht werden."

Hiernach darf behauptet werden, daß die von Laband aus der Fassung des Artikel 2 hergeleitete Argumentation nicht zwingend ist. Gegen dieselbe spricht aber noch Folgendes:

Die von den Einzelstaaten, von Behörden und Organen derselben erlassenen Verordnungen stehen in ihrer Wirkung den Reichsgesetzen gleich: sie haben legis imperii vicem und es ist zweifellos, daß auch sie den Landesgesetzen vorgehen.[1]) Gleichwohl giebt Laband in Ansehung ihrer zu,[2]) daß sie nicht durch das Reichsgesetzblatt veröffentlicht zu werden brauchen. Dieses Zugeständniß acceptire ich gern. Ich halte den zugestandenen Satz an sich für richtig,[3]) und es werden auch thatsächlich die von den Einzelstaaten auf Grund von Reichsgesetzen erlassenen Verordnungen nicht im Reichsgesetzblatt verkündet. Es ist ferner mit Laband[4]) anzunehmen, daß zwar die verbindliche Kraft der bezeichneten Verordnungen auf der vom Reiche ertheilten Ermächtigung beruht, daß sie aber Willenserklärungen des Einzelstaates und nur für das Gebiet desselben verbindlich sind. Immerhin aber sind sie, soweit es alle übrigen Reichsverordnungen sind, Reichsgesetze im Sinne des ersten Satzes vom Artikel 2; denn sonst würden sie den Landesgesetzen nicht vorgehen können.

---

[1]) Laband II. S. 56, 60, 61, 83. Seydel in Hirth's Annalen VII. (1874) S. 1143—1146.

[2]) Laband II. S. 93. Der gleichen Ansicht sind auch Seydel in Hirth's Annalen 1874 S. 1143 ff. Vergl. auch Rosin, Polizeiverordnungsrecht S. 170 ff.

[3]) Es sei denn, daß etwa im Reichsgesetze, auf Grund dessen die Verordnung erfolgt, die Verkündigung im Reichsgesetzblatt ausdrücklich vorgeschrieben ist.

S. auch Meyer S. 425; Seydel in Hirth's Annalen 1874 S. 1143 ff. u. w. u. §. 8.

[4]) Laband II. S. 83, 93.

[5]) Vergl. auch R. v. Mohl, Reichsstaatsrecht S. 168. S. auch Rosin S. 45: „Die auf Grund der reichsgesetzlichen Delegation und in Gemäßheit derselben erlassenen Polizeiverordnungen beruhen auf der Gesetzgebungsgewalt des Reichs, sind daher materiell Reichsrecht, nicht Landesrecht. Sie haben daher, soweit das deligirende Reichsgesetz nichts anderes bestimmt, inhaltlich die Kraft, den zur Zeit ihres Erlasses bestehenden, denselben Gegenstand betreffenden, landesgesetzlichen, d. h. selbst auf dem Wege der einzelstaatlichen Gesetzgebung erlassenen Rechtsvorschriften zu derogiren."

Wäre also die Laband'sche Deduktion schlüssig, so dürften folgerichtig auch die Landesverordnungen zur Ausführung von Reichsgesetzen rechtsverbindlich nur im Reichsgesetzblatt verkündet werden dürfen, und Laband tritt mit sich selbst in Widerspruch, wenn er die Verkündigung solcher Verordnungen an anderer Stelle als genügend erachtet.

In Ansehung der Wirkung steht den Reichsgesetzen im formellen Sinne endlich das Reichsgewohnheitsrecht gleich. Auch dieses hat legis imperii vicem; auch dieses ist, soweit wie eine Reichsverordnung Reichsgesetz im Sinne des ersten Satzes vom Art. 2;[1]) auch dieses geht auf Grund des Artikel 2 den Landesgesetzen vor.[2]) Danach müßte also, wenn die Laband'sche Deduktion von der unbedingten Gleichstellung der Begriffe Reichsgesetze in beiden Sätzen des Art. 2 richtig wäre, auch das Reichsgewohnheitsrecht, um rechtsverbindliche Kraft zu erlangen, im Reichsgesetzblatt verkündet werden.

Im Vorstehenden ist, wie ich glaube, die aus der sprachlichen Auslegung des Artikels 2 entnommene Beweisführung Laband's für seine Ansicht, daß Reichsverordnungen nach Artikel 2 der Reichsverfassung im Reichsgesetzblatt veröffentlicht werden müssen, als nicht schlüssig dargethan worden. Umgekehrt ist aber die Unrichtigkeit dieser Ansicht an sich noch nicht nachgewiesen worden. Hierzu bedarf es der Erörterung dessen, was in den Artikeln 2 und 17 der Reichsverfassung unter dem Worte „Reichsgesetze" zu verstehen ist, ob nur formelle Gesetze oder alle Anordnungen von Rechtssätzen.

---

[1]) Vergl. auch Einführungsgesetze zur Reichs-Civilprozeßordnung §. 12, zur Reichs-Konkursordnung §. 2, zur Reichs-Strafprozeßordnung §. 7, ferner §. 13 der Kaiserlichen Verordnung, betr. die Begründung der Revision in bürgerlichen Rechtsstreitigkeiten.

[2]) Das Handels-Gewohnheitsrecht vermag Landesgesetze abzuändern (vergl. Erkenntniß des Reichs-Oberhandelsgerichts vom 27. Juni 1871, Entscheidungen Bd. III S. 1). Dies folgt zwar schon aus Art. 1 des Handelsgesetzbuchs, es würde aber auch aus Art. 2 der Reichsverfassung in Verbindung mit dem Gesetz vom 5. Juni 1869, betr. die Einführung der Allgemeinen Deutschen Wechselordnung und des Allgemeinen Deutschen Handels-Gesetzbuchs (B.-G.-Bl. S. 379) folgen.

§ 19.

Bedeutung der Worte „Reichsgesetz“ und „Reichsgesetzgebung“ im Sinne der Verfassung für das Deutsche Reich.

Nach Laband[1]) kann die Vorschrift, daß eine gewisse Staatsthätigkeit „durch Reichsgesetz“ erfolgen oder der „Reichsgesetzgebung“ unterliegen soll, einen dreifachen Sinn haben. Erstens könne sie lediglich die Zuständigkeit des Reiches im Gegensatze zur Zuständigkeit der Einzelstaaten ausdrücken und es dahin gestellt bleiben lassen, ob die bezügliche Anordnung in Gesetzes- oder in anderer Form erfolgen müsse. Zweitens könne eine solche Vorschrift die Form des Reichsgesetzes im Gegensatze zur bloßen Verordnung des Bundesrathes, des Kaisers u. s. w. bezeichnen. Drittens könne sie den Gegensatz sowohl zur Zuständigkeit der Einzelstaaten, wie zur Verordnungsform bedeuten und also den doppelten Sinn haben, daß einmal zur Vornahme einer Staatsthätigkeit das Reich befugt sei, und sodann, daß diese Befugniß nur durch formelles Gesetz ausgeübt werden dürfe.

Ich meinerseits glaube, daß eine Vorschrift der vorbeschriebenen Art in allen Fällen zunächst nur die von Laband an dritter Stelle aufgeführte Bedeutung hat, nämlich die, daß zur Vornahme einer Maßnahme das Reich befugt sei, und daß diese Befugniß durch formelles Gesetz ausgeübt werden müsse, letzteres indeß mit der allgemeinen Maßgabe, daß die Befugniß auch durch Verordnung ausgeübt werden könne und soweit eine dahingehende gesetzliche Ermächtigung ertheilt worden ist.[2])

Erstens dürfte es nicht sehr wahrscheinlich sein, daß verhältnißmäßig kurze Gesetze wie die Verfassungsurkunden für das Deutsche Reich und bezw. den Norddeutschen Bund ganz verschiedene Begriffe mit dem einen Worte „Reichs- bezw. Bundesgesetz“ verbinden sollten, und zwar schon deshalb, weil Niemand bei Berathung dieser Verfassungen im Reichstage einer solchen Verschiedenartigkeit auch nur mit einem Worte gedacht hat. Hierzu

[1]) Staatsrecht II. S. 64/65 a. a. O.

[2]) S. oben §. 4.

tritt zweitens, daß das angerufene Beispiel des Preußischen Staatsrechts, wie oben im §. 5 nachgewiesen sein dürfte, nicht für, sondern gegen die Laband'sche Theorie spricht. Umgekehrt möchte sich aus den einzelnen Artikeln der Reichsverfassung darthun lassen, daß in derselben die Worte „Reichsgesetze" und „Reichsgesetzgebung" zunächst [1]) stets nur im formellen Sinne zu verstehen sind.

Die Unterlegung eines andern Begriffs als des formellen unter „Reichsgesetze" in den Artikeln 2 und 17 würde zu der allseitig als irrig anerkannten Folge führen, daß alle auf Grund reichsrechtlicher Vorschriften von irgend wem, und selbst von Behörden der Einzelstaaten, erlassenen Verordnungen vom Kaiser im Reichsgesetzblatt, im Namen des Reiches und mit Gegenzeichnung des dafür verantwortlichen Reichskanzlers verkündet werden müßten.

Unbestritten hat das Wort Gesetzgebung den von mir behaupteten Sinn in Art. 3 Absatz 5. [2])

Aber auch in Artikel 4 bezeichnet das Wort Gesetzgebung, wie ich glaube, nicht blos wie Laband [3]) meint, die Kompetenz des Reiches, sondern auch den Weg, auf welchem diese Kompetenz auszuüben ist. [4])

Hier ist darauf hinzuweisen, daß bisher thatsächlich noch keine der in Art. 4 der Reichsverfassung aufgeführten zahlreichen und umfangreichen Materien vom Reiche anders wie in Gesetzesform — (beziehungsweise durch Verordnung nur auf Grund einer gesetzlichen Delegation) — mit unmittelbarer Wirksamkeit für die Unterthanen geregelt worden ist. Zudem geht ja gerade Laband von der Ansicht aus, [5]) daß Rechtssätze irgend welcher Art nur im Gesetzgebungswege (bezw. im Verordnungswege nur auf Grund gesetzlicher Ermächtigung) von Reichswegen angeordnet werden können. Daß in Art. 4 bei dem Worte Gesetz-

---

[1]) S. w. unten.

[2]) „Hinsichtlich der Erfüllung der Militairpflicht im Verhältniß zu dem Heimathslande wird im Wege der Reichsgesetzgebung das Nöthige geordnet werden."

[3]) Staatsrecht II. S. 63.

[4]) Derselben Ansicht ist auch Zorn in der Tübinger Zeitschrift für die gesammten Staatswissenschaften, Jahrgang XXXVI S. 28; ebenso Laband, Reichsstaatsrecht III a. S. 17.

[5]) Reichsstaatsrecht II. S. 71 ff.

gebung an formelle, d. i. mit Zustimmung des Bundesrathes und des Reichstages erlassene Gesetze zu denken ist, folgt auch aus Art. 11 Abs. 3, welcher lautet: „Insoweit die Verträge mit fremden Staaten sich auf solche Gegenstände beziehen, welche nach Artikel 4 in den Bereich der Reichsgesetzgebung gehören, ist zu ihrem Abschluß die Zustimmung des Bundesrathes und zu ihrer Gültigkeit die Genehmigung des Reichstages erforderlich.“ Unzweifelhaft aber erhellt durch Schlußfolgerung e contrario die Richtigkeit der hier vertretenen Ansicht aus Art. 48 Abs. 2,[1]) welcher die in Art. 4 vorgesehene Gesetzgebung dem Verordnungswege gerade gegenüberstellt.[2]) Selbstverständlich erscheint, wie in allen solchen Fällen, so auch im Falle des Art. 4 der Verordnungsweg statthaft, wenn er in einem Gesetze besonders zugelassen worden ist. Was im Allgemeinen von Art. 4 ausgeführt worden ist, gilt im Besonderen für seine Nummer 13;[3]) denn auch auf dem Gebiete des bürgerlichen Rechts, des Strafrechts und des gerichtlichen Verfahrens sind Reichsverordnungen ohne besondere gesetzliche Delegation unzulässig. Oder sollten etwa ein neues bürgerliches Gesetzbuch oder überhaupt irgend eine Abänderung des geltenden Partikularrechts durch bloße Reichsverordnung aufgehoben werden dürfen?

Daß in Art. 5 die Worte „Reichgesetzgebung, Reichsgesetze“ und „Gesetzesvorschläge“ zugleich formelle Bedeutung haben, ist oben in §. 6 nachgewiesen worden und wird auch sonst nicht bestritten.[4])

Artikel 7[5]) läßt den verfassungsmäßig anerkannten Unterschied von Gesetzen und Verordnungen unzweideutig erkennen.

---

[1]) „Die im Artikel 4. vorgesehene Gesetzgebung des Reichs in Post- und Telegraphen-Angelegenheiten erstreckt sich nicht auf diejenigen Gegenstände, deren Regelung nach den in der Norddeutschen Post- und Telegraphen-Verwaltung maßgebend gewesenen Grundsätzen der reglementarischen Festsetzung oder administrativen Anordnung überlassen ist.“

[2]) S. oben §. 12.

[3]) bezw. jetzt Gesetz vom 20. Dezember 1873, betr. die Abänderung der Nr. 13 des Art. 4 der Reichsverfassung (R.-G.-Bl. S. 379). — „Die gemeinsame Gesetzgebung über das gesammte bürgerliche Recht, das Strafrecht und das gerichtliche Verfahren.“

[4]) S. Laband, Staatsrecht II. S. 75, 76.

[5]) „Der Bundesrath beschließt: . . . . .

2) über die zur Ausführung der Reichsgesetze erforderlichen allgemeinen

Artikel 11 und 17 sind bereits berücksichtigt worden.

Unbestritten ist, daß das Wort „Reichsgesetzgebung" in Art. 18 Absatz 2 [1]) jede Regelung durch eine nicht auf gesetzlicher Ermächtigung beruhende Verordnung ausschließt.

Dasselbe gilt von den Worten: gesetzliche Regelung [2]) im Art. 20 Abs. 2 und „Gesetze" in Art. 23. [3])

Die „gesetzliche Anzahl" der Reichstagsmitglieder, von welcher Art. 28 spricht, ist die in §. 5 des Wahlgesetzes vom 31. Mai 1869 (B.-G.-Bl. S. 145) vorgeschriebene.

Auch in Art. 35 bedeutet, wie mir scheint, das Gesetzgebungsrecht des Reiches über das Zollwesen und die Verbrauchssteuern u. s. w., unbeschadet der Vorschrift in Art. 7 Nr. 2 den Ausschluß aller nicht auf gesetzlicher [4]) Delegation [5]) beruhenden Verordnungen. [6]) Anderweitige, d. h. selbstständige Reichsverordnungen über Zoll- und Steuerwesen giebt es nicht; sie würden auch

---

Verwaltungsvorschriften und Einrichtungen, sofern nicht durch Reichsgesetz etwas Anderes bestimmt ist;

3) über Mängel, welche bei der Ausführung der Reichsgesetze oder der vorstehend erwähnten Vorschriften oder Einrichtungen hervortreten."

[1]) „Den zu einem Reichsamte berufenen Beamten eines Bundesstaates stehen, sofern nicht vor ihrem Eintritt in den Reichsdienst im Wege der Reichsgesetzgebung etwas Anderes bestimmt ist, dem Reiche gegenüber diejenigen Rechte zu, welche u. s. w."

[2]) Vergl. hierzu Wahlgesetz für den Reichstag des Norddeutschen Bundes vom 31. Mai 1869 (B.-G.-Bl. S. 145) §. 5 letzter Absatz:

„Eine Vermehrung der Zahl der Abgeordneten in Folge der steigenden Bevölkerung wird durch das Gesetz bestimmt."

Den Gegensatz hierzu bildet das in §. 15 des genannten Gesetzes dem Bundesrathe delegirte Verordnungsrecht, auf Grund dessen das Reglement vom 28. Mai 1870 (R.-G.-Bl. S. 275) erlassen worden ist.

[3]) „Der Reichstag hat das Recht ..... Gesetze vorzuschlagen....."

[4]) S. z. B. Ges., betr. die vorläufige Einführung von Aenderungen des Zolltarifs vom 30. Mai 1879 (R.-G.-Bl. S. 149).

[5]) ausdrücklich oder nicht, speziell oder allgemein ertheilt; vergl. auch Art. 7 Ziffer 2 der Reichsverfassung und Art. 8 §. 12 des Zollvereinigungsvertrages vom 8. Juli 1867 (B.-G.-Bl. S. 81).

[6]) Dies erhellt insbesondere aus den Verhandlungen im verfassunggebenden Reichstage über Artikel 38 der Bundesverfassung, in denen (s. Stenogr. Ber. S. 501 und 502) klar ausgesprochen ist (s. auch Seydel, Kommentar S. 177), daß die Feststellung der Steuervergütungen und Ermäßigungen und ganz gewiß diejenige der Steuern selbst durch formelles Gesetz und nicht durch selbstständige Verordnung, d. h. nur dann durch Verordnung erfolgen darf, wenn ein (formelles) Gesetz dies zuläßt.

rechtsungültig und nicht verbindlich sein. Soweit Zölle und Verbrauchssteuern der Gesetzgebung des Reichs im formellen Sinne dieses Wortes unterworfen sind, können Ausnahmen und Erleichterungen selbst in den aus älterer Zeit herrührenden Fällen, wo dieselben auf Landesgesetzen beruhen,[1]) nur im Wege der Reichsgesetzgebung bezw. durch Delegation des Verordnungsrechts eingeführt werden.[2])

Was für Artikel 35 ausgeführt worden ist, gilt für die darauf Bezug nehmenden Art. 37[3]) und 38.[4])

Das „Reichsgesetz", durch welches nach Art. 41 Eisenbahnen konzessionirt werden können, ist zweifellos ein formelles.[5]) Das Gleiche läßt sich für „den Weg der Gesetzgebung" behaupten, durch welchen das Reich auch für Bayern einheitliche Normen für die Konstruktion und Ausrüstung gewisser Eisenbahnen aufstellen darf. Art. 48 Absatz 2 ist bei Art. 4 erwähnt worden.

Für Art. 52 Absatz 2[6]) gilt, was zu Art. 4 angeführt worden ist.[7])

Unzweifelhaft erscheint endlich, daß in Art. 60,[8]) 61 Abs. 2,[9])

---

[1]) z. B. die Branntweinsteuer in den meisten Bundesstaaten.

[2]) Beispiel: Gesetz, betr. die Steuerfreiheit des Branntweins zu gewerblichen Zwecken vom 19. Juli 1879 (R.-G.-Bl. S. 251) §. 1.

[3]) „Bei der Beschlußnahme über die zur Ausführung der gemeinschaftlichen Gesetzgebung (Art. 35) dienenden Verwaltungsvorschriften und Einrichtungen." Aehnlich Art. 38 Abs. 2: „.... nach Abzug 1) der auf Gesetzen oder allgemeinen Verwaltungsvorschriften beruhenden Steuervergütungen und Ermäßigungen...."

[4]) Vergl. übrigens zum Beweise der Richtigkeit der hier vertretenen Ansicht Art. 7 und 8 des Zollvereinigungsvertrages vom 8. Juli 1867 (B.-G.-Bl. S. 81) und oben S. 88 Anm. 2, 92 Anm. 5.

[5]) Laband, Staatsrecht II. S. 64.

[6]) Derselbe lautet:

„Dem Reiche ausschließlich steht die Gesetzgebung über die Vorrechte der Post und Telegraphie .... zu."

[7]) Dies folgt schon aus dem Gegensatze zu Abs. 3. „Ebenso steht dem Reiche die Regelung des Post- und Telegraphenverkehrs mit dem Auslande zu...." —

[8]) „.... Für die spätere Zeit wird die Friedens-Präsenzstärke des Heeres im Wege der Reichsgesetzgebung festgestellt."

[9]) „Nach gleichmäßiger Durchführung der Kriegsorganisation des Deutschen Heeres wird ein umfassendes Reichs-Militairgesetz dem Reichstage und dem Bundesrathe zur verfassungsmäßigen Beschlußfassung vorgelegt werden.

62 Absatz 2,[1]) 3[2]) und 5,[3]) 68,[4]) 69,[5]) 73,[6]) 75 Absatz 2,[7]) 76 Absatz 2[8]) und 78.[9])

Einer besonderen Erwähnung bedarf Art. 61 Absatz 1, wo von der Preußischen „Militairgesetzgebung" gesprochen wird. In Ansehung dieses Ausdruckes erachtet der Bundeskommissar (preußischer Kriegsminister) von Roon im verfassunggebenden Reichstage[10]) für nothwendig, noch besonders hervorzuheben, daß darunter auch die nicht formelle Gesetzeskraft habenden Reglements zu verstehen seien, und daß durch die Zusammenfassung des ganzen preußischen Militärrechts in das Wort „Strafgesetzgebung" den nach Preußischem Recht nicht mit formeller Gesetzeskraft ausgerüsteten Reglements, Instruktionen und Reskripten auch in Zukunft nicht formelle Gesetzeskraft beigelegt werden solle. Diese Hervorhebung wäre überflüssig gewesen, wenn mit dem Worte Gesetzgebung zunächst und als Regel der materielle Sinn verbunden sein würde.

Es ist endlich an dieser Stelle auf die Gesammtheit aller in diesem Buche enthaltenen Erörterungen über Verwaltungsvorschriften und Verordnungen hinzuweisen, welche zeigen, wie nach der üblichen Sprache der Verfassungen, der verfassunggebenden und verfassungberathenden Körperschaften das Wort Gesetz stets zunächst im formellen Sinne aufgefaßt wurde.[11])

---

[1]) „. . . . bis sie (die Friedenspräsenzstärke) durch ein Reichsgesetz abgeändert ist."

[2]) „Die Verausgabung — — — wird durch das Etatsgesetz festgestellt."

[3]) „. . . . die auf Grundlage dieser Verfassung gesetzlich feststehende Organisation . . . ." (des Reichsheeres).

[4]) „. . . . Bis zum Erlaß eines die Voraussetzungen, die Form der Verkündigung und die Wirkungen einer solchen Erklärung regelnden Reichsgesetzes. . . ."

[5]) „. . . . Letzterer (der Etat) wird . . . . . durch ein Gesetz festgestellt."

[6]) „— — kann im Wege der Reichsgesetzgebung die Aufnahme einer Anleihe . . . . . erfolgen."

[7]) „Die näheren Bestimmungen . . . . . erfolgen im Wege der Reichsgesetzgebung. Bis zum Erlasse eines Reichsgesetzes bewendet es . . . . ."

[8]) „Verfassungsstreitigkeiten . . . . . hat auf Anrufen . . . . . der Bundesrath gütlich auszugleichen, oder . . . . . im Wege der Reichsgesetzgebung zur Erledigung zu bringen."

[9]) „Veränderungen der Verfassung erfolgen im Wege der Gesetzgebung. . . ."

[10]) Sten. Ber. S. 581.

[11]) S. auch L. v. Stein, Verwaltungslehre I. S. 76. „Das Gesetz ist in Deutschland nur ein formeller Begriff, dessen Wesen in dem verfassungsmäßigen

Hat hiernach das Wort „Gesetz“ im Sinne der Reichsverfassung überall zunächst die formelle Bedeutung, so schließt dies nicht aus, daß einige Wirkungen eines solchen Gesetzes auch Nichtgesetzen zustehen können, nämlich den auf Grund der Verfassung oder anderer Reichsgesetze erlassenen Verordnungen, soweit sie die in der gesetzlichen Vollmacht enthaltenen Schranken nicht überschreiten, und den Sätzen des Reichsgewohnheitsrechts, da diese zwar nicht Gesetze sind, wohl aber Gesetzeskraft haben. Deßhalb, weil sie zwar nicht Gesetze sind, wohl aber Gesetzeskraft haben, gehen die auf Grund reichsrechtlicher Ermächtigung erlassenen Verordnungen [1]) und das Reichsgewohnheitsrecht dem Landrecht und selbst den Landesverfassungen vor. Deßhalb giebt die Verletzung nicht bloß des Gesetzes, sondern auch alles dessen, was Gesetzeskraft hat, die Verletzung auch der gesetzmäßig erlassenen Verordnung wie eines Satzes des Gewohnheitsrechts einen Revisionsgrund ab [2]) u. s. w.

Da das Gesetz die weitaus wichtigste Rechtsquelle ist, insofern die Verordnung im Deutschen Reichsrecht ausnahmslos (in den meisten sonstigen Rechten der Regel nach) nur eine abgeleitete und die Gewohnheit im heutigen Recht eine überaus spärliche ist, so bezeichnet man zuweilen mit dem Worte Gesetz überhaupt jede Rechtsnorm. [3]) Man darf vielleicht sogar behaupten, das (formelle)

Zusammenwirken von Staatsoberhaupt und Volksvertretung liegt, während die Verordnung gleichfalls nur ein formeller Begriff ist, dessen Wesen nur durch das Zusammenwirken von Staatsoberhaupt und Verwaltungsorganismus gesetzt ist.“ Ferner Dernburg, Preuß. Privatrecht, 3. Aufl. I. S. 32 . . . . . . „formell sind nach dem Sprachgebrauch, der konstitutionellen Uebung entsprechend, Gesetze nur die mit der Landesvertretung vereinbarten Dispositionen.“

[1]) R. v. Mohl, Das Deutsche Reichsstaatsrecht S. 168; G. Meyer § 167; Riedel S. 41; s. Laband II. S. 83 a. a. O.; Seydel in Hirth's Annalen 1874 (1143 bis 1146); Rosin S. 45.

Dagegen ohne Angabe von Gründen Heinze, Das Verhältniß des Reichsstrafrechts zu dem Landesstrafrecht. Leipzig 1871 S. 24, der den Vorrang, welchen Art. 2 den Reichsgesetzen beilegt, nur den „eigentlichen und wirklichen“ Reichsgesetzen einräumen will.

[2]) Vergl. Einführungsgesetz zur Reichsstrafprozeßordnung §. 7 und Reichsstrafprozeßordnung §. 376. S. ferner Einführungsgesetz zur Reichs-Civilprozeßordnung §. 12, zur Reichs-Konkursordnung §. 2.

[3]) Einführungsgesetz zur Reichs-Strafprozeßordnung §. 7. „Gesetz im Sinne der Strafprozeßordnung und dieses Gesetzes ist jede Rechtsnorm.“

Gesetz sei wenigstens für das Deutsche Reichsrecht die einzige Rechtsquelle reichsrechtlichen Ursprungs; denn wo das Gesetz sie nicht anerkennt, können Verordnungen [1]) und Gewohnheit keine Rechtssätze, d. h. keine erzwingbaren Normen schaffen.

Wie dem auch sein mag, so drückt das Wort Gesetz niemals den **Gegensatz** zum ungesetzten, zum Gewohnheitsrecht aus. Dagegen beschränkt es sich nicht nothwendig stets auf das formelle Gesetz, sondern umfaßt — wenn auch nicht zunächst, nicht unmittelbar und auch nicht in der Sprache der Reichsverfassung, — jede Art von Rechtsnormen, die gesetzten wie die ungesetzten, das geordnete und das Gewohnheitsrecht — indeß die nicht in der Form von Gesetzen enthaltenen nur dann, wenn sie vom Gesetze bezw. vom Gesetzgeber ausdrücklich oder durch Duldung anerkannt sind. [2])

Wenn sonach Einiges von dem, was für Gesetze gilt, auch für Nichtgesetze gilt, welche Gesetzeskraft haben, so doch bei Weitem nicht Alles. Es gilt z. B. für sie nicht der für Gesetze geltende oberste Grundsatz allen konstitutionellen Rechts, daß sie nur mit Zustimmung der Landesvertretung, für das Deutsche Reich, in Sonderheit des Bundesrathes und des Reichstages abgeändert, authentisch interpretirt oder aufgehoben werden können. [3])

Korrekter würde man vielleicht sagen: „Dem Gesetze im Sinne der Strafprozeßordnung und dieses Gesetzes steht jede Rechtsnorm gleich."

[1]) Zudem ist die reichsrechtliche Verordnung, materiell betrachtet, weiter nichts als ein Gesetz; denn sie ist ein Theil desjenigen Gesetzes, auf Grund dessen sie erlassen wird. Der Gesetzgeber hat das Gesetz nicht ganz ausgeschrieben und zur Ausfüllung der verbliebenen Lücke im Gesetze Vollmacht ertheilt.

Vergl. auch Zorn in der Tübinger Zeitschrift für die gesammten Staatswissenschaften, Jahrgang 1881 S. 28 a. a. O.

[2]) Die gegentheilige Ansicht, wonach der Gegensatz zum Gesetz das Gewohnheitsrecht bilde, s. bei Zorn S. 106, 107; Laband II. S. 1 a. a. O.; Laband, Preuß. Budgetrecht S. 3.

[3]) Vergl. Bayerische Verfassungsurkunde vom 26. Mai 1818. VII. §. 2, Schwarzburg-Sondershauser Verfass. vom 8. Juli 1857 §. 34, Königl. Sächsische Verfass. vom 4. September 1831 §. 86, Kurhessische Verfass. vom 13. April 1852 §. 75, Badische Verfass. vom 22. August 1818 §. 65, Württembergische Verfass. vom 25. September 1819 §. 88, Sachsen-Weimar-Eisenachsche Verf. vom 15. Oktober 1850 §. 4, Sachsen-Meiningensches Grundgesetz vom 23. August 1829 §. 85, Belgische Verfass. vom 25. Februar 1831 Art. 26 und 67 u. s. w.

Gneist, Verwaltung, Justiz, Rechtsweg S. 73 u. a. m.

Vielmehr kann jede Verordnung, wenn das die Verordnung zulassende Gesetz nichts Anderes bestimmt, [1]) von demjenigen gültig abgeändert, authentisch interpretirt und aufgehoben werden, welcher sie erlassen hat. [2]) Es gilt für die Nichtgesetze, welche Gesetzeskraft haben, auch nicht die für Gesetze vorgeschriebene Art und Form der Verkündigung. [3])

Was hier für die Reichsverfassung ausgeführt ist, findet entsprechende Anwendung auf alle Reichsgesetze und auf alle Verfassungen überhaupt.

Das Wort „lex" drückt nicht den Gegensatz zum Gewohnheitsrecht aus, sondern es enthält zunächst einen formellen Begriff. [4]) Im weiteren Sinne umfaßt es Alles, was legis vicem hat, jede Rechtsnorm, auch das Gewohnheitsrecht. [5])

Der Satz, daß „Gesetze" nur wieder durch „Gesetze", d. i. mit Zustimmung des Bundesraths und Reichstags aufgehoben werden können, ist zwar in der Reichsverfassung, nicht wie in den voraufgeführten, ausdrücklich ausgesprochen worden, folgt indeß aus Art. 5, und ist unstreitig auch dadurch anerkannt, daß keine einem Reichsgesetze widersprechende Verordnung Gültigkeit hat.

S. auch R. v. Mohl, Reichsstaatsrecht S. 174.

[1]) Beispiele: Für das Reich. Die auf Grund des Wahlgesetzes vom 31. Mai 1869 (B.-G.-Bl. S. 145) §. 15 erlassene Bundesrathsverordnung für Preußen s die auf Grund des Ausführungsgesetzes zum deutschen Gerichtsverfassungsgesetz vom 24. April 1878 (Gesetzs. S. 230) erlassene Königliche Verordnung vom 5. Juli 1873 (Gesetzs. S. 393).

[2]) Die von Rosin, Polizeiverordnungsrecht S. 39 Anmerk. 4 hierfür citirte lex 35 D. de R. d. (50, 17): „Nihil tam naturale est, quam eo genere quidque dissolvere quo colligatum est", gilt indeß nicht unbedingt; s. unten §. 24.

Daß die Verordnungen häufig von derselben Stelle, von welcher sie erlassen sind, wieder aufgehoben oder abgeändert werden, ist in Ansehung der Rechtsverordnungen weder in der Praxis noch in der Theorie jemals in Zweifel gezogen worden. Die Verordnung kann auch ferner durch „Gesetz" und zuweilen durch die demjenigen, welcher die Verordnung erlassen hat, übergeordnete Behörde aufgehoben und abgeändert werden. S. Rosin S. 178. Block, Dictionn. s. m. règlement und règlement administratif. Für Preußen: Gesetz über die Polizeiverwaltung vom 11. März 1850 (Gesetzs. S. 265) §. 16 u. a. m. S. auch weiter unten §. 24.

[3]) S. weiter unten.

[4]) Caius, Inst. I. §. 3: „Lex est quod populus jubet atque constituit, plebiscitum est quod plebs jubet atque constituit." Inst. Just. I. tit. 2 de jure naturali, gentium et civile §. 4:

„Lex est quod populus Romanus senatorio magistratu interrogante, veluti consule, constituebat."

Zweifellos hat das Wort „loi" im französischen und belgischen Staatsrecht zunächst den formellen Sinn und bezeichnet keineswegs und niemals alles gesetzte im Gegensatze zum ungesetzten Recht.[1]) Gleichwohl findet der Satz, daß alle Franzosen, Belgier, Luxemburger vor dem „loi" gleich sind, auch in Ansehung der allgemeinen „règlements" und des Gewohnheitsrechts Anwendung. Der Satz, daß alle Franzosen vor dem Gesetz gleich sind, bedeutet nämlich keineswegs, daß die Franzosen nur vor dem gesetzten Rechte (im Gegensatze zu dem Gewohnheitsrecht) gleich seien, er bedeutet vielmehr, daß sie jeder Rechtsnorm gegenüber gleich sein sollen. Der Satz, daß Strafen nur en vertu de la loi angedroht werden können, bedeutet nicht, daß Strafen nur im gesetzten Rechte und nicht im Gewohnheitsrechte angedroht werden können, sondern daß eine solche Androhung nur erfolgen kann durch ein Gesetz oder eine gemäß eines Gesetzes erlassene Verordnung.

Die deutschen Bundesverfassungen, das Gesetz, betreffend die Grundrechte des deutschen Volkes vom 21./27. Dezember 1848,[2]) insbesondere auch die Preußische Verfassungs-Urkunde vom 31. Januar 1850 brauchen das Wort Gesetz gleichfalls entweder prägnant im Gegensatze zum landesherrlichen oder polizeilichen Verordnungsrecht,[3]) welches für die Zukunft ausgeschlossen werden

[5]) §. 1. Papin. Lib. 1. tit. 3. Dig. de legibus senatus que consultis et longa consuetudine:

„Lex est commune praeceptum, virorum prudentum consultum, delictorum, quae sponte vel ignorantia contrahuntur coërcitio, communis reipublicae sponsio." L. 7 Modestin das.: „Legis virtus est haec, imperare, vetare, permittere punire" u. s. w.

[1]) Block, Dictionn. s. m. loi, constitution und promulgation.

Laband II. S. 61 ff.

[2]) Weil, Quellen und Aktenstücke zur deutschen Verfassungsgeschichte, Berlin 1850 S. 124 ff., vergl. insbesondere §§. 2, 8 letzter Absatz, 10 Abs. 2 u. 3, 12 Abs. 3, 13 letzter Absatz, 15 Abs. 2, 26 Abs. 2, 32 Abs. 2 u. 3, 33 Abs. 2, 37 Abs. 3 u. 4, 38 Abs. 1 u. 2, 39, 42, 44, 45 Abs. 2, 50 Abs. 2, wo das Wort „Gesetz" mit Absicht gewählt ist, um den Verordnungsweg für die Zukunft auszuschließen.

[3]) Vergl. namentlich Preuß. Verfassungs-Urkunde vom 31. Januar 1850 Art. 2, 3, 5, 6, 13, 17, 19, 24 letzter Abs., 26, 27 Abs. 2, 29 Abs. 2 in Verbindung mit 31 Abs. 2 u. 3, 39, 40, 41, 42 letzter Abs., 45, 47, 49 letzter Abs., 50 Abs. 2, 57, 61 Abs. 2, 62 Abs. 1, 2, 3, 63 Gesetzeskraft, 64 Abs. 1 u. 2, 65, 66 Abs. 2, 69, 72 Abs. 2, 80 in Verbindung mit 69, 85, 87, 88, 89, 91

soll, oder (indeß höchst selten) in dem Zusammenhange, daß darunter mittelbar jeder Rechtssatz, der gesetzte wie der gewohnheitsmäßige verstanden werden muß.[1])

Abs. 1 u. 2, 93 Abs. 2, 94 Abs. 2, 95, 96, 97, 98, 99 Abs. 2, 100, 102, 103, 104 letzter Abs., 105, 106, 107, 109, 110, 111, 112, 115, 116, 117 und 119; Bericht des Justizministers Grafen zur Lippe im Herrenhause vom 12. Februar 1879 Sten. Ber. 1878 9 II. S. 521 ff.

[1]) Vgl. Preuß. Verfass.-Urkunde vom 31. Januar 1850 Art. 4: „Alle Preußen sind vor dem Gesetze gleich .....", wo unzweifelhaft auch die Gleichheit vor allen nicht auf formellen Gesetzen beruhenden Normen ausgedrückt werden sollte, wenn und soweit denselben Gesetzeskraft beizulegen ist (s. auch Laband, Preuß. Budgetrecht S. 4). Was dagegen Art. 7 anlangt, „Niemand darf seinem gesetzlichen Richter entzogen werden ...", so hat hier m. E. das Wort „gesetzlich" zugleich den Sinn, daß für die Zukunft (s. auch die Schlußworte vom Art. 89) Bestimmungen über die Zuständigkeit der Richter nur noch in „Gesetzesform" erlassen werden dürfen, (anderer Ansicht ohne Angabe von Gründen Laband, Budgetrecht S. 4). Daß Art. 8, „Strafen können nur in Gemäßheit des Gesetzes angedroht oder verhängt werden", für die Zukunft jedes — nicht auf gesetzlicher Delegation beruhende — Verordnungsrecht des Landesherrn oder einer Behörde ausschließen wollte, ist schon früher gegen Laband nachgewiesen worden. Es ist daher nicht zutreffend, daß das Wort „Gesetz" in Art. 8 gleichbedeutend mit „Rechtssatz" sei. (Vgl. Laband Budgetrecht S. 4.) Dasselbe gilt auch für Art. 9: „Das Eigenthum darf nur .... nach Maaßgabe des Gesetzes entzogen oder beschränkt werden." Das Enteignungsgesetz vom 11. Juni 1874 war die Ausführung dieser Verfassungsbestimmung. Keine der angezogenen Verfassungsvorschriften gebraucht aber das Wort Gesetz im Gegensatze zum Gewohnheitsrecht, etwa in dem Sinne, daß die Preußen vor dem gesetzten Rechte, nicht aber vor dem Gewohnheitsrecht gleich sein sollen, daß Niemand dem gesetzlichen, wohl aber dem durch Gewohnheitssatz zuständigen Richter entzogen werden darf, daß Strafen im Gegensatze zum Gewohnheitsrecht nur durch gesetztes Recht, gleichviel in welcher Form auch immer angeordnet werden dürfen, daß die Richter der Autorität des gesetzten Rechts, nicht aber der Autorität des Gewohnheitsrechts unterworfen sind (Art. 106) u. s. w.

§. 20.
Die Verkündigung der Reichsverordnungen.

Nach der deutschen Bundesakte vom 8. Juni 1815 [1]) und der Schlußakte der Wiener Ministerialkonferenzen vom $\frac{15.\ \text{Mai}}{8.\ \text{Juni}}$ 1820 [2]) stand innerhalb des Bundesgebietes der Gesammtheit der Bundesglieder „die Befugniß der Entwickelung und Ausübung der Bundesakte zu, insofern die Erfüllung der darin aufgestellten Zwecke solche nothwendig macht." [3]) Die innerhalb der Zuständigkeit der Bundesverfassung erlassenen Bundesbeschlüsse gingen den Landesgesetzen vor, allerdings nicht ipso jure, sondern nur in der Art, daß die Bundesglieder gezwungen werden konnten, dieselben bei sich einzuführen. [4]) Aber die Bundesbeschlüsse erhielten ihre verbindliche Kraft für die Unterthanen nicht durch ihre Verkündigung von Bundeswegen, sondern allein durch die Verkündigung von Seiten der einzelnen Landesregierungen. [5]) Auch die auf Grund des Zollvereinigungsvertrages vom 8. Juni 1867 (B.-G. Bl. S. 81) erlassenen Gesetze erhielten ihre verbindliche Kraft nicht durch ihre Verkündigung von Zollvereinswegen. Vielmehr sollte die Verkündigung der Vereinsgesetze in den Gebieten der vertragenden Theile in den daselbst geltenden Formen erfolgen. [6])

Im Gegensatze zu dem Rechte des ehemaligen deutschen Bundes bestimmte die Verfassung für den Norddeutschen Bund, im Gegensatze sowohl zum Rechte des ehemaligen Deutschen Bundes wie

[1]) Weil, Quellen S. 3 ff.

[2]) Daselbst S. 13 ff.

[3]) Art. 3, 4 10 a. a. O. der Schlußakte.

[4]) Art. 31, 32 ff. der Schlußakte, die Exekutionsordnung vom 3. August 1820 (Weil, Quellen S. 34); Zöpfl, Grundsätze des gemeinen deutschen Staatsrechts 3. Aufl. (1863) Theil I. §. 150 S. 369 ff., §. 151 S. 374, 375.

[5]) Art. 53 letzter Abs. der Schlußakte, Zöpfl, Theil I. §. 51 S. 371, Verf.-Urkunde für das Großherzogthum Hessen vom 17. Dezember 1820 § 2, Staatsgrundgesetz für Koburg-Gotha vom 3. Mai 1852 §§. 2, 22; Württembergische Verfassung vom 25. September 1819 §. 3, Badische Verfassung vom 22. August 1818 §. 2 u. s. w.

[6]) Art. 7 letzter Absatz; das ist für Norddeutschland im Bundesgesetzblatt und für die übrigen Mitglieder in den dort zur Aufnahme der Gesetze bestimmten Blättern.

zum Rechte des Zollvereins bestimmte die Reichsverfassung, daß die Gesetze des Norddeutschen Bundes bezw. des Deutschen Reichs ihre verbindliche Kraft durch ihre Verkündigung von Bundes- bezw. Reichswegen erlangen,[1]) und daß dem Bundespräsidium bezw. dem Kaiser ihre Verkündigung zustehen sollte.[2])

Dagegen enthalten weder die Verfassung für den Norddeutschen Bund noch diejenige für das Deutsche Reich Bestimmungen über die Art, in welcher Bundes- bezw. Reichsverordnungen zu verkünden sind. Da die Verordnungen nur, was ihre Wirkung anlangt, den Gesetzen gleich stehen, so folgt aus dem Umstande, daß Reichsgesetze im Gesetzblatte verkündet werden müssen, noch nicht, daß auch Reichsverordnungen gültig nur im Gesetzblatte verkündet werden dürfen. Es folgt aber auch m. E. noch nicht aus dem Begriffe der Verkündigung,[3]) daß die Verordnung stets in derselben Weise wie ein Gesetz bekannt zu machen ist. Vielmehr zeigt das Beispiel aller Länder, daß Verordnungen gültig auch in anderer Weise wie die Gesetze veröffentlicht werden.

So schreibt das Preußische Gesetz über die Organisation der allgemeinen Landesverwaltung vom 26. Juli 1880 (Gesetzs. S. 291) vor, daß Polizeiverordnungen der in den §§. 72, 73, 74 bezeichneten Art, also darunter auch die für den ganzen Staat geltenden, durch die Amtsblätter bekannt zu machen sind.[4])

In Ansehung der Kreis- und ortspolizeilichen Vorschriften — §§. 78, 79 — hat nach §. 80 letzter Absatz des genannten Gesetzes der Regierungspräsident über die Art der Verkündigung zu bestimmen.[5]) Aber auch abgesehen von den Polizeiverordnungen, fand die Verkündigung der Verordnungen im Preußischen Recht nicht oder doch der Regel nach nicht in der Gesetzsammlung statt, wie sich aus nachstehenden, auf Vollständigkeit keinen Anspruch erhebenden Bemerkungen ergiebt:

---

[1]) Artikel 2.

[2]) Artikel 17.

[3]) Dies ist allerdings die Ansicht u. A. von Laband, II S. 90, 91; Thudichum, Verfassungsrecht S. 93.

[4]) S. auch Rosin, Polizeiverordnungsrecht S. 168 ff.

[5]) Vgl. auch das Preuß. Gesetz, betreffend die Gerichtsbarkeit der Konsuln. Vom 29. Juni 1865. (G. S. S. 1865 S. 44) § 17 Absatz 4:

„Die Verkündung der polizeilichen Vorschriften erfolgt in der im Konsulatsbezirk üblichen Weise und jedenfalls durch Aushang in dem gerichtlichen Geschäftslokal des Konsuls."

Die Verordnungen im Gebiete des Postwesens, auch die Rechtsnormen enthaltenden, wurden im Ministerialblatt für die gesammte innere Verwaltung in den Königlich Preußischen Staaten, herausgegeben im Ministerium des Innern, oder im Postamtsblatt verkündet, so z. B. die gemäß §. 52 des Postgesetzes vom 5. Juni 1852 erlassene Instruktion des Ministers für Handel, Gewerbe und öffentliche Arbeiten im Ministerialblatt für die innere Verwaltung S. 298, das gemäß §. 50 desselben Gesetzes von dem nämlichen Minister erlassenen Reglement vom 21. Dezember 1860 im Postamtsblatt S. 475. Im Gebiete des Eisenbahn- und Telegraphenwesens erfolgte die Verkündigung der Verordnungen im Ministerialblatt für die gesammte innere Verwaltung. Dort sind die Eisenbahnpolizei- und die Eisenbahnbetriebsreglements (s. das. u. A. 1848 S. 134, 1853 S. 207, 1859 S. 58 und 153, 1861 S. 28 und 87, 1862 S. 91 und 251); dort ist das ganze preußische (in Verordnungen enthaltene) Telegraphenrecht zur allgemeinen Nachachtung veröffentlicht worden (s. das. 1859 S. 17, 1863 S. 20). Seit 1878 wird im Ministerium der öffentlichen Arbeiten das Eisenbahnverordnungsblatt herausgegeben, in welchem — unbeschadet der Publikation durch die gesetzlich vorgeschriebenen Organe (Gesetzsammlung 2c.) — unter Anderen Aufnahme finden allgemeine Ministerialverfügungen. Die Preußischen Verordnungen in der Zoll- und Steuergesetzgebung sind im Centralblatt der Abgaben-, Gewerbe- und Handelsgesetzgebung und Verwaltung verkündet worden, wie der flüchtigste Einblick in dasselbe ergiebt (s. z. B. das. 1846 S. 168, 169, 349, 1854 S. 121, 1867 S. 392, 403, 432, 434, 464, 566, 1868 S. 71, 1869 S. 230, 1871 S. 397). Verordnungen in Ansehung des Landheeres und der Kriegsmarine sind außer im Militärwochenblatt im Militär-Verordnungsblatt oder im Marine-Verordnungsblatt, zuweilen z. B. Ersatzinstruktionen auch in den Regierungs-Amtsblättern verkündet. Nach Preußischem Recht also ist die Verkündigung der Verordnungen der Regel nach nicht übereinstimmend mit derjenigen der Gesetze.

Das Gleiche gilt für Bayern, in welchem Lande z. B. je nach der Stellung des Inhabers des Polizeiverordnungsrechts, verschiedene Blätter zur Aufnahme der Verordnungen bestimmt sind.[1])

[1]) S. Polizeistrafgesetzbuch für das Königreich Bayern vom 10. November 1861, Art. 40.

In Frankreich bedürfen zu ihrer Rechtsverbindlichkeit die Gesetze der Verkündigung im bulletin des lois,[1]) Verordnungen des Präsidenten derjenigen im journal officiel, Verordnungen des Präfekten im recueil des actes de la préfecture, während die der Ortsbehörden in den Gemeinden anzuschlagen sind.[2])

Ein ähnlicher Rechtszustand wie in Frankreich besteht in Belgien, wo die lokalen Polizeiverordnungen verkündet werden „par voie de proclamations et d'affiches."[3])

Es ist hiernach so wenig aus dem allgemeinen Begriffe der Verkündigung wie aus dem Wortlaute der Verfassung, wie endlich aus dem hergebrachten Gebrauche herzuleiten, daß Reichsverordnungen ebenso wie Reichsgesetze gültig nur vom Kaiser im Reichsgesetzblatt verkündet werden können. Letzteres würde auch bei der ungeheuren Menge von Verordnungen, welche auf Grund des Strafgesetzbuchs, der Gewerbeordnung, der Seuchengesetze, der Zoll- und Steuergesetze u. s. w. erlassen worden sind, absolut undurchführbar sein.

Mangels einer ausdrücklichen Vorschrift der Verfassung über die Verkündigung der Reichsverordnungen ist daher anzunehmen, daß der Gesetzgeber die Art ihrer Verkündigung in das freie Ermessen desjenigen stellt, welchen er zum Erlaß der Verordnung ermächtigt hat;[4]) es sei denn, daß er in dem ermächtigenden Gesetze die Art der Verkündigung selbst bestimmt hat.[5]) Dies entsprach auch dem Rechtszustande in Preußen, wo insbesondere jeder zum Erlaß einer Verordnung befugte Minister dieselbe, wo und wie es ihm angezeigt erschien, publizirte und keineswegs

[1]) Block, Dictionn s. m. promulgation.

[2]) Block, Dictionn s. m. règlement administratif nr. 7: „le règlement administratif émané du président de la République (décret) doit être inséré dans le journal officiel; les règlements préfectoraux doivent être publiés dans le receueil des actes de la préfecture, et les règlements municipaux affichés dans la commune."

[3]) Giron, le droit administratif de la Belgique 1881 nr. 755.

[4]) Dies führt auch das Erkenntniß des Reichs-Oberhandelsgerichts vom 2. Juni 1876 aus: (Entscheidungen Bd. XXI S. 60). Derselben Ansicht ist auch Rosin, Polizeiverordnungsrecht S. 170: „Mangels entgegenstehender positiv rechtlicher Bestimmungen geht die Publikation eines gesetzgeberischen Willensaktes, und damit auch der Polizeiverordnungen, von demjenigen staatlichen Faktor aus, welchem die darin ausgesprochene Willensbestimmung angehört."

[5]) S. weiter unten.

ohne dahin gehende besondere gesetzliche Vorschrift gezwungen war, dieselbe in der Gesetzsammlung oder im Amtsblatte zum Abdruck bringen zu lassen.

Wenn das Bundespräsidium in der Verordnung, betreffend die Einführung des Bundesgesetzblattes für den Norddeutschen Bund (G.-B.-Bl. S. 24) das Bundesgesetzblatt auch zur Verkündigung für die eigenen Anordnungen bestimmte, so war es, da diese Bestimmung von seinem eigenen Belieben [1]) abhing, durchaus berechtigt, [2]) seine Verordnungen, wo ihm solches angezeigt erschien, gültig auch in anderer Weise zu veröffentlichen. Dies ist in einzelnen Fällen geschehen. [3])

Es ist ferner eine, wie mir scheint, nicht bewiesene Behauptung, [4]) daß Kaiserliche, nicht in dem Gesetzblatt [5]) verkündete Verordnungen „dieses Mangels willen rechtsverbindliche Kraft nur mittels zu treffender partikularer Verkündigungsformen erhalten haben können [6]) und das Kaiserliche Verordnungsrecht von einem unmittelbaren zu einem nur mittelbaren herabgesetzt haben."

Obwohl die Gesetzsammlung zunächst [7]) vom Präsidium be-

[1]) Insofern es seine eigenen Verordnungen jederzeit abändern kann.

[2]) Anders liegt der Fall für Elsaß-Lothringen auf Grund des Gesetzes vom 3. Juli 1871, wonach auch Kaiserliche Verordnungen die Kraft von Elsaß-Lothringischen Landesgesetzen nur durch die Verkündigung vermittelst des Gesetzblattes für Elsaß-Lothringen erhalten sollen. Vgl. hierzu auch Erkenntniß des Reichs-Oberhandelsgerichts vom 1. Dezember 1874 (Entscheidungen Bd. XV. S. 295).

[3]) Siehe z. B. die Militärersatzinstruktion im Norddeutschen Bund vom 26. März 1868, welche u. A. in den Amtsblättern verkündet ist. Die vom Kaiser in Ansehung der Kriegsmarine erlassenen Verordnungen werden im Marineverordnungsblatt verkündet.

[4]) Hänel, Die organisatorische Entwickelung S. 78, 79; s. auch Laband II. S. 92, wo nach dem Satze, daß Reichsverordnungen, welche nicht im Reichsgesetzblatt verkündigt sind, keine verbindliche Kraft haben sollen, fortgefahren wird, daß dies für die Kaiserlichen Verordnungen in der Verordnung vom 26. Juli 1867 ausdrücklich vorgeschrieben worden sei. Letztere Behauptung scheint übrigens auf einem Versehen zu beruhen.

[5]) Also z. B. im Marineverordnungsblatt.

[6]) Die auf die Kriegsmarine Bezug habenden und die von Hänel in Anmerk. 1 auf S. 76 angezogenen Verordnungen haben „partikulare" Verkündigungsformen übrigens niemals erhalten.

[7]) Die Verordnung lautet nämlich:

„Für das ganze Gebiet des Norddeutschen Bundes wird in Berlin ein „Bundesgesetzblatt des Norddeutschen Bundes"

stimmt wurde, Gesetze und Präsidial-Verordnungen aufzunehmen, so steht rechtlich kein Hinderniß im Wege, daß auch Verordnungen des Bundesrathes oder des Reichskanzlers in dieselbe Aufnahme finden. Ja diese Aufnahme ist in einzelnen Fällen gesetzlich vorgeschrieben worden. [1]) Uebrigens verbietet die Präsidialverordnung vom 26. Juli 1867 mit keinem Worte die Aufnahme auch anderer wie Präsidialverordnungen im Gesetzblatt. Sie schreibt insbesondere auch nicht vor, daß dieses Blatt „ausschließlich" für Verkündigungen des Kaisers, für Gesetze und Kaiserliche Erlasse nach Maßgabe des Artikel 17 der Verfassung bestimmt sei. [2])

Selbst in den Fällen, wo Landesregierungen und Ortspolizeibehörden u. s. w. zum Erlasse von Verordnungen zur Ausführung von Reichsgesetzen ermächtigt wurden, hängt die Art der Verkündigung zunächst vom Willen des Reichsgesetzgebers ab. [3]) Enthält dagegen das Reichsgesetz Nichts über die Art der Verkündigung, so entscheidet auch hier lediglich der Wille des mit Erlaß der Verordnung Beauftragten. [4]) So sehr ist in der Regel

---

erscheinen, durch welches sämmtliche Bundesgesetze (Artikel 2. der Verfassungsurkunde des Norddeutschen Bundes) und Anordnungen und Verfügungen des Bundespräsidiums (Artikel 17.) verkündet werden sollen."

[1]) S. weiter unten.

[2]) Dies behauptet Hänel, organisatorische Entwickelung S. 89.

[3]) Beispiele weiter unten. Ebenso Seydel in Hirths Annalen 1874 S. 1144; Laband II. S. 84. S. auch Rosin S. 170. Dagegen von Mohl, Reichsstaatsrecht S. 174.

[4]) Dagegen meinen ohne Angabe von Gründen Seydel und Laband an den in der vorigen Anmerkung angezogenen Stellen, daß in solchem Falle das Landesrecht entscheide. Die Landesrechte, auch das Preußische, enthalten übrigens gar keine Vorschriften über die Verkündigung der auf Grund der Reichsgesetze erlassenen Verordnungen. Die über die Verkündigung von Verordnungen getroffenen landesrechtlichen Vorschriften haben nur ganz bestimmte Arten von Verordnungen (Polizeiverordnungen) zum Gegenstande und stellen die Art der Verkündigung häufig (s. oben) in das Belieben gewisser Behörden. Die Ansicht von Seydel und Laband ist daher vom praktischen Standpunkte aus nicht durchführbar. Wie soll z. B. eine ortspolizeiliche Taxe (Gewerbeordnung §. 76) in Preußen nach Landesrecht verkündigt werden, da der Regierungspräsident nur die Art der auf Grund des Gesetzes vom 11. März 1850 über die Polizeiverwaltung erlassenen Verordnungen bestimmen kann, anderweitige Vorschriften über die Verkündigung ortspolizeilicher Verordnungen aber fehlen?

die Art der Verkündigung von Verordnungen zur Ausführung der Reichsgesetze den bezüglichen Behörden überlassen, daß es ihnen Mangels ausdrücklich entgegenstehender Gesetzesvorschrift sogar freisteht, dieselben überhaupt nicht zu veröffentlichen, sondern den dadurch Betroffenen besonders mitzutheilen. [1]) Letzteres ist in gewissen Fällen das einzig Sachgemäße, so bei den auf Grund des §. 361 Nr. 6 des Reichsstrafgesetzbuchs erlassenen polizeilichen Vorschriften.

Daß die Reichsverordnungen der Regel nach nicht im Reichsgesetzblatt verkündet zu werden brauchen, ergeben nun unter Anderen die nachfolgenden Gesetze, in welchen diese Art der Verkündigung besonders vorgeschrieben worden ist:

a. Gesetz, betreffend die Gründung und Verwaltung des Reichs-Invalidenfonds. Vom 23. Mai 1873. (R.-G.-Bl. S. 117) §. 11. „.... Die Geschäftsinstruktion für die Verwaltung des Reichs-Invalidenfonds erläßt der Reichskanzler im Einvernehmen mit dem Bundesrathe. Dieselbe ist durch das Reichsgesetzblatt zu veröffentlichen."

b. Gesetz über die Kriegsleistungen. Vom 13. Juni 1873. (R.-G.-Bl. S. 129) §. 32:

„Der Zeitpunkt, mit welchem der Friedenszustand für die gesammte bewaffnete Macht oder einzelne Abtheilungen derselben wieder eintreten und die Verpflichtung zu Leistungen nach Maßgabe dieses Gesetzes aufhören soll, wird jedesmal durch Kaiserliche Verordnung festgestellt und im Reichs-Gesetzblatte bekannt gemacht." [2])

c. Münzgesetz. Vom 9. Juli 1873. (R.-G.-Bl. S. 233) Art. 8 Absatz 2: „Die Bekanntmachungen über (die vom Bundesrath anzuordnende) Außerkourssetzung von Landesmünzen sind außer in den zu der Veröffentlichung von Landes-

---

Ferner: Was ist in Preußen Landesrecht über die Art der Verkündigung von Post-, Eisenbahn-, Zoll- und Steuer-Verordnungen?

Die von mir vertretene Ansicht theilt, so scheint mir wenigstens, auch Rosin, Polizeiverordnungsrecht S. 170.

[1]) Beispiele weiter unten.

[2]) Also selbst Kaiserliche Verordnungen brauchen der Regel nach nicht im Reichsgesetzblatt veröffentlicht zu werden.

verordnungen bestimmten Blättern auch durch das Reichs-Gesetzblatt zu veröffentlichen." [1])

d. Bankgesetz. Vom 14. März 1875. (R.-G.-Bl. S. 177). § 6: „. . . Die nach dem Vorstehenden vom Bundesrathe zu erlassenden Vorschriften sind durch das Reichs-Gesetzblatt zu veröffentlichen.

e. Gesetz, betreffend die Abänderung des Artikel 15 des Münzgesetzes vom 9. Juli 1873. Vom 6. Januar 1876. (R.-G.-Bl. S. 3) „. . . . Eine solche Bestimmung (des Bundesraths) ist durch das Reichs-Gesetzblatt zu veröffentlichen . . . ."

f. Gesetz, betreffend die vorläufige Einführung von Aenderungen des Zolltarifs. Vom 30. Mai 1879. (R.-G.-Bl. S. 149). §. 2: „Die Anordnung (des Reichskanzlers) (§. 1) ist in das Reichs-Gesetzblatt aufzunehmen und tritt sofort in Kraft . . . ."

Daß aber überhaupt die Art der Verkündigung von Reichsverordnungen und insbesondere auch der von Landesbehörden zur Ausführung von Reichsgesetzen erlassenen Verordnungen in der Regel dem Ermessen der mit dem Erlaß beauftragten Behörde anheimgegeben ist, beweisen insbesondere nachfolgende Gesetzesvorschriften:

a. Gesetz, betreffend die Erhebung einer Abgabe von Salz. Vom 12. Oktober 1867. (B.-G.-Bl. S. 41) §. 15: „Die . . . . Uebertretung der . . . . erlassenen und öffentlich oder den Salzwerksbesitzern und Fabrikanten, welche Salz als Nebenprodukt gewinnen, oder . . . . besonders bekannt gemachten Ausführungsvorschriften, für welche keine besondere Strafe angedroht ist, wird mit einer Ordnungsstrafe von Einem bis zu zehn Thalern . . . . . geahndet."

b. Gesetz wegen Besteuerung des Braumalzes rc. Vom 4. Juli 1868. (B.-G.-Bl. S. 375) §. 36: „Die Uebertretung aller anderen in diesem Gesetze gegebenen Vorschriften und der in Gemäßheit derselben erlassenen und gehörig bekannt gemachten Verwaltungsvorschriften, auf welche keine

---

[1]) Die Verordnungen hätten also sonst auch in den Landesblättern gültig veröffentlicht werden können.

besondere Strafe gesetzt worden, soll mit einer Geldbuße von 1 bis 10 Thalern geahndet werden."

c. Gesetz, betreffend die Besteuerung des Branntweins ꝛc. Vom 8. Juli 1868. (B.=G.=Bl. S. 384) §. 65.[1])

d. Maaß= und Gewichtsordnung für den Norddeutschen Bund. Vom 17. August 1868. (B.=G.=Bl. S. 473).

Artikel 21 Absatz 2: „Die Landesregierungen haben die Verhältnißzahlen für die Umrechnung der bisherigen Landesmaaße und Gewichte in die neuen festzustellen und bekannt zu machen...."

e. Vereinszollgesetz. Vom 1. Juli 1869. (B.=G.=Bl. S. 317).

§. 152: „Die Uebertretung der Vorschriften dieses Gesetzes, sowie der in Folge derselben öffentlich bekannt gemachten Verwaltungsvorschriften wird .... geahndet." S. auch §. 163.

f. Gesetz über das Postwesen des Deutschen Reichs. Vom 28. Oktober 1871. (R.=G.=Bl. S. 347).

§. 50.: „Durch ein von dem Reichskanzler zu erlassendes Reglement, welches mittelst der für die Publikation amtlicher Bekanntmachungen bestimmten Blätter[2]) zu veröffentlichen ist, werden die weiteren bei Benutzung der Postanstalt zu beobachtenden Vorschriften getroffen.

Diese Vorschriften gelten als Bestandtheil des Vertrages zwischen der Postanstalt und dem Absender, beziehungsweise Reisenden ...."

g. Gesetz wegen Erhebung der Brausteuer. Vom 31. Mai 1872. (R.=G.=Bl. S. 153) §. 4 zweiter Absatz: „Die in Ansehung dieser Fixationen zu beobachtenden allgemeinen Grundsätze werden von dem Bundesrathe vorgeschrieben und bekannt gemacht werden."

§. 35: „Die Uebertretung der Bestimmungen dieses Gesetzes, sowie der dazu erlassenen Verwaltungsvorschriften[3]) wird, sofern nicht die Defraudationsstrafe

---

[1]) Gleichlautend mit §. 36 des zu b genannten Gesetzes.

[2]) Es ist also anzunehmen, daß ohne gesetzliche Vorschrift auch nicht amtliche Blätter zur Veröffentlichung gewählt werden können.

[3]) Es ist also nicht erforderlich, daß sie öffentlich bekannt gemacht worden sind; es genügt die besondere Mittheilung an die Brauer.

verwirkt ist, mit einer Ordnungsstrafe bis zu 50 Thalern geahndet ...."

h. Gesetz, betreffend den Spielkartenstempel. Vom 3. Juli 1878. (R.-G.-Bl. S. 133).

§. 16: „Zuwiderhandlungen gegen die Vorschriften dieses Gesetzes oder die zu dessen Ausführung erlassenen Vorschriften .... ziehen eine Ordnungsstrafe von drei bis dreißig Mark nach sich."

i. Gesetz wegen Abänderung des Gesetzes vom 10. Juni 1869, betreffend die Wechselstempelsteuer. Vom 4. Juni 1879. (R.-G.-Bl. S. 151).

Art. 1 §. 3: „..... Umrechnung ..... bekannt macht ...."

k. Gesetz, betreffend die Besteuerung des Tabacks. Vom 16. Juli 1879. (R.-G.-Bl. S. 245).

§. 40: „Die Uebertretung der Bestimmungen dieses Gesetzes sowie der dazu erlassenen Verwaltungsvorschriften wird .... mit einer Ordnungsstrafe bis zu einhundertundfünfzig Mark geahndet ...."

l. Gesetz, betreffend die Statistik des Waarenverkehrs ꝛc. Vom 20. Juli 1879. (R.-G.-Bl. S. 261).

§. 2 Absatz 4: „Das Nähere .... bestimmt das amtlich bekannt zu machende statistische Waarenverzeichniß."

Besonders hervorzuheben ist, daß die amtliche Bekanntmachung nach dem Ermessen der die Verordnung erlassenden Behörde, auch überhaupt in keinem Blatte, auch nicht individuell durch Zustellung oder Vorlesung, sondern durch das Herausgeben eines Buches erfolgen kann. Dies ist der Fall, bei dem gemäß §. 12 des Vereinszollgesetzes vom Bundesrath verfaßten amtlichen Waarenverzeichniß, welches zuletzt 1879 im Buchhandel erschienen ist. Dasselbe enthält zahlreiche aus der dem Bundesrath zustehenden Verordnungsbefugniß abzuleitende Rechtsnormen. Sein Inhalt bindet (gemäß §. 12 des genannten Gesetzes) sogar den Richter unbedingt und in der Weise, daß er ihn z. B. bei den Defraudationsstrafen zu Grunde zu legen hat. Das Nämliche gilt für das Buch „Pharmacopoea Germanica, Editio altera", welches im R. von Decker'schen Verlage erschienen ist und als gehörig bekannt gemachter integrirender Theil einer Rechtsverordnung gilt.[1])

Was die thatsächliche Art der Verkündigung der Verordnungen anlangt, welche — wie nachgewiesen — Mangels entgegenstehender gesetzlicher Vorschrift vom Belieben desjenigen abhängt, welcher die bezügliche Verordnung erläßt, so dürfte sich darüber im Allgemeinen bemerken lassen, daß meist Gründe der Zweckmäßigkeit und vor Allem das Herkommen maßgebend gewesen sind. Die Verordnungen des Präsidiums bezw. des Kaisers sind, abgesehen von den auf das Heerwesen und die Kriegsmarine bezüglichen, fast sämmtlich durch das Gesetzblatt veröffentlicht worden.[2]) Außer dem Gesetzblatt besaßen der Norddeutsche Bund und das Deutsche Reich bis zum Jahre 1873 kein eigenes Verkündigungsorgan. So erklärt sich, daß bis dahin Bundesrath und Reichskanzler ihre Verordnungen entweder durch das Gesetzblatt[3]) oder durch die Landesbehörden[4]) veröffentlichen ließen.

Gemäß Bekanntmachung des Reichskanzlers vom 22. Dezember 1872[5]) erscheint seit Anfang des Jahres 1873 im Reichskanzleramt (jetzt Reichsamt des Innern) herausgegebene Zeitschrift, welche zur Aufnahme[6]) solcher für das Publikum[7]) bestimmter Veröffentlichungen der Organe des Reichs dienen soll, die der Ver-

---

[1]) Vgl. Reichs-Strafgesetzbuch §. 367 Nr. 5, Verfügung des Kultus-Ministeriums vom 9. Dezember 1882 (Minister.-Bl. für die preuß. innere Verwaltung S. 267) und Bekanntmachung des Reichskanzlers vom 8. Juli 1872 (Centralblatt für das Deutsche Reich S. 333).

[2]) Oben §. 13.

[3]) Die Absicht, durch die Bekanntmachung im Reichsgesetzblatte seine Verordnungen mit unmittelbarer Rechtswirksamkeit auszustatten, (Hänel, organisatorische Entwickelung S. 91) lag dem Bundesrath schon um deswegen fern, weil es zu dieser unmittelbaren Rechtswirksamkeit dieser Art der Bekanntmachung gar nicht bedurfte. Die Bekanntmachung im Reichs-Centralblatt hat genau die nämliche unmittelbare Rechtswirksamkeit wie die im Reichs-Gesetzblatt erfolgte.

[4]) Z. B. in Zoll- und Steuersachen in Preußen durch das Abgabengesetzblatt, s. z. B. den Bundesrathsbeschluß vom 21. Juni 1872 über die Denaturirungsmittel beim Salz in dem genannten Blatte 1872 S. 316, die vom Bundesrath erlassene Anweisung vom 23. Dezember 1869 zur Ausführung des Vereinszollgesetzes vom 1. Juli 1869 daselbst 1870 S. 8).

[5]) Reichsanzeiger 1872 S. 304.

[6]) Aber nicht zur ausschließlichen.

[7]) Also nicht bloß für die Behörden, also nicht bloß um Instruktionen für die Verwaltung zu erlassen.

kündigung durch das Reichsgesetzblatt nach Artikel 2 der Reichsverfassung und nach der Verordnung vom 26. Juli 1867 nicht bedürfen. [1]) So erklärt es sich, daß Verordnungen über die gleichen Gegenstände vor 1873 im Gesetzblatt oder in einem Landesverordnungsblatt, seitdem aber im Centralblatt für das Deutsche Reich verkündet worden sind. So sind z. B. das Eisenbahnpolizeireglement und das Eisenbahnbetriebsreglement 1870 im Gesetzblatt, 1874, 1875 und später im Centralblatt veröffentlicht worden.

Aus Artikel 17 der Reichsverfassung ergiebt sich, daß nicht bloß die Gesetze, sondern auch die Verordnungen, wie überhaupt alle Anordnungen des Kaisers im Namen des Reichs erlassen werden müssen und der Gegenzeichnung des Reichskanzlers bedürfen. [2])

Preußische Verordnungen, die nur mittelbar und inhaltlich Reichsverordnungen werden, weil sie auch in den übrigen Staaten, z. B. auf Grund Art. 61 oder 63 der Reichsverfassung, einzuführen sind, bedürfen dagegen der Gegenzeichnung des nach Preußischem Staatsrecht zuständigen Ministers. [3])

Die Verordnungen des Bundesraths kann dieser, wie es ihm beliebt, entweder (mittelbar) durch die Landesbehörden in den diesen zweckmäßig erscheinenden (und zur Aufnahme solcher Verordnungen geeigneten) Blättern oder (unmittelbar) durch seinen Vorsitzenden, den Reichskanzler veröffentlichen lassen. Eine Gegenzeichnung ist nicht vorgeschrieben und nicht üblich. [4]) Es steht auch nichts im Wege, daß Bundesrathsverordnungen durch den

---

[1]) Nach Hänel (organisatorische Entwickelung S. 91) bedarf es keines Nachweises, daß den Veröffentlichungen einer solchen Zeitschrift schlechterdings nicht die Kraft einer Verkündigung beiwohnt, daß ihren Abdrücken keinerlei verpflichtende Beglaubigung der Authenticität beiwohnt" u. s. w. (Der gleichen Ansicht ist Laband, Reichsstaatsrecht II. S. 91.) Warum sollte aber das im Reichsamt des Innern herausgegebene Reichs-Centralblatt weniger Kraft haben, als das im preußischen Ministerium des Innern herausgegebene Ministerialblatt für die innere preußische Verwaltung oder das Centralblatt der preußischen Abgaben-, Gewerbe- und Handelsgesetzgebung?

[2]) Daß sie, auch wenn es keine formellen Gesetze, sondern Verordnungen sind, im Gesetzblatt bekannt zu machen sind, schreibt Art. 17 nicht vor.

[3]) So z. B. die Kriegsartikel und die Disciplinarstrafordnung für das Heer vom 31. Oktober 1872 (Armee-Verordnungsblatt S. 330) und die Heerordnung vom 28. September 1875, s. oben §. 13; vgl. dagegen Zorn, Reichsstaatsrecht I. S. 310 Anm. 26 und Hänel, organisatorische Entwickelung S. 79.

[4]) S. auch Zorn, Reichsstaatsrecht I. S. 196; Seydel, Kommentar S. 127.

Kaiser verkündet werden. Dies erscheint nothwendig [1]) oder doch mindestens angezeigt, wenn dieselben Namens des Reichs erlassen und gegen das Ausland gerichtet sind. Daher erklärt es sich, daß Ein- und Ausfuhrverbote, obwohl sie nicht Kaiserliche, sondern Bundesrathsverordnungen sind, vom Kaiser bekannt gemacht werden. Die Form, in welcher der Kaiser die vom Bundesrath beschlossenen Verordnungen verkündigt, entspricht der Verkündigungsart für die vom Bundesrath sanktionirten Gesetze, d. h. sie erfolgt mit den Worten: „Wir u. s. w. verordnen, nach erfolgter Zustimmung des Bundesraths im Namen des Reichs" u. s. w. [2]) Der Kaiser darf und will gemäß seiner Verordnung vom 24. Juli 1867 (B.-G.-Bl. S. 24) die von ihm zu verkündenden Bundesrathsverordnungen im Reichsgesetzblatt abdrucken lassen. Es folgt aus Art. 15 der Reichsverfassung, daß, auch wenn der Kaiser eine Bundesrathsverordnung verkündet, die Gegenzeichnung des Reichskanzlers erforderlich ist.

Häufig, [3]) aber Mangels ausdrücklicher Gesetzesvorschrift, nicht nothwendig ist, daß in der Verordnung auch die zu ihrem Erlasse ermächtigende Gesetzesbestimmung angezogen wird. [4])

Bei den Verordnungen im Gebiete des Heer- und Kriegs-

---

[1]) Vgl. Reichsverfassung Art. 11.

[2]) Die Verordnung vom 1. April 1876 (R.-G.-Bl. S. 137) zur Ausführung des Gesetzes über die Kriegsleistungen vom 13. Juli 1873 (R.-G.-Bl. S. 129) und die Verordnung vom 29. Juni 1880 (R.-G.-Bl. S. 169) über die Klasseneintheilung der Militärbeamten des Reichsheeres und der Marine sind (Art. 7 Nr. 2 der Verfassung, §§. 12, 16, 17, 20, 29, 33 des Gesetzes vom 29. Juli 1873) vom Kaiser verkündete Bundesrathsverordnungen, nicht Kaiserliche Verordnungen, wie Letzteres Hänel S. 85 und Laband, Reichsstaatsrecht II. S. 88 Anm. 2 annehmen.

[3]) Auch zweckmäßig, weil dadurch Behörden und Publikum in den Stand gesetzt werden, die Rechtsverbindlichkeit zu prüfen. Nicht zutreffend ist, daß in „jeder" Verordnung in den Eingangsworten die Gesetzesbestimmung angegeben wird, auf Grund deren sie erlassen ist, wie Laband II. S. 77 Anm. 3 behauptet. S. auch Block, s. m. „police" nr. 92.

[4]) Die von Rosin, Polizeiverordnungsrecht S. 173 ff. vertretene Ansicht von der Nothwendigkeit solcher Anziehung läßt sich für das Reichsrecht nicht nachweisen. Bei den Preußischen Polizeiverordnungen beruht diese Anziehung auf besondere Bestimmungen, theils auf Gesetz, theils (für die Nichtkreisordnungsprovinzen) auf ministerieller Anweisung. (Vgl. hauptsächlich Gesetz über die Organisation der allgemeinen Landesverwaltung vom 26. Juli 1880, Preuß. Gesetzs. S. 291), Verfügungen des Ministers des Innern vom 6. Juni 1850 und (für die 1866 erworbenen Provinzen) vom 16. November 1867. (Ministerialblatt für die innere Verwaltung 1850 S. 176; 1867 S. 364.)

marine-, des Zoll- und Steuerwesens ist die Allegierung der ermächtigenden Gesetzesklausel, wenn es sich nicht um Verordnungen von größerem Umfange handelt, nur selten hergebracht. [1])

§. 21.

Die Rechtsprechung und die Verordnung.

„Die richterliche Gewalt" — so lautet Artikel 86 der Preußischen Verfassungsurkunde — „wird im Namen des Königs durch unabhängige, keiner anderen Autorität als der des Gesetzes unterworfene Gerichte ausgeübt . . . . ."; und hiermit sachlich übereinstimmend fordert §. 1 des Deutschen Gerichtsverfassungsgesetzes: „Die richterliche Gewalt wird durch unabhängige, nur dem Gesetze unterworfene Gerichte ausgeübt."

Diese Bestimmungen, wörtlich aufgefaßt, sagen aber, was sie nicht wollen, und wollen, was sie nicht sagen. Sie sagen nämlich nach ihrem Wortlaute, daß der Richter nur dem Gesetze, also nicht etwa der Verordnung unterworfen sei, daß er nur jenes, nicht auch diese anzuwenden habe. Nach ihrem Wortlaute würden sie gleichbedeutend sein mit dem von Gneist [2]) aufgestellten Satze, „daß die Strafjustiz wie die Civiljustiz nur nach Gesetzesnormen, nicht nach Verordnungen gehandhabt werden darf." [3]) Dies aber hat die Preußische Verfassung, hat das Deutsche Gerichtsverfassungsgesetz nicht sagen wollen, nicht sagen können. Denn der Richter ist auch in seiner richterlichen Thätigkeit, in seiner amtlichen oder privaten Thätigkeit wie jeder andere Unterthan allen Rechtssätzen unterworfen, den gesetzten und den ungesetzten, den geschriebenen und den ungeschriebenen, den auf Gesetz beruhenden und den auf Verordnung beruhenden. Darüber kann nicht der allergeringste

---

[1]) Dies ergeben die Bundesrathsprotokolle, das Marineverordnungsblatt und das Centralblatt für das Deutsche Reich an zahllosen Stellen. Auch für das Preußische Recht gilt ganz das Nämliche, wie u. A. der Einblick in das Centralblatt der Abgabengesetzgebung lehrt.

[2]) Im Rechtslexikon III. S. 1108.

[3]) So auch Gneist, Englisches Verwaltungsrecht I. S. 120: „daß das von Gerichten anzuwendende Recht nur durch Gesetz normirt und verändert werden kann".

Zweifel bestehen; denn die Verfassung selbst (Art. 106) unterwirft die Richter auch in ihrer richterlichen Thätigkeit allen vom Könige erlassenen Verordnungen und entzieht ihnen sogar das Recht, dieselben, wenn sie gehörig bekannt gemacht sind, auf ihre Gesetzmäßigkeit zu prüfen. Ebenso zweifellos binden alle übrigen Verordnungen auch die Richter in ihrer richterlichen Thätigkeit, wenn sie, was die Richter zu prüfen haben, nicht gesetzwidrig erlassen worden sind.[1]) Die Preußische Verfassung Art. 86, das Deutsche Gerichtsverfassungsgesetz §. 1 müssen also in der That etwas Anderes wollen, als sie nach ihren Worten sagen. Was sie in der That wollen, ist unschwer zu finden: sie wollen jeden Eingriff der Exekutive in die richterliche Thätigkeit untersagen,[2]) sie wollen dagegen nicht, daß der Richter ausschließlich Gesetze berücksichtige; vielmehr muß der Richter Gesetze, Verordnungen, Verfügungen und Thatsachen berücksichtigen; sie wollen vielmehr nur, daß der Richter in der Würdigung des ihm unterbreiteten Materials, mag dies in Gesetzen oder Verordnungen, in Rechtsnormen oder in Thatsachen bestehen, von fremden Einflüssen frei bleiben und durch die Exekutive nicht beeinträchtigt werden soll. Nicht bloß darin soll der Richter unabhängig von der Exekutive sein, ob und wie er ein Gesetz, sondern auch ob und wie er eine Verordnung,[3]) z. B. eine Polizeiverordnung, ob und wie er eine Verfügung oder eine Thatsache anzuerkennen und auszulegen hat. Nur das Gesetz kann ihm hierin Beschränkungen auferlegen. Gesetze, welche den Richter zwingen, Normen oder Thatsachen in einem bestimmten Sinne gelten zu lassen, sind z. B. die Gesetze über authentische Interpretationen, Gesetze, welche Fiktionen, Präsumptionen aufstellen u. a.

---

[1]) Preuß. Gesetz über die Polizeiverwaltung vom 11. März 1850 (G.-S. S. 265) §. 17; Preuß. Verordnung vom 20. September 1867 (Gesetzs. S. 1529) §. 17; Preuß. Allgemeines Berggesetz vom 24. Juni 1865 (Gesetzs. S. 705) §. 209 Abs. 3. Block, s. m. règlement, administratif art. 5: „Les règlements administratifs légalement pris sont obligatoires pour les juges ....“; A. Giron, nr. 80; Kemper, Handleiding II. 321; La Pegna p. 125 a. a. O. (s. oben §. 8); v. Rönne, Preuß. Staatsrecht, 4. Aufl. I. S. 462 Anm. 1; Rosin, S. 185 ff.

[2]) Vgl. über diesen schon dem absoluten Staatsrecht in den deutschen Staaten angehörenden Satz v. Rönne, Preuß. Staatsrecht 4. Aufl. S. 458 ff.

[3]) Block s. m. „décret“ nr. 14. „Mais les décrets règlementaires doivent être interprétés par les tribunaux. (Cass. 8 févr. 1845.)“

Aus Artikel 86 der Preußischen Verfassung, aus §. 1 des deutschen Gerichtsverfassungsgesetzes ergeben sich somit die Schlußfolgerungen, daß authentische Interpretationen nur im Wege der Gesetzgebung ergehen dürfen, und daß Verordnungen der vollziehenden Gewalt, welche den Richter in der freien Auslegung von Gesetzen oder Verordnungen hindern, unwirksam und ungültig sind.[1]) Oder mit noch anderen Worten: über Gesetzes- und Verordnungsvorschriften, wenn und soweit sie zur unmittelbaren Anwendung durch den Richter bestimmt sind, können Verordnungen irgend welcher Art (— selbst Detailvorschriften) mit Rechtswirksamkeit nicht erlassen werden. Um diesen Satz nach beiden Richtungen klar zu stellen, mögen einige Beispiele gestattet sein: Das Reichsgesetz vom 3. Juli 1878 (R.-G.-Bl. S. 133) unterwirft Spielkarten einer Stempelabgabe, ohne zu bestimmen, was in seinem Sinne als Spielkarten anzusehen ist und ohne irgend wen zu ermächtigen, eine nähere Bestimmung des Begriffs der Spielkarten zu erlassen.

Gemäß Artikel 7 Nr. 2 der Verfassung und gemäß §. 21 des Gesetzes, wonach die Erhebung und Verwaltung des Spielkartenstempels nach näherer Vorschrift des Bundesraths erfolgt, hat der Bundesrath Ausführungsbestimmungen, insbesondere auch darüber erlassen, was als Spielkarten anzusehen sei.[2]) Das Reichsgericht [3]) hat nun angenommen, daß die Feststellung dessen, was im Sinne des Gesetzes als Kartenspiel anzusehen ist, dem Richter von dem Bundesrath nicht vorgeschrieben werden könne, und nach den vorstehenden Ausführungen mit Recht; denn die Gesetzesvorschrift, daß Spielkarten einer bestimmten Stempelabgabe unterliegen, wenn und soweit sie zur Anwendung durch den Richter bestimmt ist,[4]) kann für den Richter Mangels einer erkennbar gemachten entgegenstehenden gesetzlichen Absicht nur wieder durch Gesetz authentisch

---

[1]) Es sei denn (oben §§. 4, 8, 9), daß das Gesetz solche Verordnungen ausdrücklich oder stillschweigend zuläßt.

[2]) S. z. B. den Bundesrathsbeschluß vom 5. April 1880 Protokolle des Bundesraths §. 224; vergl. ferner Centralblatt für das Deutsche Reich 1879 S. 286 a. a. O.

[3]) Rechtsprechung des Reichsgericht in Strafsachen II. S. 681.

[4]) d. i. bei Feststellung der Defraudationsstrafe.

interpretirt werden.[1]) Dagegen ergiebt sich aus Art. 7 Nr. 2 der Reichsverfassung, aus §. 21 des Spielkartenstempelgesetzes, wie aus dem bei allen übrigen Steuergesetzen hergebrachten Verfahren das Recht des Bundesraths, die näheren Vorschriften über die Art und Form der Erhebung und Verwaltung des Spielkartenstempels,[2]) mit Rechtswirksamkeit sowohl für die Verwaltungs-, wie für die Gerichtsbehörden zu erlassen.[3]) Die Gerichte haben daher alle Personen zu bestrafen, welche den vom Bundesrath über den beregten Gegenstand erlassenen Verordnungen, z. B. der Verordnung vom 6. Juli 1878[4]) zuwiderhandeln.

Der Einfuhrzoll ist für die Gerichte ebenso wie der Spielkartenstempel von Bedeutung, wenn sie über eine Defraudation zu erkennen haben. Die Frage, ob und in welcher Höhe ein Einfuhrzoll zu erheben ist, wird in den Gesetzen beantwortet. Daraus folgt, daß, Mangels einer entgegenstehenden gesetzlichen Vorschrift, der Richter in der Auslegung dieser Gesetze durch Verordnungen nicht beeinträchtigt werden dürfte. Eine entgegenstehende gesetzliche Vorschrift ist aber in §. 12 des Vereinszollgesetzes vom 1. Juli 1869 (B.-G.-Bl. S. 317) enthalten, wonach zur richtigen Anwendung des Vereinszolltarifs eine vom Bundesrath zu erlassende Verordnung nämlich das amtliche Waarenverzeichniß dient, und wonach Beschwerden über die Anwendung des Tarifs im Verwaltungswege entschieden werden. Deshalb sind die Gerichte, trotzdem der Vereinszolltarif die unmittelbare Anwendbarkeit durch den Richter gestatten würde, in Ansehung der Frage, ob und in welcher Höhe ein Einfuhrzoll zu erheben ist, der Verordnung unterworfen.

Selbstverständlich haben die Gerichte auch die sonstigen zur Ausführung der nicht unmittelbar für sie bestimmten Vorschriften des Vereinszollgesetzes erlassenen Verordnungen, z. B. über das Anmelde- und Abmeldeverfahren, die Niederlagen, anzuwenden.[5])

---

[1]) Die Verwaltungsbehörden werden durch eine solche Interpretation allerdings gebunden, s. unten §. 22.

[2]) Auch solche, welche nicht blos den Gesetzestext „detailliren".

[3]) Insbesondere auch die zur Sicherung des Eingangs desselben erforderlichen näheren Kontrollvorschriften.

[4]) Reichs-Centralblatt S. 403, 406.

[5]) Nämlich, wenn sie auf Anrufen des Rechtsweges über die Frage entscheiden, ob eine Zuwiderhandlung „Kontravention" gegen eine solche Verwaltungsvorschrift vorliegt.

Ist aber einmal eine solche „Verwaltungsvorschrift" erlassen, so ist in der Auslegung und Anwendung derselben der Richter frei; eine spätere Interpretation derselben durch die vollziehende Gewalt (z. B. den Bundesrath) kann von ihm auf frühere Fälle nicht angewandt werden.

Aus den vorstehenden Ausführungen begreift sich, daß und weshalb nicht auf gesetzlicher Ermächtigung beruhende Verordnungen zur Ausführung des Allgemeinen Landrechts, des Handelsgesetzbuchs, des Strafgesetzbuchs u. s. w. unstatthaft erscheinen. Diese Gesetze sind zur unmittelbaren Anwendung durch den Richter bestimmt, letzterer aber ist in der Anwendung des seiner Würdigung unterbreiteten Materials durch Verordnungen nicht einzuschränken. Man gelangt so zu dem Ergebniß, daß zu allen sogenannten Justizgesetzen Ausführungsverordnungen ohne dazu gesetzlich ertheilte Ermächtigung unstatthaft sind.

Wenn solchergestalt zu denjenigen Gesetzen, welche zur unmittelbaren Anwendung durch den Richter bestimmt sind, der Erlaß allgemeiner Ausführungsverordnungen mit Wirksamkeit für den Richter nach Reichsrecht und nach Preußischem Recht untersagt ist, so giebt es ein Surrogat solcher Verordnungen. Dieses Surrogat bilden die Präjudizien der höchsten Gerichtshöfe, welche zwar nur für den konkreten Fall Recht machen, welche aber vermöge der ihnen inne wohnenden Autorität thatsächlich häufig nicht minder neues Recht schaffen, wie solches eine Verordnung schaffen könnte. [1])

Wenn und soweit Verordnungen zur Anwendung durch den Richter bestimmt sind, [2]) steht dem Richter regelmäßig die Befugniß zu, dieselben auf ihre Gesetzmäßigkeit zu prüfen. Dies ist geltendes Recht für alle konstitutionellen Staaten [3]) mit der für das Preu-

[1]) Vgl. hierzu Reichs-Gerichts-Verfassungsgesetz §. 137; Dernburg, Lehrbuch des Preuß. Privatrechts S. 43, 44, wo es treffend heißt: „Auf dem Wege der Rechtsprechung der höchsten Gerichtshöfe bildet sich ein neues Recht, die Bestimmungen der Gesetze unterstützend, fortbildend und erweiternd, unter Umständen sogar, wo dieselben innerlich abgestorben sind, sie beseitigend."

[2]) Also z. B. Verordnungen auf dem Gebiete des Zoll- und Steuerwesens nur in Bezug auf die Frage, ob jemand wegen Defraudation oder Kontravention zu bestrafen ist.

[3]) S. für das Preuß. Recht u. A. Gesetz über die Polizeiverwaltung vom 11. März 1850 (Gesetzs. S. 265) §. 17; allgemeines Berggeset. vom 24. Juni 1865 §. 209; Dernburg, Lehrbuch des Preuß. Privatrechts S. 36; Rosin, Po-

ßische Recht vorgeschriebenen Ausnahme der vom Könige erlassenen und gehörig verkündeten Verordnungen.[1]) Das Prüfungsrecht steht dem Richter allgemein dann nicht zu, wenn und soweit ein Gesetz zu erkennen giebt,[2]) daß es dasselbe ausgeschlossen wissen will.

Die Gesichtspunkte, nach denen die Prüfung der Gesetzmäßigkeit einer Verordnung durch den Richter zu erfolgen hat, ergeben sich aus dem Gesammtinhalte dieses Werks. Der Richter darf selbstständige Reichsverordnungen, d. h. Verordnungen, welche sich lediglich auf das eigene Recht des Anordnenden und nicht auf generelle oder spezielle gesetzliche Ermächtigung gründen, nicht zur Anwendung bringen. Aus demselben Grunde darf er Verordnungen in seiner Rechtsprechung nicht anerkennen, welche über den Rahmen der generellen oder speziellen Delegation hinausgehen, auch wenn sie sich als in Ausübung derselben erlassen darstellen. Verordnungen, welche über den ausdrücklich erklärten oder stillschweigend zu erkennen gegebenen Willen des Gesetzes oder der Verfassung hinausgehen, sind verfassungswidrig. Solche Verordnungen sind contra legem, sie verändern die Natur und die Tragweite eines Gesetzes gegen den Willen des Gesetzgebers, sie verstoßen daher gegen die Verfassungsvorschrift, wonach die gesetzgebende Gewalt nur gemeinschaftlich von den dazu bestimmten Faktoren ausgeübt werden darf. Ob eine Verordnung über den bezeichneten Rahmen hinausgeht, läßt sich lediglich aus der Absicht des bezüglichen Gesetzes erkennen; um diese richtig zu verstehen, wird auch der bisherige Rechtszustand in Betracht zu ziehen sein. Eine genaue Regel von allgemeiner Anwendbarkeit für die Prüfung der Gesetzmäßigkeit läßt sich nicht aufstellen.[3]) Zu Normen,

---

lizeiverordnungsrecht S. 188 ff a. a. O.; v. Rönne, Preuß. Staatsrecht 4. Aufl. I. S. 404 ff. a. a. O.; für das Reichsrecht Dernburg u. v. Rönne an den angezogenen Stellen. Der von Rosin S. 188 angezogene §. 13 des Deutschen Gerichtsverfassungsgesetz hat dagegen m. E. keine Bedeutung für die Frage, ob der Richter befugt ist, Verordnungen auf ihre Gesetzmäßigkeit zu prüfen. S. ferner für das französische Recht, Block, s. m. règlement administratif, M. Chauveau Adolphe et M. Faustin Hélie 5 éd. nr. 2803 a. a. O.; Kemper, Handleiding p. 321.

[1]) Preuß. Verfassungs-Urkunde Art. 106.

[2]) z. B. Vereinszollgesetz §. 12.

[3]) „rien de plus délicat, rien de plus difficile,“ sagt der französische Kassationshof.

welche zur unmittelbaren Anwendung durch den Richter bestimmt sind, erlassene Ausführungsverordnungen hat der Richter nicht anzuerkennen, weil dieselben gegen §. 1 des Deutschen Gerichtsverfassungsgesetzes verstoßen; es sei denn, daß er durch gesetzliche Vorschrift ausnahmsweise der Verordnung unterworfen worden ist. Ein Merkzeichen dafür, daß eine Norm nicht zur unmittelbaren Anwendung durch den Richter bestimmt ist,[1]) oder ein Merkzeichen dafür, daß hier nach der Absicht des Gesetzes der Richter sich der Ausführungsverordnung zu unterwerfen hat, ist der im Gesetze gegebene Hinweis auf den Erlaß einer solchen Verordnung.[2]) Der Richter hat sodann keine Reichs- oder Landesverordnung anzuwenden, die irgend einem Reichsgesetze entgegensteht, eine Landesverordnung auch dann nicht, wenn sie einem Landesgesetze entgegensteht. Bei der Prüfung derjenigen Landesverordnungen, welche mittelbar und ihrer Wirksamkeit nach auf Grund Artikel 61 und 63 der Reichsverfassung in das Reichsgebiet eingeführt worden sind, hat der Richter das Landesrecht, also das Preußische Recht, zu berücksichtigen. Er muß solche Verordnungen, wenn sie in Preußen vom Könige erlassen und gehörig verkündet worden sind, überhaupt alle Preußischen Verordnungen, welche thatsächlich in Wirksamkeit gestanden haben, ohne jede Prüfung anerkennen. Preußischen Verordnungen, welche Preußischen Gesetzen widersprechen, muß er[3]) die Anerkennung versagen.

Hierbei ist die Frage von Wichtigkeit, ob Preußische Verordnungen nur dann als gegen ein Gesetz verstoßend zu erachten sind, wenn sie gegen die Verfassung oder gegen ein nach Erlaß derselben ergangenes Gesetz verstoßen. Diese Frage ist m. E. zu bejahen im Gegensatze zu allen bisher hierüber aufgestellten Theorien. Gegen die Ansicht derjenigen, welche, wie Virchow[4]) und Hänel[5]) jede Verordnung, welche im absoluten Staate vom Könige erlassen und in der Gesetzsammlung publizirt worden ist, heute stets nur durch Gesetz abänderbar erklären, spricht die Thatsache, daß derartige Königliche Verordnungen, z. B. über Be-

[1]) Vereinszollgesetz §. 12.
[2]) S. auch oben §. 17.
[3]) unbeschadet der Vorschrift in Art. 106 der Preuß. Verf.
[4]) Am 6. Juni 1872 im Abgeordnetenhause, Stenogr. Ber. S. 1558.
[5]) Am 3. Dezember 1878 im Abgeordnetenhause, Stenogr. Ber. S. 156.

hördenorganisation,[1]) Rangklassen,[2]) Militärwesen,[3]) die Königlichen Titel und Wappen,[4]) über das Militärpensionswesen[5]) in zahllosen Fällen nach Erlaß der Verfassung im Verordnungswege abgeändert worden sind.[6]) Ebenso wenig steht mit der Verfassung und den Thatsachen in Einklang die Ansicht von Gneist, Graf zur Lippe[7]) und Dernburg,[8]) wonach die vor Erlaß der Verfassung ergangenen Königlichen Verordnungen, wenn sie nach ihrem Inhalte zum Gebiete der Gesetzgebung gehören, heute nur noch mit Zustimmung der Landesvertretung abgeändert werden können.

Dies ist m. E. nicht einmal dann (wie von Gneist geschieht) anzunehmen, wenn zu einem Inhalte, der dem Gebiete der Gesetzgebung angehört, noch die Publikation in der Gesetzsammlung hinzugetreten ist.[9])

Zunächst streitet gegen die Ansichten von Dernburg, Graf zur Lippe und Gneist der Umstand, daß inhaltlich dem Gebiete der Gesetzgebung angehörende vor der Verfassung ergangene Königliche Verordnungen, z. B. die über die Feststellung der Rangklassen, das Militärpensionswesen, die Disziplin in der

---

[1]) Oben §. 15, außerdem z. B. die Verordnung wegen Organisation der Generalkommissionen vom 20. Juni 1817 (Gesetzs.. S. 161).

[2]) Allerh. Verordn. vom 7. Februar 1817 (Gesetzs. S. 161). Ergänzungen im Verordnungswege (Gesetzs. 1869 S. 960) a. a. O.

[3]) S. oben §§. 7 u. 13.

[4]) Allerh. Verordn. vom 9. Januar 1817 (Gesetzs. S. 17), Abänderungen durch die Allerh. Verordnungen vom 16. August 1873 (Gesetzs. S. 307) und vom 30. März 1874 (Gesetzs. S. 128).

[5]) S. Allerh. Verordn. über die Pensionen von hinterbliebenen Militärpersonen vom 19. Dezbr. 1816 (Gesetzs. S. 17 S. 6).

[6]) S. weiter unten S. 220.

[7]) Bericht vom 12. Februar 1879 im Herrenhause, Stenogr. Ber. 1878/79, II. S. 523

[8]) Preuß. Privatrecht I. S. 31: „Hinsichtlich der vor Erlaß der Verfassung vom Könige erlassenen allgemein verbindlichen Normen, ist nunmehr zu unterscheiden zwischen solchen, die den Charakter von Gesetzen an sich tragen und solchen, die nur Ausführungsverordnungen waren. . . . Erstere können als Gesetze nur im Wege der Gesetzgebung, letztere auf dem der Verordnung aufgehoben werden. Welchen Charakter aber solche ältere Königliche Bestimmungen haben, richtet sich nicht nach ihrem Namen und der Art ihrer Publikation, sondern nach ihrem Inhalt."

[9]) Im Rechtslexikon III, S. 1062/3; Rechtsstaat 2. Aufl. S. 218.

Armee, die militärischen Ehrengerichte, die allgemeine Heeresorganisation, — trotzdem sie in der Gesetzsammlung veröffentlicht waren — nach Erlaß der Verfassung im Verordnungswege [1]) abgeändert worden sind. [2])

Sodann möchte zu beachten sein, daß, wenn die Preußische Verfassung davon prinzipiell ausgegangen wäre, daß jede inhaltlich als Gesetz zu bezeichnende Königliche Verordnung, welche in der Gesetzsammlung publizirt worden ist, schon aus diesem Grunde nur noch mit Zustimmung der Landesvertretung abgeändert werden könnte, zahlreiche Bestimmungen der Verfassung überflüssig erscheinen müssen, da sie auch für die meisten durch solche Verordnungen geregelte Gegenstände für die Zukunft den Gesetzgebungsweg besonders vorschreiben. [3]) Ferner läßt die Verfassung, im Zusammenhange gelesen, m. E. erkennen, daß sie überall da, wo sie die Mitwirkung der Landesvertretung erforderlich erachtet, Solches ausdrücklich vorschreibt. Die Veröffentlichung in der Gesetzsammlung kann, so scheint mir, um so weniger entscheidend sein, weil Verordnungen über die nämlichen Gegenstände bald in der Gesetzsammlung, bald an anderen Orten publizirt worden sind. [4])

---

[1]) So z. B. zur Allerhöchsten Verordnung vom 7. Februar 1817 über die Rangklassen (Gesetzs. S. 61) die Allerhöchsten Erlasse vom 8. Oktober 1868 (Gesetzs. 1869 S. 961), vom 11. August 1879 (Gesetzs. S. 579); s. in Ansehung des Militärwesens oben §§. 7 und 13. Die vom Könige erlassenen und in der Gesetzsammlung S. 276 abgedruckten Kriegsartikel für das preußische Heer vom 27. Juni 1844 sind nach der Verfassung gleichfalls im Verordnungswege abgeändert worden, s. oben S. 138.

[2]) Vgl. auch die Darstellung von Gneist über den Preuß. Verfassungskonflikt im Gesetz und Budget S. 222 ff. Wenn der Obertribunalsrath Waldeck, wie dort auf S. 228 bemerkt wird, in einer Kommissionssitzung bestritten hat, daß die Allerh. in der Gesetzsamml. (1820 S. 5) publizirte Kabinetsordre vom 22. Dezember 1819 Gesetzeskraft habe, so ist dies m. E. insoweit richtig, als sie im Sinne Art. 62 der Verfassung kein Gesetz ist und also, wie geschehen, nach Erlaß derselben im Verordnungswege durch den König abgeändert werden durfte.

[3]) Vgl. u. A. Art. 2, 3, 5, 6, 9.

[4]) So ist z. B. die Allerh. Verordn. über die Pensionen der hinterbliebenen Militärpersonen vom 19. Dezember 1816 in der Gesetzsammlung (1817 S. 6), das vom Könige gleichfalls erlassene Militär-Pensionsreglement vom 13. Juni 1825 dagegen dort nicht veröffentlicht worden. Ebenso sind mehrfach auf die Rangordnung Bezug habende Königliche Verordnungen im Gegensatze zu der dort abgedruckten Verordnung vom 7. Februar 1817 in der Gesetzsammlung

Den von mir aufgestellten Ansichten steht aber auch Artikel 109 der Preußischen Verfassungsurkunde nicht entgegen. [1])

Dieser Artikel, welcher lautet:

„Die bestehenden Steuern und Abgaben werden forterhoben, und alle Bestimmungen der bestehenden Gesetzbücher, einzelnen Gesetze und Verordnungen, welche der gegenwärtigen Verfassung nicht zuwiderlaufen, bleiben in Kraft, bis sie durch ein Gesetz abgeändert werden."

gehört wie Artikel 106 zu denjenigen, welche sagen, was sie nicht sagen wollen, und nicht sagen, was sie sagen wollen. Zunächst nämlich will der Artikel nicht bloß diejenigen Bestimmungen in Kraft bleiben lassen, welcher der Verfassung nicht zuwiderlaufen, sondern auch manche andere, welche der Verfassung zuwiderlaufen.

Man dachte nämlich dabei an „manche Einrichtung, welche den Bestimmungen der Verfassung zuwiderläuft, z. B. die Bestimmung wegen der Civilstandsregister, welche nicht eher ausgeführt werden kann, als bis die erforderlichen neuen Gesetze erlassen werden." [2]) Man wollte etwa sagen, — und das war gerade der legislatorische Grund für die Verfassungsbestimmung — selbst der Verfassung zuwiderlaufende Spezialgesetze und Einrichtungen bleiben in Kraft, bis die dieselben betreffenden durch die Verfassung in Aussicht gestellten organischen Gesetze erlassen sind.

Sodann ist der Artikel in seiner gegenwärtigen Form durch eine Zusammenziehung zweier Sätze entstanden, die nur zu einem Theil sich decken, zum andern Theile aber ganz auseinandergehen. Die Sätze, aus denen Artikel 109 besteht, und welche durch zwei gesonderte Abstimmungen festgestellt wurden, sind: 1. „die bestehenden Steuern und Abgaben werden forterhoben, bis sie

---

nicht zur Veröffentlichung gelangt, (z. B. v. Kamptz Annalen III. S. 427, X. S. 934, Ministerialblatt für die innere Verwaltung 1843 S. 192). Das Gesetz wegen Besteuerung des inländischen Branntweins u. s. w. vom 8. Feb. 1817 und die Königliche Ordnung zu diesem Gesetze vom gleichen Tage sind in der Gesetzsammlung S. 97 und 102, die zweifellos Gesetzkraft habende Kabinetsordre, die Erhebung der Maischbottigsteuer betreffend, vom 10. Januar 1824 -- das wichtigste Preußische Gesetz für die Branntweinsteuer — ist dagegen nur in v. Kamptz Annalen VII. S. 483, Jahrbücher XXIII. S. 95 abgedruckt.

[1]) Vgl. Dernburg, Preuß. Privatrecht I. S. 31.

[2]) S. die Rede des Berichterstatters in der I. Kammer am 3. Novemb. 1849 in den Stenogr. Ber. über die Verhandlung der durch Allerh. Patent vom 5. Dezember 1848 einberufenen Kammer Bd. III. S. 1332.

durch ein Gesetz abgeändert werden." 2. „Die bestehenden Gesetzbücher, Gesetze und Verordnungen bleiben bestehen, bis sie im gesetzlichen Wege abgeändert werden."

Dies ist noch ganz besonders durch den Justizminister Simons am 19. November 1849 [1]) in der ersten Kammer hervorgehoben worden, um festzustellen, „daß es Verordnungen gebe, deren Aufhebung — trotz des entgegenstehenden Wortlautes — „nicht gerade durch ein Gesetz erforderlich sei."

Der Zweck der Verfassungsbestimmung, soweit er nicht die Abgaben und Steuern betrifft, war lediglich dahin gegangen, festzustellen, daß die bestehenden Gesetze u. s. w. in Kraft geblieben seien. [2]) Daß von ihrer Abänderbarkeit auf gesetzlichem Wege gesprochen wurde, geschah, um festzustellen, daß sie — obwohl in der Verfassung als in Kraft bleibend bezeichnet — um deßhalb noch nicht Verfassungsrecht geworden seien. Uebrigens hatte die II. Kammer beschlossen, an Stelle der Worte: „bis sie durch ein Gesetz abgeändert werden" zu setzen „bis sie im gesetzlichen Wege abgeändert werden". [3]) Diesem Beschlusse hat sich die Kommission der I. Kammer zunächst angeschlossen, weil man darin mit der II. Kammer einverstanden war, nicht vorzuschreiben, daß „sogar Verordnungen nur durch Gesetz sollen aufgehoben werden können." [4])

Wenn trotz des allseitigen Einverständnisses hierüber gleichwohl die Fassung „bis sie durch ein Gesetz abgeändert werden" beliebt wurde, so hatte dies einen ganz besonderen und höchst eigenthümlichen Grund. Man hatte die bestehenden Steuern und Abgaben mit den bestehenden Gesetzen u. s. w. in einen und denselben Verfassungsartikel gebracht. In Ansehung der Steuern und Abgaben wollte man über jeden Zweifel erhaben feststellen, daß sie auch trotz des etwaigen Widerstrebens der zweiten Kammer so lange fortbestehen sollten, bis sie durch ein Gesetz — d. i. durch

---

[1]) Stenogr. Ber. Bd. III. S. 1480.

[2]) S. auch Entwurf vom 2. Mai 1848, §. 83:
„Alle durch das gegenwärtige Verfassungsgesetz nicht berührten Gesetze und Rechtsnormen bleiben in voller Kraft."

[3]) Verhandlung der II. Kammer 1849 S. 547.

[4]) Rede des Justizmisters Simons am 3. November 1849 in der I. Kammer, Stenogr. Ber. Bd. III. S. 1333, siehe ebendaselbst auch die Erklärungen von Stahl.

die Krone und beide Kammern gemeinschaftlich aufgehoben werden würden. Deßhalb zog man die Worte „durch ein Gesetz“ den Worten „im gesetzlichen Wege“ vor, weil letzteres „so gedeutet werden könne, der gesetzliche Weg sei der, daß eine Kammer die Steuer verweigert nach Maßgabe des Artikel 98.“ [1])

Hiernach läßt Artikel 109 vollständig dahingestellt, in welcher Weise die alten Gesetze und Verordnungen im konstitutionellen Staate abgeändert werden können. Uebrigens würde er, wollte man mit Dernburg auf seinen Wortlaut, insbesondere auf die Worte „bis sie durch ein Gesetz geändert werden“, entscheidenden Werth legen, zuviel beweisen, da man alsdann anzunehmen hätte, daß auch die Verordnungen nur noch durch Gesetz der Abänderung unterworfen seien. [2])

Uebrigens wird als meistens zutreffend zuzugeben sein, daß die vor der Verfassung erlassenen Gesetze des absoluten Staates Preußen, besonders die in der Gesetzsammlung aufgenommenen Königlichen Verordnungen mit Gesetzesinhalt [3]), heute nur noch durch Gesetz geändert werden können. Immer ist es nicht der Fall, [4]) und wo es der Fall ist, folgt es daraus, daß die bezügliche Materie (wie überhaupt die meisten wichtigeren Materien) durch die Verfassung und im weiteren Verfolg derselben durch spätere Gesetze dem Verordnungswege entzogen worden ist.

Es ist schließlich noch darauf hinzuweisen, daß die Theorie, wonach lediglich die heutige Verfassung und nicht Form oder Inhalt der alten Gesetze und Verordnungen für die Zulässigkeit des Verordnungsweges entscheidend ist, einzig und allein mit den That-

---

[1]) Worte Stahl's am 19. November 1849 in der 1. Kammer, Stenogr. Ber. Bd. III. S. 1479.

[2]) Aus der — unterbrochenen — Rede Stahl's in der I. Kammer am 3. November 1849, Stenogr. Ber. III. S. 1333 ergiebt sich, daß nach Stahl's Ansicht, auch Gesetze des absoluten Staates nach Erlaß der Verfassung im Verordnungswege abgeändert werden können. Es ist „auch nothwendig“ — sagte Stahl — daß Gesetze und Verordnungen nicht bloß durch ein Gesetz, sondern möglicherweise — — — Hier wurde die Rede unterbrochen.

[3]) Dieser — m. E. — nicht juristische Ausdruck will sagen, mit einem Inhalte, wie er nach dem hergebrachten Verfassungsrecht nur in Gesetzen enthalten zu sein pflegt. Eine begriffliche Trennung von Gesetzesinhalt und Nichtgesetzesinhalt ist, wie früher gezeigt wurde, absolut unmöglich.

[4]) S. auch oben §. 7.

sachen und mit dem geltenden, d. h. sich Wirksamkeit verschaffenden Rechte in Einklang steht.

---

§. 22.

Die Verwaltungsbehörden und die Verordnung.

Anders wie die Gerichtsbehörden stehen die Verwaltungsbehörden der Verordnung gegenüber. Während jene in der Auslegung und Anwendung des unmittelbar für sie bestimmten Gesetzesinhalts nur durch Gesetz und nicht durch Verordnungen beschränkt werden können, ist es statthaft, daß den Verwaltungsbehörden von der vorgesetzten Stelle vorgeschrieben wird, wie sie ein Gesetz, wie sie eine Verordnung auszulegen und anzuwenden haben. Solche Vorschriften, für alle Verwaltungsbehörden bindend, kann auf dem durch Reichsgesetze geregelten Gebiete nach deutschem Reichsstaatsrechte gemäß Art. 7 Nr. 2 der Reichsverfassung — wenn das Gesetz nichts Anderes bestimmt — der Bundesrath erlassen. Diese „Verwaltungs-Vorschriften", wie sie gewöhnlich in der Praxis heißen, oder „Verordnungen", enthalten auch Rechtssätze, nämlich außer anderen Gründen schon deshalb, weil sie die Behörden ermächtigen und berechtigen, Gebote und Verbote zu erlassen, und weil jeder Unterthan, häufig bei Vermeidung von Exekutiv- oder Kriminal-Strafen, verpflichtet ist, solchen Geboten und Verboten Gehorsam zu leisten.[1]) Der Rechtsweg steht den Unterthanen hierbei nur dann und nur in dem Umfange zu, wenn und wie ihn das Gesetz zuläßt.[2])

Selbstverständlich können die Verwaltungsbehörden bindende

---

[1]) Vereinszollgesetz §. 152, siehe auch daselbst §. 12; Salzsteuergesetz vom 12. Oktober 1867 (R.-G.-Bl. S. 41,) §. 15; Brausteuergesetz vom 31. Mai 1872 (R.-G.-Bl. S. 153) §. 35; Tabakssteuergesetz vom 16. Juli 1870 (R.-G.-Bl. S. 245) §. 40 u. s. w.

[2]) Dies ist der Fall z. B. bei den Zuwiderhandlungen gegen die Vorschriften über die Erhebung öffentlicher Abgaben und Gefälle, Strafprozeßordnung §§. 459 ff., Preuß. Gesetz wegen Untersuchung und Bestrafung der Zollvergehen vom 23. Januar 1838 (Gesetzs. S. 78) u. s. w.

Verordnungen in allen Fällen erlassen werden, in welchen auch den Richter bindende erlassen werden dürfen.

Das Verhältniß der Verwaltungsbehörden zur Verordnung ist verschieden aufzufassen, je nachdem man die Verwaltungsthätigkeit als durch die allgemeinen Normen positiv oder nur negativ bestimmt anzusehen hat. Während Laband den Wirkungskreis der von ihm sogenannten Rechtsverordnungen zu sehr einschränkt, dehnt er — so scheint mir — denjenigen der „Verwaltung" viel zu sehr aus. „Das ursprüngliche und begriffliche Verhältniß der Verwaltung und Gesetzgebung" — sagt er[1]) — „besteht nicht darin, daß die Verwaltung positiv durch die Gesetzgebung bestimmt und geleitet wird, sondern daß sie negativ durch die Gesetzgebung beschränkt wird. Das Wesen der Verwaltung besteht nicht in der Ausführung der Gesetze, sondern in der Durchführung der dem Staate obliegenden Aufgaben unter Beobachtung d. h. ohne Verletzung der Gesetze."

Dieser Auffassung möchte ich widersprechen. Wäre dieselbe richtig, so könnte die Postverwaltung Bergbau und umgekehrt die Bergverwaltung das Postgewerbe betreiben. Diese Auffassung kann für das Deutsche Reichsstaatsrecht, so möchte ich behaupten, um so weniger auf Richtigkeit Anspruch erheben, weil kein Organ des Deutschen Reichs irgend einen Verwaltungszweig ohne gesetzliche Ermächtigung betreiben kann. Der Umfang des Postgewerbes ergiebt sich positiv, nicht blos negativ aus dem Reichspostgesetz vom 28. Oktober 1871[2]) und den zu demselben ergangenen Ausführungsvorschriften; das soll nicht heißen, daß die Postbehörden nur genau diejenigen Akte vornehmen dürfen, zu denen sie in diesem Gesetz und den Ausführungsvorschriften speciell und ausdrücklich ermächtigt sind, sondern daß sie alle dem Geiste und der Absicht dieses Gesetzes entsprechende Akte vornehmen dürfen und innerhalb des ihrem Ermessen überlassenen Spielraumes auch vornehmen müssen. Die Postverwaltung führt in der That das Postgesetz aus. Der Kaufmann dagegen führt das Handelsgesetzbuch nicht aus; er findet — wie Laband richtig sagt — an demselben für seine Thätigkeit, die er sich selbst gestaltet, recht-

---

[1]) Reichsstaatsrecht II S. 200.

[2]) Vorher aus dem Norddeutschen Bundespostgesetz und noch früher aus dem Preußischen Postgesetz.

liche Normen und Schranken. Die Post-, die Militär-, die Eisenbahnverwaltungen finden in den Post-, Militär- und Eisenbahngesetzen und den zu derselben erlassenen Verordnungen nicht blos die negativen Schranken für ihre Thätigkeit, sondern die positiven weiter oder enger gezogenen Direktiven für ihr Verhalten. Ohne ein Postgesetz, ohne daß in der Verfassung oder in einem Gesetze der Postverwaltung überhaupt gedacht wäre, könnte das Reich kein Postgewerbe betreiben; dagegen kann der Kaufmann auch ohne ein Handelsgesetz Handelsgeschäfte abschließen.

Das Nämliche gilt für Preußen mit der Maßgabe, daß auf allen Gebieten, deren alleinige Regelung der Krone verblieben ist, diese, welche insoweit die Macht des Gesetzgebers noch behalten hat, auch allein, d. h. ohne Mitwirkung des Landtages, den Umfang und die Aufgaben der Verwaltung positiv und negativ bestimmt.

Aus dem Vorstehenden ergiebt sich nachstehende Schlußfolgerung:

Wenngleich eine von einer höheren Stelle erlassene Verordnung den untergebenen Dienststellen gegenüber stets als für diese verbindlich erscheinen muß, so ist es doch als ein staatsrechtliches Gebot hinzustellen, daß jede Verordnung, auch eine solche, welche nur die untergebenen Verwaltungsbehörden verpflichten will, nicht blos dem Gesetze nicht widersprechen, sondern ihm entsprechen muß, nicht in dem engen Sinne, wie ihn die Theorie bei Rechtsverordnungen hinstellt, sondern in dem oben entwickelten weiteren Sinne, in demselben Sinne, wie jede andere Verordnung dem Gesetze entsprechen muß. Sie braucht nicht lediglich den Gesetzesinhalt zu umschreiben oder zu detailliren, sie kann neue im Gesetze nicht enthaltene Normen intra legem aufstellen, sie darf aber den Willen und die Absicht des Gesetzes nicht verletzen, sie darf nicht etwas ganz außerhalb der Tendenz des Gesetzes Liegendes anordnen.

Dies gilt nicht bloß von allgemeinen und abstrakten, sondern auch von einzelnen und konkreten Anordnungen, nicht bloß von den Verordnungen, sondern auch von den Verfügungen der Verwaltungsbehörden.[1]) Es ist nicht nothwendig, daß jede Verfügung sich auf eine speziell und ausdrücklich in einem Gesetze ertheilte Ermächtigung stützt, wohl aber, daß sie auf einem Gesetze bezw. einer gemäß einem Gesetze erlassenen Verordnung beruht,[2])

---

[1]) auch von der militärischen Ordre — ausgenommen Preußen, s. w. u.

[2]) Dies wird auch angenommen von Laband II. S. 219/20; Rosin S. 12; dagegen G. Meyer in Hirth's Annalen 1878 S. 382 und Lehrbuch S. 452/3.

daß sie dem Willen und der Absicht des Gesetzes entspricht. Nicht was im Vereinszollgesetz nicht ausdrücklich verboten ist, sondern nur, was darin ausdrücklich oder stillschweigend, mit Worten oder aus der Intention des Gesetzes folgend, angeordnet ist, kann ein Zollbeamter befehlen. Für das Reichsrecht muß dies schon deshalb gelten, weil keine Behörde auf Grund des Reichsrechts eine Befugniß ausüben darf, welche ihr nicht durch die Verfassung oder ein Gesetz übertragen worden ist. Dies gilt auch für das Preußische Recht mit der Maßgabe, daß auf allen Gebieten, deren alleinige Regelung der Krone verblieben ist, diese, welche insoweit die Macht des Gesetzgebers behalten hat, allein, d. h. ohne Mitwirkung des Landtages, den Umfang und den Inhalt auch der Einzelgebote und Einzelverbote an höchster Stelle zu bestimmen hat. Der preußische Eisenbahnpolizeibeamte konnte nicht dasjenige gebieten oder verbieten, was zu gebieten oder zu verbieten ihm nicht im Eisenbahngesetze vom 3. November 1838 und den Eisenbahnpolizei- und Betriebs-Reglements ausdrücklich untersagt worden, sondern nur dasjenige, was zu gebieten oder zu verbieten ihm durch das Gesetz oder die gültig erlassenen Verordnungen, sei es nach dem ausdrücklichen Wortlaute oder auch nur nach der Absicht derselben, gestattet und nach Befinden zur Pflicht gemacht worden ist.

Das preußische Oberbergamt oder der preußische Bergrevierbeamte können nicht dasjenige gebieten oder verbieten, was zu gebieten oder zu verbieten ihnen im Allgemeinen Berggesetze nicht ausdrücklich untersagt worden ist, sondern nur dasjenige, was zu gebieten oder zu verbieten ihnen durch das Gesetz, sei es nach dessen Wortlaute oder nach dessen Absicht, gestattet und nach Befinden zur Pflicht gemacht ist.[1])

Die Verfügung steht demnach zum Gesetze nicht anders wie die Verordnung zum Gesetze steht. Es hängt vom Gesetze ab, wer eine Anordnung vorschreiben darf, in welcher Form er sie zu treffen und wie er sie bekannt zu machen hat,[2]) ob er sie für einen größeren oder kleineren Kreis von Personen, ob nur für einen einzelnen Fall oder eine Allgemeinheit oder gar die Gesammtheit von Fällen, erlassen, ob er nur einen konkreten Fall regeln oder auch eine abstrakte Thatbe-

---

[1]) Vgl. Allgemeines Berggesetz vom 24. Juni 1865 §§ 196 ff.

[2]) z. B. ob durch ein öffentliches Blatt, oder durch Anschlag, oder durch Vorlesen, oder durch Zustellung.

standseinheit normiren darf, ob wegen Zuwiderhandlungen Rechtsnachtheile, Exekutiv- oder Kriminalstrafen eintreten, ob über Zuwiderhandlungen der Rechtsweg statthaft oder ausgeschlossen sein soll [1]) u. s. w.

So wenig, wie eine begriffliche Verschiedenheit in dem Inhalte zwischen Gesetz und Verordnung besteht, so wenig besteht eine solche zwischen Verordnungen und Verfügungen. Alles, was die Theorie hierüber aufstellt, und was, wie mir scheint, vielleicht durch eine unzulässige Verallgemeinerung der dem Strafrichter gebräuchlichen Bezeichnungen „Polizeiverordnung" und „Polizeiverfügung" gebildet worden ist, kann m. E. auf unbedingte und ausnahmslose Geltung keinen Anspruch erheben.

Die Verordnungen und die Verfügungen wie die Verwaltung überhaupt sind dem Gesetze unterworfen [2]) und werden durch dasselbe begrenzt. [3]) Aber diese Grenzen sind nicht eng gezogene, sondern weitgesteckte, sind nicht für immer feststehende, sondern fließende, sie werden nicht nur durch den Wortlaut des Gesetzes, sondern auch durch den Geist desselben und die Gesammtheit der Staatsaufgaben vorgeschrieben und lassen sich durch anderweitige Regeln irgend welcher Art nicht einengen, weder positiv noch negativ vorzeichnen. Für sie alle gilt, was L. v. Stein [4]) über die vollziehende Gewalt sagt:

---

[1]) So hat der preußische Richter in Bezug auf eine Bergpolizeiverordnung oder Bergpolizeiverfügung zu prüfen, ob dieselben über die in §. 196 des Allgemeinen Berggesetzes aufgeführten Gegenstände erlassen sind, und bei einer Verordnung auf Grund des Polizeiverwaltungsgesetzes vom 11. März 1850, ob sich dieselbe auf §. 6 dieses Gesetzes stützen kann (§. 15 das.; Oppenhoff, Rechtsprechung des Ober-Tribunals in Strafsachen VI. S. 91 a. a. O.). Dagegen hat der Richter nicht zu prüfen, ob ein auf Grund des Gesetzes gegen die ꝛc. Sozialdemokratie vom 21. Oktober 1878 (R.-G.-Bl. S. 351) erlassenes Verbot sich durch den sozialdemokratischen Charakter des verbotenen Vereins u. s. w. rechtfertigt. Er hat, wenn einem Verbote der letzteren Art zuwidergehandelt wird, ohne Prüfung der Gesetzmäßigkeit desselben, die Strafe auszusprechen; er darf dagegen keine Strafe verhängen, wenn das einmalige oder allgemeine Gebot oder Verbot der Bergverwaltung nicht dem Gesetze entspricht.

[2]) Ausgenommen ist für Preußen das Gebiet der selbstständigen Verordnung; diese geht von Demjenigen aus, welcher auf ihrem Gebiete noch der alleinige Gesetzgeber geblieben ist und ist dem Gesetze nur in dem Sinne unterworfen, daß sie einem Gesetze Widersprechendes nicht enthalten kann.

[3]) In dem vorstehend und oben §. 8 entwickelten Sinne.

[4]) Lehrbuch der Verwaltungslehre I. S. 31.

„Sie kann darum ihrer wahren Aufgabe nicht durch einen mechanischen Dienst gegenüber dem Gesetze genügen, sie muß vielmehr von dem Wesen, von den Forderungen, von den Zielen der Staatsidee innerlich durchdrungen sein, immer ebensosehr, oft noch lebendiger als die Gesetzgebung, weil sie die Staatsidee mitten unter den Verschiedenheiten örtlicher und zeitlicher Zustände festhalten soll; ja sie muß beständig das Gesetz ersetzen, über dasselbe hinausgehen, es im Grunde noch breiter auffassen als die Gesetzgebung selbst; denn wo das Gesetz mangelt, da ist sie selbst die höchste Gewalt."

§. 23.

Dispensations-, Begnadigungs-, Abolitions- und Amnestie-Verordnungen.

Unter Dispensationsrecht im weiteren Sinne versteht man die Befugniß, eine Rechtsnorm in einzelnen Fällen oder in einer ganzen Klasse von Fällen auszuschließen. [1]) Jeder, welcher zum Erlasse einer Rechtsnorm befugt ist, der Gesetzgeber wie der Inhaber des Verordnungsrechts, darf von derselben nicht nur im Voraus („a priori") [2]) selbst dispensiren, sondern er ist regelmäßig [3]) befugt, auch einem Dritten im Voraus die Ermächtigung zu ertheilen, solche Dispensationen vorzunehmen. [4]) Dis-

[1]) Vgl. auch die hievon theilweise abweichenden Begriffsbestimmungen von Ernst Meier in v. Holtzendorff's Rechtslexikon I. S. 540; Schulze in den Preuß. Staatsrecht II. S. 260 und von Rönne, Preuß. Staatsrecht 4. Aufl. I. S. 452.

Block, dictionn. de l'adm. franç. s. m. „dispense". „Acte par lequel une personne est exemptée de se conformer, dans une circonstance et sur un point déterminés, aux prescriptiones de la loi commune."

[2]) Block, s. l. nr. 2.

[3]) Bei der Verordnung kommt es auf die Absicht des Gesetzes, insbesondere auch darauf an, ob die Verordnungsgewalt subdelegirt werden darf; s. oben §. 17 und weiter unten.

[4]) Beispiele, in welchen nach Reichsrecht der Gesetzgeber die Dispensationsbefugniß überträgt, sind: Salzsteuergesetz vom 12. Oktober 1867 §. 20; Gerichtsverfassungsgesetz §. 35; Strafprozeßordnung §§. 51, 52; Gesetz über die Beurkundung des Personenstandes rc. vom 6. Februar 1875 (R.-G.-Bl. S. 23) §§. 35, 40 u. a. m.

pensationen, welche ein Dritter auf Grund der ihm im Gesetze oder einer Verordnung ertheilten Ermächtigung vornimmt, sind unselbstständige Verordnungen, deren Gültigkeit oder Ungültigkeit nach dem Inhalte und der Absicht des delegirenden Gesetzes oder der delegirenden oder subdelegirenden Verordnung zu beurtheilen sind.

Verschieden von dem eben entwickelten, „a priori“ ertheilten Dispensationsrechte, ist das Recht, auch in solchen Fällen zu dispensiren, wo die Dispensirungsbefugniß nicht schon a priori ertheilt ist. Das Dispensationsrecht dieser Art ist das Dispensationsrecht im engeren Sinne, das Dispensationsrecht a posteriori. In Ansehung desselben unterliegt es keinem Zweifel, daß durch Gesetz (auch a posteriori) bestimmt werden kann, es solle irgend eine Norm, mag sie in einem Gesetze oder in einer Verordnung enthalten sein, auf einen schon vor dem dispensirenden Gesetze vorgekommenen Fall oder auf eine Klasse derartiger Fälle nicht anwendbar sein. Hierher gehören Gesetze, welche sich rückwirkende Kraft beilegen, Gesetze, welche vorschreiben, daß Rückstände älterer Steuern nicht beigetrieben werden sollen u. a. m.

Es ist dagegen fraglich, ob auch der Verordnungsberechtigte a posteriori durch eine neue Verordnung bestimmen darf, es solle eine durch die ursprüngliche Verordnung vorgeschriebene Norm auf einen nach der dispensirenden Verordnung vorgekommenen Fall, oder auf eine Klasse derartiger Fälle nicht anwendbar sein.

In Frankreich kann der Maire Niemanden a posteriori von der Beobachtung der von ihm selbst erlassenen Verordnungen

Beispiele, in denen nach Reichsrecht in Verordnungen die Dispensationsbefugniß subdelegirt wird, sind: die Bundesratsverordnungen vom 16. Juli 1870 (B.-G.-Bl. S. 483) und vom 29. Mai 1871 (R.-G.-S. S. 122) §. 17: „Die Centralbehörden der einzelnen Bundesstaaten sind befugt, in einzelnen Fällen von der Beachtung der vorstehenden Bestimmungen zu entbinden“, eine Bundesrathsverordnung vom 21. Juni 1872, welche die Landesbehörden ermächtigt, noch gewisse Denaturirungsmittel beim Salz zuzulassen, d. h. von der Zahlung der Salzsteuer zu dispensiren (s. Arndt, Zeitschr. f. Bergw. 1883 S. 53, 59); ferner die auf Grund §. 35 des Reichsgesetzes vom 6. Februar 1875 (R.-G.-Bl. S. 23) vom Könige (der Landesregierung) erlassene preußische Verordnung vom 24. Febr. 1875 (Gesetzs. S. 97), welche u. A. die delegirte Dispensationsbefugniß subdelegirt.

mit Rechtswirksamkeit entbinden.[1]) Das Nämliche wird von dem Präfekten in Ansehung der von ihm erlassenen Verordnungen anzunehmen sein. Das Gleiche möchte sich ganz allgemein nicht bloß für das Französische, sondern auch für das deutsche Reichs- und das preußische Verordnungsrecht behaupten lassen; aber nur für die Fälle, daß entweder Dritte aus der Nichtbeachtung der Verordnung bereits Rechte erworben haben, oder daß die Nichtbeachtung einer Verordnung bereits eine vom Gerichte zu verhängende Strafe[2]) nach sich zieht. Die Dispensation a posteriori ist ein Willkürsakt und es ist m. E. anzunehmen, daß der Gesetzgeber, wenn er Jemanden ermächtigen wollte, derartige Willkürsakte vorzunehmen, er dies in dem zum Erlasse der Verordnung ermächtigenden Gesetze ausgesprochen hätte. Gesetzt daher, daß, wie dies in Frankreich und Belgien regelmäßig der Fall ist, die Nichtbeobachtung einer Verordnung die gerichtliche Bestrafung zur Folge hat, so kann der Richter durch die hinterher erfolgende Dispensirung nicht verhindert werden, die schon verwirkte Strafe auszusprechen.[3])

Vorstehendes betrifft die Frage, ob ebenderselbe, welcher die Norm erlassen hat, a posteriori von derselben entbinden kann. Wichtiger ist die Frage, ob ein Dritter, ohne daß ihm a priori die Befugniß dazu ertheilt ist, a posteriori von einer (nicht durch ihn selbst gegebenen) Norm dispensiren darf. (Dispensationsrecht im gebräuchlichen und engsten Sinne.) Diese Frage ist m. E. unbedingt und allgemein zu verneinen. Daß ein Amtsvorsteher ohne dazu ertheilte Ermächtigung Niemanden von der Beobachtung einer durch den Landrath, den Regierungspräsidenten, den Oberpräsidenten, den Minister u. s. w. erlassenen Verordnung, oder daß ohne dazu ertheilte Ermächtigung eine Bundesregierung von einer Reichsverordnung, oder der Reichskanzler von einer Bundesrathsverordnung nicht dispensiren können, wird, glaube ich, eines besonderen Beweises nicht bedürfen.[4]) In

---

[1]) Urtheil des Kassationshofes vom 30. Juni 1832; Block, s. m. „dispense“ nr. 3.

[2]) Auch wenn dieselbe thatsächlich noch nicht verhängt ist.

[3]) Andernfalls wären die Richter auch einer andern als der gesetzlichen Autorität unterworfen.

[4]) Vgl. auch Erkenntniß des französischen Kassationshofes vom 19. Dezember 1833; Block, s. m. „dispense“ nr. 3.

Zweifel kann höchstens gezogen werden — und dies ist derjenige Theil der Dispensationen, welcher im Deutschen Staatsrecht Berücksichtigung gefunden hat —, ob der Souverän von der Beobachtung der verfassungsmäßigen, d. i. der mit Zustimmung der Landesvertretung zu Stande gekommenen Gesetze dispensiren kann. Die Verfassungen, welche dem Könige eine solche Befugniß besonders verleihen, scheiden natürlich aus [1]) und es kommen nur diejenigen Verfassungen in Betracht, welche, wie die Reichsverfassung oder die preußische Verfassung, von einer solchen Befugniß Nichts enthalten. [2])

Die Gesetzgebung umfaßt das Recht, nicht bloß Gesetze zu erlassen, sondern auch dieselben ganz oder theilweise aufzuheben. Von der Befolgung eines Gesetzes dispensiren, heißt das Gesetz für einen gegebenen Fall aufheben. [3]) Die Gesetzgebung wird im konstitutionellen Staate nicht vom Souverän allein nach seinem eigenen Willen, sondern nur nach vorheriger Zustimmung des Landtages ausgeübt. Daraus folgt, wie mir scheint, daß der Souverän nicht einseitig Gesetze aufheben, also auch von der Beobachtung der Gesetze nicht einseitig dispensiren kann. Dem Souverän ist das Dispensationsrecht entzogen, nicht weil die Verfassungen davon schweigen, [4]) sondern weil sie vorschreiben, daß die Gesetzgebungsgewalt von ihm nur noch in Gemeinschaft mit dem Landtage ausgeübt werden kann. Die Könige von Preußen oder der Bundesrath haben auch niemals die Dispensationsbefugniß

---

[1]) So z. B. die Coburg-Gothaische Verfassung §. 128.

[2]) Das Dispensationsrecht des Souveräns den Gesetzen gegenüber, auch ohne verfassungsmäßige oder gesetzliche Ermächtigung, war bis vor Kurzem von der deutschen Theorie „in seltener Einmüthigkeit" behauptet worden; Ernst Meier in v. Holtzendorff's Rechtslexikon I. S. 540; ferner Zachariä, Deutsches Staats- und Bundesrecht 3. Aufl. II. S. 184; Zöpfl, Grundsätze des gemeinen Staats- und Bundesrechts 5. Aufl. II. S. 673. Gegen das Dispensationsrecht sprechen sich aus: von Gerber, „Grundzüge", 2. Aufl. S. 166; Gneist, Verwaltung, Justiz, Rechtsweg S. 62 ff.; G. Meyer S. 453; Schulze, Preuß. Staatsrecht II. S. 260; (jetzt auch) von Rönne, Preuß. Staatsrecht 4. Aufl. I. S. 452 ff.

[3]) Just Henning Böhmer, Edit II. Tom. I. p. 481 seq. „facultas dispensandi est sequela potestatis legislatoriae."

[4]) Dies hält von Rönne I. S. 453 für das ausschlaggebende Moment. M. E. ist das Dispensationsrecht dem Könige von Preußen den Gesetzen gegenüber durch die positive Vorschrift des Artikels 62 der Verfassungsurkunde — also nicht stillschweigend — entzogen worden.

von verfassungsmäßigen Gesetzen aus eigenem Rechte für sich in Anspruch genommen; sie haben dieselbe stets nur in den Fällen ausgeübt, in welchen ihnen dieselbe durch Gesetz übertragen worden ist. Ein hiervon abweichender Rechtszustand hat, wie mir scheint, auch in keinem anderen Lande, auch nicht in England,[1]) bestanden, wenn man dabei beachtet, daß das dem Souverän zustehende Begnadigungsrecht nach gewissen Rücksichten zu denselben thatsächlichen Ergebnisse führen kann, wie eine etwaige Dispensationsbefugniß.

Die Königlichen Prärogativen waren in England nicht von jeher scharf begrenzt;[2]) indeß stand soviel — wenigstens de jure — fest, daß der König nicht die gesetzgebende Gewalt ohne das Parlament ausüben konnte.[3]) Der König durfte daher auch nicht Strafgesetze ohne das Parlament aufheben. Aber er hatte das Recht der Begnadigung, nicht nur, indem er erkannte Strafen erlassen,[4]) sondern auch, indem er strafgerichtliche Verfolgungen niederschlagen konnte.[5]) Durch Ausübung desselben konnte der König virtualiter ein Gesetz in Ansehung seiner Straffolgen außer Wirksamkeit setzen; aber er konnte dies in keiner anderen Hinsicht, er konnte dies auch nur für seine Lebenszeit, auch nicht auf immer, auch nur für die vorliegenden Fälle, auch nicht formaliter thun.

---

[1]) Dies behauptet für die Zeit vor der declaration of Right im Jahre 1689 anscheinend Gneist, Engl. Verwaltungsrecht 2. Aufl. S. 609, a. a. O.

[2]) Thomas Babington Macaulay, History of England I. p. 29, 30.

[3]) Macaulay I. p. 29, „the King could not legislate without the consent of his Parliament."

[4]) Macaulay I. p. 30. „But the King had the power of pardoning offenders; and there is one point at which the power of pardoning and the power of legislating seem to fade into each other, and may easily, in a simple age, be confounded. A penal statute is virtually annulled, if the penalities wich it imposes are regularly remitted as often they are concurred. The sovereign was undoubtedly competent to remit penalities without limit. He was therefore competent to annul virtually a penal statute. — Thus, with the help of subtle and courtly lawyers, grew up, on the doubtful frontier which separates executive from legislative functions, that great anomaly known as the dispensing power."

[5]) Macaulay I. p. 217. „Our ancient Kings had undoubtedly claimed and exercised the right of suspending the operation of penal laws. The tribunals had recognised that right. Parliaments had suffered it to pass unchallenged."

Die Suspendirungsbefugniß indeß nahm König Karl II. in aller Form für sich in Anspruch dadurch, indem er allgemeine Indulgenzen von gewissen Strafgesetzen erließ, welche namentlich gegen die Katholiken gerichtet waren. [1]) Als das Haus der Gemeinen das Recht des Königs zum Erlasse dieser Indulgenzen bestritt, widerrief der König — selbst von seinem (Cabal) Ministerium in Stich gelassen — dieselben und versprach feierlich [2]) „that it should never be drawn into precedent.“ Solches geschah gleichwohl durch seinen Nachfolger König Jakob II. durch die Declarations of Indulgence. [3]) Als derselbe die Geistlichen zwingen wollte, eine im April 1688 erlassene Declaration of Indulgence in allen Kirchen und Kapellen des Königreichs zu verlesen, reichten sieben anglikanische Bischöfe eine Vorstellung gegen die Gesetzmäßigkeit derselben beim Könige ein, was ihn veranlaßte, gegen dieselben ein Verfahren vor der Jury wegen Libells anhängig zu machen. Die Jury erkannte „Not guilty“ und entschied damit zugleich gegen die vom Könige in Anspruch genommene Dispensationsbefugniß. [4]) Die Ausübung der Dispensationsgewalt kostete Jakob II. [5]) den Thron. Derselbe Parlamentsakt, welcher die englische Krone 1689 an Wilhelm von Oranien und dessen Gemahlin übertrug — diese zwischen der Krone und dem Volke abgeschlossene Wahlkapitulation — „Declaration of Right“ [6]) vom 22. Januar 1689 später umgewandelt in „Bill of Rights“ [7]) — bestimmte gleichzeitig „that the pretended power of dispensing with laws or the execution of laws by regal authority, as it

[1]) Macaulay I. p. 213 ff.

[2]) Macaulay, I. p. 219.

[3]) Macaulay III. p, 162.

[4]) Macaulay III. p. 204. „His (the King's) defeat had been complete and most humilating. — The counsel for the defence had — been forced to attack his dispensing power. — They had attacked it with great learning, eloquence and boldness. The advocates of the government had been by universal acknowledgment overmatched in the contest. Not a single Judge had ventured to declare the Declaration of Indulgence was legal. One Judge had in the strongest terms pronounced it illegal.“

[5]) „having endeavoured to subvert the constitution of the Kingdom by breaking the original contract between King and people,“ Macaulay III. p. 414.

[6]) Macaulay III. p. 438.

[7]) Macaulay V. p. 59.

hath been assumed and exercised of late, is illegal." [1]) Indeß diese Bestimmung enthielt, vom Rechtsstandpunkte betrachtet, so wenig Neues wie die gleichzeitig erklärte Bestimmung, daß ohne Zustimmung des Parlaments keine Steuern durch den Souverän erhoben werden dürfen; [2]) welche eigentlich seit der Magna Charta gültige Bestimmung auch schon in der von Karl I. sanktionirten „Petition of Right" enthalten war. [3])

Daß Dispensationsverordnungen — im engsten Sinne dieses Wortes — aus dem eigenen Rechte des Verordnenden nach dem französisch-belgischen Staatsrechte unzulässig sind, ist unstreitig. [4])

Es bleibt hierbei noch übrig, die Frage zu erörtern, ob der König von Preußen von Gesetzen a posteriori dispensiren kann, welche vor der Verfassung gegeben sind. Meines Erachtens stellt sich die Beantwortung dieser Frage nicht anders wie bei jeder andern nach der Verfassung ergehenden Königlichen Verordnung. Der König kann im Allgemeinen von den vor der Verfassung ergangenen Gesetzen a posteriori dispensiren, ebenso wie er solche Gesetze des absoluten Staates Preußen im Verordnungswege abändern kann; [5]) aber er kann nicht durch Dispensirungsverordnungen bereits auf Grund dieser Gesetze erworbene Rechte Dritter aufheben, noch — unbeschadet seines Begnadigungsrechts — die bereits verwirkten [6]) gerichtlichen Strafen ausschließen. [7]) Sein Dispensationsrecht, wie sein Verordnungsrecht überhaupt, ist endlich dann als ausgeschlossen anzusehen, wenn und soweit die Verfassung oder ein nach derselben erlassenes späteres Gesetz den bezüglichen Gegenstand der Gesetzgebung überwiesen, ihn also dem ausschließlichen Verfügungsrechte der Krone entzogen hat.

Von der Dispensationsverordnung unterscheiden sich

---

[1]) Alpheus Todd, On Parliamentary government in England, London 1867 I. p. 287.

[2]) Macaulay III. p. 439.

[3]) Macaulay I. p. 84.

[4]) Block s. m. „dispense"; Alphonse Bertrand, l'organisation française, p. 62; Belgische Verfassung art. 67; Luxemburgische Verfassung vom Jahre 1856 art. 36. Desgleichen nach Oesterreichischem Staatsrecht, Ulbrich S. 430.

[5]) S. oben §§. 15, 21.

[6]) wenn auch noch nicht ausgesprochenen.

[7]) Preuß. Verfassungsurkunde Art. 86 u. oben §. 21.

Begnadigungs-, Abolitions- und Amnestie-Verordnungen dadurch, daß jene eine ohne dieselbe anzuwendende Norm für überhaupt nicht anwendbar erklärt, diese dagegen nur eine einzelne Folge oder einige Folgen der Nichtanwendung einer Strafnorm ausschließen. Da nach Reichsrecht Niemand eine Befugniß ausüben darf, welche ihm nicht durch die Verfassung oder die Gesetze, sei es ausdrücklich oder stillschweigend, übertragen ist, [1]) so können der Kaiser oder der Bundesrath nur dann eine Amnestie- oder Begnadigungsverordnung erlassen, wenn ihnen die Befugniß dazu vom Gesetzgeber im Reiche übertragen worden ist. Dies ist geschehen zu Gunsten des Kaisers bei den Strafsachen, in welchen das Reichsgericht [2]) in erster und letzter Instanz zuständig ist, bei den Strafsachen, in welchen der Konsul oder das Konsulargericht in erster Instanz [3]) erkannt haben, ferner bei Disziplinarstrafen (nicht bei anderen Strafen) der Reichsbeamten. [4]) Weiter, als die Ermächtigung des Gesetzgebers reicht, ist die Begnadigungsbefugniß des Kaisers nicht anzuerkennen, und daher umfaßt dieselbe die Befugniß nicht in sich, Untersuchungen irgend welcher Art niederzuschlagen. [5])

In allen Strafsachen, in welchen dem Kaiser nicht das Begnadigungsrecht übertragen ist, muß dasselbe als bei den Einzelstaaten verblieben angesehen werden, [6]) und zwar verblieben in dem bisherigen Umfang. Hiernach haben die deutschen Souveräne die Befugniß, bereits erkannte Strafen — soweit nicht besondere Ausnahmen, verfassungs- oder gesetzmäßig, vorgesehen

---

[1]) Oben §. 3.

[2]) Strafprozeßordnung §. 484; Zorn, Reichstaatsrecht II. S. 411; von Liszt, Strafrecht S. 221/2: welcher Letztere irrthümlich den Kaiser als den Souverän des deutschen Reichs ansieht.

[3]) Gesetz über die Konsulargerichtsbarkeit vom 10. Juli 1879 (R.-G.-Bl. S. 197) §. 42; Zorn II. S. 523.

[4]) Reichsbeamtengesetz vom 31. März 1873, §. 118.

[5]) Löwe, Kommentar zur Strafprozeßordnung Anm. 10b zum zweiten Titel des Gerichtsverfassungsgesetzes.

[6]) Binding, Grundriß zu Vorlesungen über Strafrecht, S. 169; Löwe, Anm. 12 ff. l. c.; v. Liszt S. 222. S. auch Strafprozeßordnung §. 485. Für die Zoll- und gemeinschaftliche Steuergesetzgebung ist dies ausdrücklich festgestellt in Artikel 18 des Zollvereinigungs-Vertrags vom 8. Juli 1867 (B.-G.-Bl. S. 102).

sind — ganz oder theilweise, nicht nur in einzelnen Fällen [1]) (Begnadigungsrecht im engeren Sinne), sondern auch für ganze Klassen von Fällen zu erlassen. Letzteres ist wenigstens dann anzunehmen, wenn das Begnadigungsrecht (im engeren Sinne) durch die Verfassung nicht näher eingeschränkt ist. [2]) Die Abolition unterscheidet sich von der Begnadigung im engeren Sinne dadurch, daß jene vor, diese dagegen erst nach Erlaß des Strafurtheils erfolgt. Diese ist wie jene eine Verordnung und daher nach Preußischem Staatsrecht statthaft, soweit sie nicht durch die Verfassung oder Gesetze verboten ist. [3]) Letzteres ist nur für die Fälle geschehen, in welchen eine Untersuchung bereits eingeleitet worden ist. [4]) (absolutio generalis.) Also ist die Abolitionsverordnung in Preußen für jeden Fall zulässig, wo noch keine Untersuchung eingeleitet worden ist. [5]) (absolutio specialis.)

In allen Staaten dagegen, in welchen der Chef der Exekutive nur die ihm vom Gesetzgeber übertragenen Rechte hat, ist die Zulässigkeit der Abolitionsverordnungen — es sei denn, daß Ermächtigung zu denselben ertheilt worden ist — zu verneinen. [6])

Nach dem Vorstehenden beantwortet sich auch die Frage nach der Statthaftigkeit oder Unstatthaftigkeit von Amnestieverordnungen, d. h. von Verordnungen, welche Begnadigungen oder Abolitionen für ganze Klassen aufstellen. Amnestieverordnungen, welche Begnadigungen erkannter Strafen anbefehlen, sind nach

---

[1]) Preuß. Verf.-Urk. Art. 49 (Erster Absatz): „Der König hat das Recht der Begnadigung und Strafmilderung"; Bayerische Verfass. Tit. VIII. §. 9; Würtembergische Verfass. §. 97 u. s. w.; s. auch Geyer in v. Holtzendorff's Rechtlexikon I. S. 254; G. Meyer, Staatsrecht §. 175; v. Rönne, 4. Aufl. I. S. 539 ff. In England hat die Krone gleichfalls das Begnadigungsrecht, Gneist, Englisches Verwaltungsrecht S. 130; in Frankreich der Präsident der Republik, Block, s. m. „grâce" nr. 2; in Belgien der König, Verfassung Art. 73 u. s. w.

[2]) S. auch Block, s. m. „grâce" nr. 2. „Il (le droit de grâce) est absolu et peut s'étendre à tous les condamnés et à toutes les peines."

[3]) S. oben §. 7.

[4]) Preuß. Verf. Art. 49 (Letzter Abs.): „Der König kann bereits eingeleitete Untersuchungen nur auf Grund eines besonderen Gesetzes niederschlagen." G. Meyer S. 453.

[5]) Derselben Ansicht ist v. Rönne, Preuß. Staatsrecht 4. Aufl. I. S. 541. In einzelnen Ländern ist jede Abolitionsverordnung verboten, so in Bayern Tit. VIII. §. 4; in Oesterreich umgekehrt steht dem Kaiser das Abolitionsrecht in allen Fällen zu, Ulbrich S. 701.

[6]) So in Frankreich und Belgien (Belg. Verf. Art. 73) u. s. w.

Preußischem Recht überall statthaft; Amnestieverordnungen, welche Abolitionen noch nicht abgeurtheilter Fälle aussprechen, sind dagegen nach Preußischem Recht nur statthaft, wenn und soweit es sich um noch nicht eingeleitete Untersuchungen handelt. In diesem letzteren Falle kann daher die Amnestie nur auf Grund eines besonderen Gesetzes [1]) erfolgen. Nach Reichsstaatsrecht sind Amnestieverordnungen, welche Begnadigungen bereits erkannter Strafen befehlen, soweit statthaft, wie dem Kaiser überhaupt das Begnadigungsrecht eingeräumt worden ist; Amnestieverordnungen, welche dagegen die Abolition noch nicht abegurtheilter Strafsachen aussprechen, sind dagegen überall unzulässig.

In Elsaß-Lothringen dagegen hat, so scheint mir, der Kaiser das Recht der Begnadigung, der Abolition und der Amnestie im vollen Umfange. Der Kaiser übt dort gemäß §. 3 des Gesetzes, betreffend die Vereinigung von Elsaß und Lothringen mit dem Deutschen Reiche vom 8. Juni 1871, (R.-G.-Bl. S. 212) §. 3 Abs. 1 die Staatsgewalt aus. Mit dieser war in Frankreich seit der Verfassung vom 25. Dezember 1852 das vorbeschriebene Recht verbunden. [2]) Also muß dasselbe auf den deutschen Kaiser übergegangen sein. [3])

§ 24.

Die Aufhebung der Verordnungen.

Die allgemeine Rechtsregel: „nihil tam naturale est, quam eo genere quidque dissolvere quo colligatum est,“ [4]) jene Rechtsregel,

---

[1]) Preuß. Verf.-Urk. Art. 49, letzter Abs. Das Gleiche gilt auch in den meisten übrigen constitutionellen Staaten.

S. Block, s. m. „amnistie“; für England, s. Erskine May und Alpheus Todd a. a. O., in welchem letzteren Lande bei derartigen Gesetzen dem Parlament keine Initiative zusteht.

Daß Abolitionen und Amnestien in allen Ländern durch Gesetz statthaft sind, ist zweifellos und daher der im deutschen Staats- und Strafrecht übliche Gebrauch, von der Statthaftigkeit oder Unstatthaftigkeit derselben schlechthin zu sprechen, m. E. nicht richtig.

[2]) bis zum Ges. v. 17. Juni 1871, Block, s. m. „amnistie“ nr. 4.

[3]) Vgl. Laband, Reichsstaatsrecht I. S. 582/3.

[4]) l. 35 D. de regulis juris (50, 17).

aus welcher zu folgern wäre, daß wenn jemand allein und ohne Mitwirkung des Landtages eine rechtsverbindliche Anordnung treffen kann, er selbstständig auch darüber bestimmen müßte, ob er sie wieder aufheben will,[1]) findet auf das Verordnungsrecht keine unbedingte Anwendung. Sie erleidet hierauf um deswegen diese nicht, weil derjenige, welcher eine Verordnung erläßt, nicht selbst seinen Willen zu bestimmen vermag. Weil nämlich dieser grundsätzlich einem höheren Willen, demjenigen des Gesetzes, unterworfen ist, so richtet sich die Aufhebung der Verordnung natürlich in erster Reihe nach dem Willen des Gesetzes. Würde man die herrschende Theorie, wonach Verordnungen lediglich auf Grund besonderer und ausdrücklicher Ermächtigung erlassen werden können, folgerichtig durchführen, so müßte man fordern, daß die vollziehende Gewalt nur dann ihre Verordnungen wieder aufheben kann, wenn ihr auch hierzu die besondere und ausdrückliche Ermächtigung ertheilt worden ist. Wenigstens das civilrechtliche Mandat, irgend ein Rechtsgeschäft für Jemanden vorzunehmen, schließt die Befugniß nicht ohne Weiteres in sich, das Rechtsgeschäft wieder aufzulösen oder ein anderes an dessen Stelle zu setzen. Aber ein derartiger Formalismus ist dem öffentlichen Rechte fremd, welches die praktische Lösung der Staatsaufgaben als sein oberstes und vornehmstes Prinzip anerkennt.[2]) In dieser Erwägung läßt sich als Regel vermuthen: wenn die Verfassung oder ein Gesetz einen Dritten mit dem Erlasse einer Verordnung beauftragen, so ertheilen sie ihm stillschweigend auch den formellen Auftrag, nach seinem Gutdünken die einmal erlassene Verordnung ganz oder theilweise wieder aufzuheben, oder ganz oder theilweise durch eine neue Verordnung zu ersetzen. Denn dieselben Beweggründe, welche zur Ertheilung des ersten Auftrages bestimmend sind, werden in der Regel auch für den zweiten Auftrag vorliegend erscheinen.

Hiernach wird man als Rechtsvermuthung hinstellen können, daß nur dann der Verordnungsberechtigte seine eigene Verordnung nicht selbst aufheben darf, wenn Solches als in der Absicht des Gesetzes liegend erkennbar gemacht worden ist. Daher schreiben die Gesetze ausdrücklich vor, wenn sie Jemandem die Befugniß zur

---

[1]) Vgl. Gneist, im Rechtslexikon III. S. 1064, Englisches Verwaltungsrecht S. 125; Rosin S. 39, 178 ff.

[2]) Vgl. auch Gierke in Schmoller's Jahrbuch für Gesetzgebung 7. Jahrg. 4. Heft S. 1097 ff.

Aufhebung seiner eigenen Verordnungen vorenthalten wollen. So bestimmt Artikel 1 des preußischen Gesetzes vom 7. Mai 1853, betreffend die Bildung der Ersten Kammer (Gesetzs. S. 181), daß die Königliche Verordnung, durch welche die Erste Kammer zu bilden ist, nur durch ein mit Zustimmung der Kammern zu erlassendes Gesetz abgeändert werden kann; so bestimmt §. 9 des preußischen Ausführungsgesetzes zum deutschen Gerichtsverfassungsgesetze vom 24. April 1878 (Gesetzs. S. 231), daß die Königliche Verordnung, welche die für die Bestimmung des richterlichen Dienstalters maßgebenden Grundsätze festsetzt, nur durch Gesetz abgeändert werden kann, und §. 21 desselben Gesetzes, daß die Sitze und Bezirke der Amtsgerichte, welche durch Königliche Verordnungen zu bestimmen sind, nach dem 1. Oktober 1882 nur durch Gesetz abgeändert werden können. So bestimmt ferner §. 15 des Wahlgesetzes für den Reichstag des Norddeutschen Bundes vom 31. Mai 1869 (B.-G.-Bl. S. 145), daß das vom Bundesrath zu erlassende Wahlreglement nur unter Zustimmung des Reichstages abgeändert werden kann.

Da die Aufhebung der Verordnung nicht minder als ihre Entstehung ganz vom Willen des Gesetzes abhängt, so kann durch dieses auch vorgeschrieben werden, daß eine Verordnung wieder außer Kraft zu setzen ist, wenn ein Dritter dies verlangt. Dies ist geschehen u. A. für die auf Grund des §. 139a der Gewerbeordnung ergehenden Verordnungen des Bundesraths und für die auf Grund der §§. 5 und 6 des Gesetzes, betreffend den Verkehr mit Nahrungsmitteln vom 14. Mai 1879 (R.-G.-Bl. S. 145) vom Kaiser zu erlassenden Verordnungen, welche Verordnungen außer Kraft zu setzen sind, wenn der nächste Reichstag, welchem sie vorzulegen sind, dies verlangt.

Das Preußische Gesetz über die Polizeiverwaltung vom 11. März 1850 [1]) übertrug ganz allgemein gewissen höheren Instanzen die Befugniß, die von den unteren Instanzen erlassenen Polizeiverordnungen wieder aufzuheben. [2]) In Frankreich übt die gleiche Befugniß aus der Präfekt gegenüber den Polizeiverordnungen der Maires [3]) und der Minister gegenüber den Verordnungen des

[1]) (Gesetzs. S. 265) §§. 9, 16; s. auch Organisationsgesetz vom 26. Juli 1880 (Gesetzs. S. 291) §. 51 Abs. 2; Rosin S. 180 a. a. O.

[2]) aber nicht sie abzuändern.

[3]) Loi 18 juillet 1837 art. 11.

Präfekten.[1]) Die Polizeiverordnungen der unteren Instanzen können aber nach der Bestimmung des Gesetzes über die Polizeiverwaltung[2]) nicht bloß ausdrücklich durch Anordnung einer höheren Instanz außer Kraft gesetzt werden, sondern auch stillschweigend, wenn diese eine den gleichen Gegenstand regelnde Verordnung zugleich für den Geltungskreis der Verordnung der unteren Instanz erläßt.

Gleiche oder ähnliche Vorschriften bestehen für das Reichsrecht nicht. Sie sind hier aber auch entbehrlich, weil das Recht zum Erlasse von Verordnungen nicht in dem Umfange decentralisirt ist wie nach Landesrecht.

Aus dem Verhältnisse, in welchem das Reichsrecht zum Landesrecht steht, ergiebt sich,[3]) daß Reichsverordnungen den Landesverordnungen vorgehen, daß diese also stillschweigend und ipso jure durch jene aufgehoben werden. Daraus folgt, daß, wenn zur Ausführung eines Reichsgesetzes Ausführungsverordnungen von den Einzelregierungen — kraft im Reichsgesetze erklärter Ermächtigung — erlassen worden sind, diese außer Wirksamkeit treten, soweit der Bundesrath gemäß Art. 7 Nr. 2 eine gemeinschaftliche Ausführungsverordnung für das ganze Reich erläßt.[4])

Aus dem Verhältnisse der Unterordnung, in welchem die Verordnung zum Gesetze steht, ergiebt sich, daß jede Verordnung durch Gesetz aufgehoben werden kann, nicht nur ausdrücklich, sondern auch stillschweigend — nämlich dann, wenn das Gesetz eine den gleichen Gegenstand regelnde Anordnung trifft. Dies gilt nicht nur für die unselbstständigen Verordnungen, also z. B. für alle Verordnungen des Deutschen Reichs, sondern sogar für die selbstständigen Verordnungen des Preußischen Rechts. An sich zwar kann der Landtag in das Gebiet, welches der selbstständigen Verordnungsgewalt des Königs unterworfen ist, nicht eingreifen. Nur der König allein, kein Anderer ohne des Königs Willen, kann des Königs selbstständige Verordnungen aufheben. Weil aber ein Gesetz nach Preußischem Staatsrecht nur mit ausdrücklicher Zustimmung des Königs zu Stande kommen kann, so liegt in der vom Könige dem Gesetze ertheilten Sanktion zugleich die Königliche Aufhebung der Verordnung.

---

[1]) Loi 22 déc. 1789 sect. III, art. 1, 2; Loi 12/20 août 1790 chap. 1er.
[2]) Rosin S. 178 ff. Vgl. auch Preuß. Polizeiverwaltungsges. §. 15.
[3]) Reichsverfassung, Art. 2, s. auch oben S. 184 Anm. 3.
[4]) Beispiel oben §. 10 unter I.

FSC
www.fsc.org
MIX
Papier | Fördert
gute Waldnutzung
FSC® C083411

Kolibri 360 GmbH
Ferdinand-Jühlke-Straße 7
99095 Erfurt, Deutschland
produktsicherheit@kolibri360.de